U0626213

本书系2020年度教育部哲学社会科学研究后期资助重大项目
——华文教育用分类分级词表研究（20JHQ004）成果

语言计算与智能汉语教学

第三卷

华语教育用
分类分级词表研究

刘 华/著

外语教学与研究出版社
北京

图书在版编目（CIP）数据

华语教育用分类分级词表研究 / 刘华著. -- 北京：外语教学与研究出版社，
2024. 6. --（语言计算与智能汉语教学）. -- ISBN 978-7-5213-5429-4

I. H195.3

中国国家版本馆 CIP 数据核字第 2024QX0972 号

华语教育用分类分级词表研究

HUAYU JIAOYU YONG FENLEI FENJI CIBIAO YANJIU

出 版 人　王　芳
项目策划　鞠　慧
责任编辑　杨　益
责任校对　张楚玥
装帧设计　姚　军　刘　爽
出版发行　外语教学与研究出版社
社　　址　北京市西三环北路 19 号（100089）
网　　址　https://www.fltrp.com
印　　刷　河北虎彩印刷有限公司
开　　本　710×1000　1/16
印　　张　13
字　　数　220 千字
版　　次　2024 年 6 月第 1 版
印　　次　2024 年 6 月第 1 次印刷
书　　号　ISBN 978-7-5213-5429-4
定　　价　49.00 元

如有图书采购需求，图书内容或印刷装订等问题，侵权、盗版书籍等线索，请拨打以下电话或关注官方服务号：
客服电话：400 898 7008
官方服务号：微信搜索并关注公众号"外研社官方服务号"
外研社购书网址：https://fltrp.tmall.com

物料号：354290001

序

一、缘起

目前计算机辅助汉语教学主要集中在现代教育技术、多媒体和网络远程技术的应用上，这些都只是环境、工具等形式上的辅助。真正的智能汉语教学应该是基于语言内容计算的，特别是与汉语信息处理技术密切相关，涉及语料库语言学、句法语义分析、统计语言模型、数据挖掘以及大语言模型等领域，主要集中在汉语教学资源的智能开发与利用上，如基于大规模语料库，自动获取词语搭配、计算词语常用度与例句难易度、文本自动分级、智能测试等。

基于语言计算的智能汉语教学研究将为自动化教材编写与学习词典编撰、数字化汉语教学资源建设、智能备课、汉语移动学习等提供重大帮助。

基于大规模汉语教学语料库，针对汉语教学中的听说读写四项基本技能，我们在智能化的影视汉语教学，专门用途汉语教学，多媒体口语常用会话资源建设，阅读分级，作文自动评测，分级分类常用词表、词汇等级大纲与领域词表建设，汉语移动学习，以及大语言模型赋能国际中文教育方面，进行了一些创新性的探索[1]。

在此基础上，我们将近年来利用语料库和计算语言学方法进行的汉语教学研究方面的理论思考、资源建设和智能教学方法上的探索，凝练成文，以"语言计算与智能汉语教学"为题，形成了这套多卷本图书。

二、内容介绍

本套书共包括6本理论研究著作、3本汉语教学常用词表和1本教学参考书。

6本理论研究著作都是基于语料库和语言计算方法的面向智能汉语教学的理论、方法方面的研究成果。

1　详见：www.languagetech.cn

3本汉语教学常用词表则是基于上述理论著作中的语料库和语言计算方法构建的与商务汉语教学、华语教学、汉语口语教学理论相配套的分类分级的教学资源。

1本教学参考书介绍了国际中文教育视角下大模型提示语工程的理论与实践，以及教学中的具体案例。

每本书的具体内容简介如下：[2]

（一）《语料库语言学——理论、工具与案例》

该书主要介绍了语料库、语料库语言学的基本概念，语料库建设的原则与方法，语料库加工标注的基本内容，以及该书语料统计所涉及的基本术语与方法。

"汉语助研"[3]是一个综合了语料库建设、检索和统计功能的辅助汉语研究的软件系统，集成了基于语料库方法的汉语字、词、句、篇研究的各项辅助功能。这一系统能很好地满足汉语研究各方面的统计需求，各项功能具有较强的针对性和实用性。

该书主要以"汉语助研"系统的功能说明为例，介绍了语料库各方面的工具应用。同时，提供了各主要功能模块在具体的语言学研究中的使用案例。

大数据+统计+软件，让语言研究更轻松。

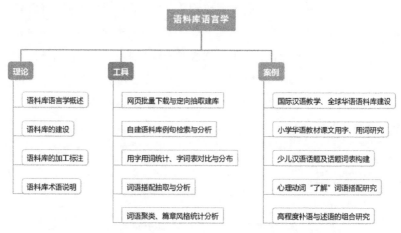

图1《语料库语言学——理论、工具与案例》章节结构

2　本套书将分几年先后成书出版，因此，此序言中各书的内容简介和章节结构图只是大致规划，各书最终的内容和章节结构可能与此有出入，下同。

3　下载网址：www.languagetech.cn

（二）《商务汉语分类分级常用词常用句研究》

该书立足于交际功能，基于商务汉语语料库，以交际图式、心理词库理论为指导，运用计算语言学方法，自上而下地将功能项目、会话、常用句和话题词表等商务汉语的交际因素结合起来，构建了商务汉语教学用功能项目分类的词语表、词汇等级大纲，以及常用句、构式、会话的分类分级资源库，以辅助商务汉语教学。

该书的研究方法可扩展到旅游汉语、中医汉语、电子商务汉语等分领域、分用途的专门用途汉语教学研究中。

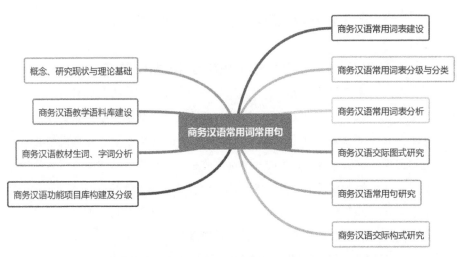

图 2 《商务汉语分类分级常用词常用句研究》章节结构

（三）《华语教育用分类分级词表研究》

华语教育用词表的研制应该从华语作为第一语言（或近似第一语言）教学的特性出发，以交际功能为基础，以语文百科为主体，并参照中国中小学生的语文能力标准，兼顾东南亚地区的文化、地域特色词语。

方法上，该书创新了词语分级和词表建设的方法，构建了词汇时空分布模型，基于母语者、华语学习者书面语和口语语料库，计算词语常用度，构建了"华语作为第一语言教学的常用分级词表""少儿华语教学主题分类词表"以及《华语词汇等级大纲》。

图3《华语教育用分类分级词表研究》章节结构

（四）《汉语口语教学用话题分类分级常用词句式篇研究》

影视字幕是连续的对话流口语文本，是基于各个交际场景的话题的集合，影视频又是多媒体的、有趣的视听资源，非常适合用于多媒体汉语口语教学。

基于影视字幕资源、语言教学的"最简方案"和经济原则，我们结合"话题—交际图式—常用会话—常用句—交际构式—常用词"，构建了汉语口语教学最必需、最常用的，按话题分类、难度分级的会话、句子和词语资源。

该书重点探讨了影视汉语教学、话题教学、影视话题自动分割与分级方法、常用句、交际构式抽取与分级方法，以及词语聚类与分级的方法。

该书对于专门用途汉语教学、话题词表、词汇等级大纲建设有较大参考价值。

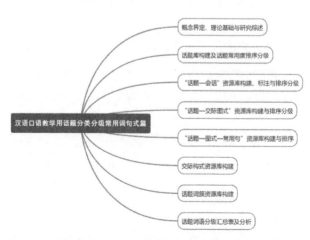

图4《汉语口语教学用话题分类分级常用词句式篇研究》章节结构

（五）《汉语文本易读性分级及作文自动评测研究》

该书研究了影响文本易读性的主客观方面的多种因素，提出了基于内容的文本易读性计算、阅读自动分级、文本指难的整体解决方案。

在作文评测方面，与英语相比，汉语缺乏结构和形态标记，意合性、隐喻性更强，句子表层缺少可计算的语法规律形态和标记。因此，中文文本内容的深层分析和评测更难也更重要。目前，内容批改尚处于字词句的形式统计层面，较少触及作文的真正内容核心。该书在语法查错、语言艺术风格、主题内容、篇章结构计算方面做了一些初步探索。

图5《汉语文本易读性分级及作文自动评测研究》章节结构

（六）《汉语移动学习的理论与方法》

该书描写了汉语移动学习的生态、需求，基于汉语教学、移动学习特点，构建了汉语移动学习的三大理论体系；立足于内容计算的词汇时空分布模型与文本分类方法，研制了《汉语口语词汇等级大纲》和话题识别模型，从而构建"等级—水平"话题化、个性化、双向自适应的汉语移动学习模型；最后，基于智能教育、移动学习理念，利用影视短视频，设计了各种类型的APP系统方案。

图6《汉语移动学习的理论与方法》章节结构

（七）《商务汉语分类分级词语表》

包括"商务汉语功能项目分类分级常用词语表"（新BCT词表）和《商务汉语词汇等级大纲》。

"商务汉语功能项目分类分级常用词语表"按照120个商务功能项目，列出各功能项目的常用词语，词语同时配上了拼音、英语注释和在《商务汉语词汇等级大纲》中的等级。

业务类—谈判—代理

地区	dìqū	region	1
市场	shìchǎng	market	1
合作	hézuò	cooperate	2
签订	qiāndìng	conclude and sign	2
推销	tuīxiāo	promote sales	2
证书	zhèngshū	certificate	2
指定	zhǐdìng	appoint	2
厂商	chǎngshāng	manufacturer	3
承担	chéngdān	bear	3
代理	dàilǐ	act for	3
代理人	dàilǐrén	agent	3
独家	dújiā	sole	3

图7 "商务汉语功能项目分类分级常用词语表"示例

《商务汉语词汇等级大纲》包括四个级别，共4515个词条。一级（初级）共497个词条，二级（中级一）共1121个词条，三级（中级二）共1232个词条，四级（高级）共1665个词条。

（八）《华语教育用分类分级词语表》

包括"少儿华语教学主题分类词表"和《华语词汇等级大纲》。

"少儿华语教学主题分类词表"按照59个二级主题，列出各主题的常用词语，共3735个词条，词语同时配上了拼音、英语注释和在《华语词汇等级大纲》中的等级。

个人信息—职业

大夫	dàifu	doctor	1
老师	lǎoshī	teacher	1
学生	xuéshēng	student	1
医生	yīshēng	doctor	1
工作	gōngzuò	work	2
教师	jiàoshī	teacher	2
警察	jǐngchá	police	2

图8 "少儿华语教学主题分类词表"示例

　　《华语词汇等级大纲》分为6个级别，共15,560个词条。

表1 《华语词汇等级大纲》各级词条数

级别	一级	二级	三级	四级	五级	六级	汇总
词条数	548	1396	2802	3893	4305	2616	15,560

（九）《汉语口语分类分级词语表》

　　包括"汉语口语话题分类分级词语表"和《汉语口语词汇等级大纲》。

　　"汉语口语话题分类分级词语表"按照7个一级话题、42个二级子话题，列出各话题的常用词语，共2382个词条。词语同时配上了拼音、英语注释和在《汉语口语词汇等级大纲》中的等级。

日常生活—银行

笔	bǐ	[for sums of money, financial accounts, etc]	1
存	cún	deposit	1
多少	duōshao	how much, how many	1
号	hào	number	1
块	kuài	[for silver dollars or paper money]	1
名	míng	name	1
钱	qián	money	1
取	qǔ	take, draw	1
元	yuán	*yuan*	1
护照	hùzhào	passport	2
换	huàn	change	2

图9 "汉语口语话题分类分级词语表" 示例

《汉语口语词汇等级大纲》分为6级，共4461个词条。

表2《汉语口语词汇等级大纲》各级词条数

级别	一级	二级	三级	四级	五级	六级	汇总
词条数	513	938	1200	920	641	249	4461

（十）《大语言模型在中文教学中的应用与案例》

该书深入介绍了国际中文教育视角下大模型提示语工程的理论与实践，提供了一种全新的教学辅助工具及其使用案例，展示了大模型技术如何在课前准备、课堂教学和课后反思中发挥其独特的价值。该书涵盖了大模型技术在综合课与听说读写技能课上的广泛应用，每个实例都详细说明了大模型如何帮助教师更有效地设计教学内容和活动，以及如何帮助学生更加个性化和深入地学习中文。

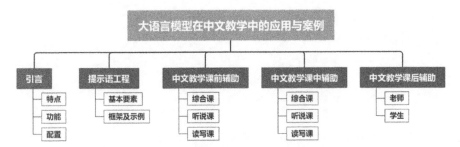

图10《大语言模型在中文教学中的应用与案例》章节结构

三、致谢

本套书能够顺利出版，要特别感谢我的学生们。他们为这套书提供了很多素材，有的参与了本套书的校对工作。他们是：

陈珏铭、陈凯艺、陈绮琪、党瑞霞、邓蓉、方明璠、方沁、郭婷婷、何婷、贺金媛、黄荣、黄少如、雷霄、黎景光、黎勇权、李洁、李晓源、梁姗姗、林春晓、林筠、刘金凤、陆佳幸、吕荣兰、王敏、叶婉君、于珊、于艳群、俞雪玲、郑婷、周妮

感谢外语教学与研究出版社以鞠慧老师、向凤菲老师、杨益老师为代表的强大能干的编辑团队。本套书内容文理交叉、数据庞杂，编辑校对难度较高，工作量很大，编辑老师们为此付出了很多时间和精力。

刘华

2024年3月于暨南大学

前 言

　　随着中国国力的不断增强和国际地位的不断提升，全球汉语学习者越来越多，汉语国际推广事业已经走向全球化。这些汉语学习者中，有很大一部分是海外华侨、华人。因此，面向海外华侨、华人的华语[1]教育也日益得到重视。

　　华语教育是面向广大华侨、华人，尤其是华裔青少年开展的学习华语和传承中华文化的"留根工程"和"希望工程"，是延续海外华侨、华人中华民族之根、中华文化之魂的基础性工程。华语教育关系到海外华人社会的可持续发展以及和谐华人社会的构建。华语教育作为海外基础最雄厚、范围最广泛、教育最规范的中国语言文化教育体系的重要部分之一，对帮助华侨、华人学习华语，了解中华文化，自觉担任中外文化交流的促进者，效果最为显著。在世界经济一体化的大环境下，华语的实用性价值日益凸显，海外华语教育在当下有非常好的发展形势和前景。

　　华语教学有特殊性。有学者认为华语教学是单纯的第二语言教学；也有学者认为华语教学是特殊的第二语言教学；还有学者认为，华语是海外华侨、华人的认同祖语，华语教学是"含有母语基因的汉语教学"。虽然学术界在这个问题上暂时还没有统一答案，但可以肯定的是，华语教学"不同于中国国内的汉语作为第一语言的语文教育，也不同于汉语作为第二语言的教学，更不同于纯粹的对外汉语教学"[2]。

　　鉴于华语教学的特殊性，我们不应该把海外华语教学完全放在对外汉语教学的框架下。可是，长期以来，海外华裔的汉语水平测试都是以1988年原国家汉语水平考试办公室颁布的《中国汉语水平考试大纲》为标准，词汇教学也以《汉语水平词汇与汉字等级大纲》为依据，并没有属于自己的测试标准与词汇大纲。

1　本书不严格区分"华语"与"华文"，都统一为"华语"，即使是大家耳熟能详的"华文教育""华语文教育""华文教学""华文教材"等，也统一为"华语教育""华语教学""华语教材"等。个别机构名、书名、文章名仍保留原名。

2　郭熙. 海外华人社会中汉语（华语）教学的若干问题——以新加坡为例. 世界汉语教学，2004（3）.

在华语教学众多需要关注的领域中，为华语教学服务的词表的研制十分重要。其一，词语本身在语言学习中有着举足轻重的地位：词语是语言的"建筑材料"，语言系统中的其他单位如语法、语义等都必须通过具体的词语才能体现出来。其二，就词表的作用而言，面向华语教学的词表是编写华语教材、编撰华语词典、开展华语课堂教学的依据。

同时，与汉语作为二语教学的对象很大一部分是成人不同，华语教育主要针对青少年，带有母语教学性质，少儿（6—12岁）华语教学是整个华语教学的基础，多以幼童为起点，在小学阶段成系统地学习。因此少儿华语教学是华语教育的重点。

基于"少儿华语、华语测试、词语、分级、分类"理念，本研究围绕华语教育用词语的分级、分类问题，具体研究并建设了"华语作为第一语言教学的常用分级词表""少儿华语教学主题分类词表"及《华语词汇等级大纲》。

一是华语作为第一语言教学的常用分级词表。基于华语作为第一语言教学的华语词汇等级大纲研制的必要性及其理论基础，在分析中国现行的四套有代表性的基础教育语文教材和海外主要华语教材的课文用词的基础上，提取课文常用词，对常用词进行常用度的计算和分级处理，构建了一个面向华语教学的中小学教材课文常用词分级词表。

二是少儿华语教学主题分类词表。在总结前人研究的基础上，将少儿华语、主题、词表研究三者相结合，基于语文百科性，以12套有代表性的东南亚少儿华语教材为语料，构建了一个分层级的少儿华语主题库；运用计算语言学的相关技术实现主题词语聚类，并人工干预筛选出那些与主题密切相关、使用频率高、难度较低的词语，按相关度、常用度排序，形成少儿华语教学主题分类词表，共59个三级话题，3735个词条。

三是《华语词汇等级大纲》。从华语作为母语教学的特性出发，以交际功能为基础，以语文百科为主体，参照中国小学生与初中生的语文能力要求，兼顾东南亚地区的文化、地域特色词语，基于大规模语料库和计算语言学方法，构建了一个面向东南亚华语教育的《华语词汇等级大纲》。此大纲分为6个级别，共15,568个词条，可以作为东南亚地区编写华语教材、编撰华语词典、开展华语课堂教学与华语水平测试的重要依据。本研究还探讨了研制此大纲的必要性，并说明此大纲的研制方式与理据，以及研制流程和结果。

目 录

1 研究现状 / 1

1.1 少儿华语教育研究 / 1
　　1.1.1 少儿华语教材研究 / 1
　　1.1.2 少儿华语教学研究 / 2
1.2 汉语作为第二语言教学的话题研究 / 3
　　1.2.1 话题选取研究 / 3
　　1.2.2 话题兴趣研究 / 4
　　1.2.3 教材话题研究 / 5
1.3 汉语教学用词语及词表研究 / 6
　　1.3.1 通用词表研究 / 6
　　1.3.2 分类词表研究 / 8
　　1.3.3 国别化词表研究 / 9
　　1.3.4 华语词表及华语词语研究 / 9
　　1.3.5 中小学语文教材用词研究现状 / 12
　　1.3.6 小结 / 13

2 语料库基础 / 15

2.1 教材库 / 15
　　2.1.1 中小学语文教材 / 15
　　2.1.2 中小学华语教材 / 15
2.2 考试 / 教学大纲 / 18
　　2.2.1 少儿汉语大纲 / 18

2.2.2 《国际汉语教学通用课程大纲》/ 19

2.2.3 《对外汉语教学初级阶段教学大纲》/ 19

2.2.4 《对外汉语教学中高级阶段功能大纲》/ 19

2.3 词表/词典 / 20

2.3.1 新中小学生汉语考试（YCT）词汇表 / 20

2.3.2 《方言调查词汇表》/ 20

2.3.3 《体验汉语图解学习词典》/ 20

2.4 作文库 / 20

2.4.1 国内中小学生作文库 / 20

2.4.2 华裔学生作文 / 21

3 华语作为第一语言教学的常用分级词表研制 / 22

3.1 研究背景和理论基础 / 22

3.1.1 华语教学的多样性及华语作为第一语言教学 / 22

3.1.2 面向华语作为第一语言教学的华语词汇等级大纲研制的必要性 / 22

3.1.3 中小学语文教材辅助构建华语词汇等级大纲的理论基础 / 23

3.2 研究方法和研究思路 / 24

3.3 词表构建的基本原则 / 25

3.4 各类教材课文用词的基本情况 / 26

3.4.1 教材语料库处理 / 26

3.4.2 课文用词的数据统计 / 26

3.5 词表层级系统的确立 / 28

3.5.1 层级系统确立的依据和方法 / 28

3.5.2 不同学段课文词语难度分析 / 31

3.5.3 层级系统确立 / 36

3.6 分层级常用词的选取 / 37

3.6.1 词语选取的原则和标准 / 37

3.6.2 分层级常用词的选取 / 39

3.6.3 选词结果 / 40

3.7 词语的排序 / 41

3.7.1 词语常用度的计算 / 41

3.7.2 词语排序的结果 / 42

3.8 小结 / 42

4 少儿华语教学主题分类词表构建 / 44

4.1 少儿华语教学特点与主题分类原则 / 45

4.1.1 少儿华语教学的特点 / 45

4.1.2 少儿华语教学主题分类的基本原则 / 46

4.2 已有话题分类 / 48

4.3 主题库的构建 / 49

4.4 少儿华语主题库的特点 / 50

4.5 少儿华语教学主题词表建设 / 51

4.5.1 教材语料分类建库 / 51

4.5.2 教材语料话题统计 / 52

4.6 主题词语聚类 / 53

4.7 人工干预词表 / 55

4.7.1 词与类词组合的选择原则 / 55

4.7.2 词汇单位的语体标准 / 56

4.7.3 词语筛选 / 56

4.7.4 词语补充 / 57

4.8 词语三排序 / 58

4.8.1 主题贡献度排序 / 58

4.8.2 常用度排序 / 58

4.8.3 《华语词汇等级大纲》排序 / 59

4.9 最终少儿华语主题词表 / 60

4.9.1 分类的少儿华语主题词表 / 60

4.9.2 分级的少儿华语主题词表 / 60

4.10 少儿华语主题词表与 YCT 词表对比 / 61

4.10.1 少儿华语主题词表和 YCT 词表性质、适用对象
比较 / 61

4.10.2 少儿华语主题词表与 YCT 词表选词标准比较 / 61

4.10.3 少儿华语主题词表和 YCT 词表收录词语数量比较 / 62

5 《华语词汇等级大纲》研制 / 63

5.1 《华语词汇等级大纲》研制的必要性 / 64

5.1.1 华语水平测试的必要性 / 64

5.1.2 《华语词汇等级大纲》研制的必要性 / 64

5.2 《华语词汇等级大纲》建设的基本理念 / 65

5.2.1 东南亚华语教学的性质与特点 / 65

5.2.2 《华语词汇等级大纲》的建设理念 / 65

5.3 《华语词汇等级大纲》分级标准及理据 / 66

5.3.1 华语水平测试等级标准 / 66

5.3.2 《华语词汇等级大纲》分级标准 / 67

5.4 《华语词汇等级大纲》建设基础 / 68

5.4.1 教材、作文语料库 / 68

5.4.2 面向华语教学的"华语作为第一语言教学的
常用分级词表"/ 68

5.4.3 语文百科分类汇总的"儿童华语词语表"/ 68

5.4.4 话题分类汇总的"交际词语表"/ 70

5.4.5 基于时空分布均匀性计算的词语常用度 / 72

5.5 《华语词汇等级大纲》构建方法与流程 / 73

5.5.1 一级词汇 / 73

5.5.2 二级词汇 / 74

5.5.3 三级词汇 / 75

5.5.4 四级词汇 / 75

5.5.5 五级词汇 / 75

5.5.6 六级词汇 / 75

5.5.7 附录词汇 / 76

5.6 《华语词汇等级大纲》描述 / 76

5.6.1 总体情况 / 76

5.6.2 纲外词语情况 / 78

5.6.3 《国际中文教育中文水平等级标准》独用词语情况 / 95

5.6.4 《华语词汇等级大纲》与《国际中文教育中文水平等级标准》的等级背离 / 98

5.6.5 词语词长情况 / 101

5.6.6 词语的汉字使用情况 / 102

5.6.7 成语使用情况 / 105

5.7 小结 / 110

6 结语 / 111

参考文献 / 113

附录 / 119

附录一 华语作为第一语言教学的常用分级词表 / 119

附录二 少儿华语主题词表示例（按主题分类）/ 148

附录三 少儿华语主题词表示例（按《华语词汇等级大纲》分级，级别内再按常用度排列）/ 152

附录四 《华语词汇等级大纲》示例（草案，级别内再按常用度排列）/ 154

附录五 《华语词汇等级大纲》词语用字表 / 157

1 研究现状

1.1 少儿华语教育研究

据文献统计，从时间上看，2002 年之前，对少儿华语教育的基础理论研究和应用研究几乎处于空白状态，2002 年之后对少儿华语教育的相关研究有但比较少；从国别上看，主要集中在新加坡、马来西亚这两个国家；从内容上看，主要集中在少儿华语教材和华语教学这两方面。从中可以看出，目前对少儿华语教育的基础理论研究和应用研究在广度和深度上都有待提高。下面主要从少儿华语教材研究和少儿华语教学研究这两方面来说明少儿华语教育研究现状。

1.1.1 少儿华语教材研究

当前对少儿华语教材的研究主要包括静态分析和动态使用两方面。其中以对小学华语教材的静态分析研究居多，主要是依据教材编写理论对小学华语教材的编写情况进行系统研究，包括教材词汇研究、课文研究、语法点研究、汉字研究、文化内容研究、语言特点研究、注音研究和练习研究等。

教材词汇研究方面，蔡丽（2002）从量和质两方面考察了 6 套海外华语教材的选词及生词编排情况，总结了其在词汇编写上的特点和不足。相关研究还有蔡丽（2003），蔡丽、贾益民（2004）等。课文研究方面，陈小红（2003）探讨了 6 套小学华语教材里课文的思想内容和基本形式等，从中总结了华语教材课文编写的一些规律。语法点研究方面，刘潇潇（2005）以《中文》《汉语》和《标准中文》三套教材为例探讨了海外华语教材语法点的选用与编排规律及不足。汉字研究方面，郭楚江（2004）建议编制华语教材用字字表。文化内容研究方面，何慧宜（2007）进行了 6 套海外华语教材的中国知识文化内容研究。

1

语言特点研究方面，祝晓宏（2008）从多重认同的角度考察了新加坡小学华语教材《好儿童华文》里具有本土特色的语言项目，认为在全球化语境下，华语教材的语言项目既要适应各国和各地区的特点，又要在全球化与当地化、多样化与规范化中保持平衡。这与国别化教材概念的提出有些相似，重视了教材编写的作用，但忽视了对华语教师的要求及其作用。注音研究方面，王燕燕、罗庆铭（2010）分析了新加坡小学华语教材汉语拼音注音的历史演变。练习研究方面，肖菲（2003）和刘慧、贾益民（2009）对海外小学华语教材的练习设计与编排进行了研究。此外，许琨（2011）在分析新加坡"差异教学"理念的基础上探讨了新加坡小学华语教材的编写模式，分析了教材在满足学生差异学习上的不足并提出了相关建议。

相较于对华语教材的静态分析研究，对小学华语教材的动态使用研究则很少，仅见于蔡丽（2011）、朱遂平（2012）等数篇。蔡丽（2011）通过实地调查、访谈等方式研究了印度尼西亚小学华语教材使用情况及本土华语教材编写现状。研究发现，印度尼西亚各地小学在选择华语教材时随意性很大，外来教材居多，针对性不足，教材教学内容与当地课时设置不匹配，缺少反映当地本土特色的内容，缺少相配套的教师指导手册且不重视对教材教学目标的实现。而印度尼西亚本土自编的小学华语教材缺少汉字教学内容和词种数，语言点的解释不合理且教材中存在很多知识性错误。朱遂平（2012）从地域族群和文化类目角度对比分析了《菲律宾华语课本》《菲律宾版新编华语课本》与《汉语》这三套教材，采用问卷调查与访问形式，建议教材编写者更多了解菲律宾学生的学习期望。

华语教材在华语教学中的应用研究是华语教材研究的重要领域，当前这方面的成果还很少，有必要展开这方面的实地调查。

1.1.2 少儿华语教学研究

当前对少儿华语教学方面的研究主要是围绕教学的某一方面（如教学内容、教学方法、教学手段）而展开的。教学内容研究方面，朱小明（2006）从教材、教师和学生三个角度来探讨如何使新加坡小学华语成语教学取得更好的效果；邵洪亮（2011）以新加坡小学华语教材为例，探讨名量组配的典型性与量词教学的系统性问题；洪丽芬、庄惠善（2011）探讨了马来西亚华语小学学生作文水平不高的原因。教学方法研究方面，林建才等（2007）介绍了思维导图在新加坡小学华语教学中的应用案例。教学手段研究方面，罗庆铭（2012）以新加坡小学华语教材语料库为例，探讨了教材语料库相对于通用语料库在华语教学中的优势，建议将教材语料库应用到教学环节中。

现有对少儿华语教学的研究虽然取得了一些成绩，但总体上看并不能满足当前少儿华语教学的需要。目前研究多局限于新加坡和马来西亚这两个国家，专题研究很少，仅涉及教学内容、教学方法和教学手段三个方面，且这三方面的研究还有待进一步深入。由于少儿这个年龄段的关键性以及华语教学的特殊性，我们认为少儿华语教学研究需要儿童心理学、华语教育心理学、认知语言学、历史学等多学科的参与才能深入发展。同时还有必要开展深入的专题研究。少儿华语教学具有多样性，在学习对象、教学内容、教师队伍、课程设置、教学方法、教学手段、教学环境、教学评估等方面各有不同，每一项内容都是一项好的课题，值得深入细致的研究。

1.2 汉语作为第二语言教学的话题研究

现有的对外汉语领域的话题研究主要分为话题选取研究、话题兴趣研究、教材话题研究三个方面。其中，话题兴趣研究和教材话题研究是重点。

1.2.1 话题选取研究

话题选取研究方面，苏焰（1995）认为选择话题时应"多根据留学生的实际情况选择小而近的话题"。王若江（1999）认为选择话题时应遵循四个原则：难度适宜；贴近学生实际，抓到兴奋点；增加世界共性话题；尽量贴近学生的认知水平。杨丽姣、王宏丽（2010）提出了话题选取的三个基本衡量原则：话题是否能够营造交际语境，帮助学生达成有意义的交流沟通；话题是否符合学生认知心理；话题是否有助于培养学生的人文素质。曾天（2012）认为单凭留学生的演讲话题选取话题有些单薄，因此结合了当前具有权威性的四部大纲作为话题选取的依据。姜蕾（2013）分析了《国际汉语教学通用课程大纲》中话题内容建议表存在的一些问题，如话题与功能、文化混淆，缺乏年龄针对性和科学性，话题具体内容存在重复、嵌套、归类不当、内容缺失等问题，指出话题小类的选取要注重"低龄化"特点，编排上贯彻"螺旋式上升"的原则。

1.2.2 话题兴趣研究

话题兴趣研究方面，王若江（1999）认为话题选择时要"把学生变为主体，提出年轻人真正感兴趣的话题"，但作者只是举例说明学生感兴趣的话题，并没有做定量统计。汲传波（2005）从留学生的演讲话题出发，筛选出北京大学1998—2002 年 5 年中的 235 篇演讲稿，对这些演讲稿进行归类统计，用定量分析的方法总结出留学生感兴趣的话题目录。这把话题兴趣研究又向前推进了一步。我们认为演讲稿在一定程度上能反映出学生熟悉或关注的话题，但演讲话题毕竟是少数学生经过精心准备的，又仅限于北京大学对外汉语教育学院，难以代表大部分学生的话题兴趣。因此，单以演讲话题为依据来确定口语教材的话题也有失偏颇。余千华(2012)研究了主流教材课文话题与学习者的话题兴趣匹配情况，发现"汉语学习者对那些能体现他们的兴趣和需求、与他们的个人生活和切身利益密切相关的话题最感兴趣，话题兴趣与各自的民族文化、年龄、生活阅历、社会身份、当前需求及经济状况等诸方面的因素密切相关"。该研究对汉语教学有一定的启示，但也存在不足之处。该研究的对象汉语水平高低不一，且仅限于美籍教师和来自非洲的留学生；该研究选取的教材面向的是零起点的学习者，但有些研究对象已学过 3—4 年汉语。吕玉兰（2007）主编的《话题汉语》是一部面向中级汉语学习者的口语教材，作者在调查留学生兴趣爱好的基础上选择了 15 个实用有趣的话题，每个单元以话题为中心，为学习者提供了丰富的语料。姚靓(2013) 以《国际汉语教学通用课程大纲》的话题内容建议表为模板，分析统计了少儿喜欢的话题。值得一提的是，作者在问卷设计中根据课文内容把话题具体化，如用"介绍自己的朋友"来代替"个人信息"这个话题，这样避免了生涩词语的出现，更贴近少儿的认知水平和汉语水平。

1.2.3 教材话题研究

教材话题研究方面，苏新春（2011）在参考《国际汉语教学通用课程大纲》的话题内容建议表以及汲传波（2005）建构的 6 大类 50 小类的话题目录的基础上，综合考虑涵盖面较强、立类清晰等因素，建构了一个 5 大类 52 小类的话题分析模板，并以此为依据分析了 7 套海外初级通用型汉语教材，发现初级教材的话题多分布在个人信息、生活、人际交流三个方面。杨艳、柯丽芸（2008）分析了两部口语速成教材《汉语 900 句》和《汉语会话 301 句》的话题选取情况，发现两部教材大部分涉及的是"个人信息"这个话题，以此推导出口语教材存在话题焦点，即"以服务关系进行的个人需求会话，以交际关系进行的个人信息会话"。我们认为《汉语 900 句》和《汉语会话 301 句》作为两部具有代表性的教材，在一定程度上能够反映当前汉语口语教材的话题选取情况，但是这两部教材都属于初级汉语口语教材，并不能代表中高级口语教材话题的选取与编排情况。曾天（2012）结合了汲传波（2005）的话题目录以及现行的四部大纲作为评估教材的依据，考察了《中级汉语口语》的话题选择问题，发现该教材基本上切合了大纲对话题的要求和留学生的兴趣点。但我们认为仅以北京大学对外汉语教育学院学生的演讲稿为依据，主观地把《国际汉语教学通用课程大纲》五级目标及内容分为初、中、高三级，以此得出的结论可能存在偏颇之处。王小曼（2005）讨论了高级汉语口语教材话题的选择问题，针对普遍年龄小、阅历浅、经验少的日韩学生，列出了三类优先考虑的话题。针对高级汉语口语教材的话题选择问题，还有两部教材值得一提。一是章纪孝（1993）主编的《高级汉语口语——话题交际》。它明确将话题交际法作为教材编写和课堂教学的主要方法，所选话题面宽，有新鲜感、时代感。另一本是吴晓露（2007）主编的《说汉语 谈文化》，教材话题集中在中国的思想文化观念方面。为训练学生的成段表达能力，教材设计了一个很有特色的语段练习项目，即在一个题目下构建了一个从主题句到层次再到结束句的语段框架，并标示出句中应使用的关联词与当课的新词语。

1.3 汉语教学用词语及词表研究

1.3.1 通用词表研究

从对外汉语兴起之初到汉语传播国际化的当下，词表的研制一直是一项意义重大的课题。

当前汉语作为第二语言教学的通用词表研究成果主要有：1964 年的《外国学生用四千词表》、1981 年的《外国人实用汉语常用词表》、1985 年的《现代汉语频率词典》、1986 年的《对外汉语教学常用词表》、1992 年的《汉语水平词汇与汉字等级大纲》、2010 年的《汉语国际教育用音节汉字词汇等级划分》[1]、2021 年的《国际中文教育中文水平等级标准》等。

现有汉语教学通用词表主要研究成果及其基本情况见表 1。

表 1 汉语教学通用词表主要研究成果及其基本情况

名称	发行时间	编制/发布者	收词量
《外国学生用四千词表》	1964	北京语言学院	4000
《外国人实用汉语常用词表》	1981	北京语言学院	3040
《对外汉语教学常用词表》	1986	北京语言学院	4000
《汉语水平等级标准和等级大纲》（词汇等级大纲）	1988	中国对外汉语教学学会汉语水平等级标准研究小组	8168（甲级词 1011 个，乙级词 2017 个，丙级词 2140 个，丁级词 3000）
《汉语水平词汇与汉字等级大纲》（旧 HSK 大纲）	1992	国家对外汉语教学领导小组办公室汉语水平考试部	8822（甲级词 1033 个，乙级词 2018 个，丙级词 2202 个，丁级词 3569 个）
《世界汉语教学主题词表》	1993	北京语言学院图书馆	主题词 3000 余条
《对外汉语教学初级阶段教学大纲》（词汇大纲）	1999	杨寄洲	2704（一级词 993 个，二级词 1711 个）

---

1 本书仅使用其词汇等级划分，不涉及音节和汉字。

（续表）

名称	发行时间	编制/发布者	收词量
《汉语国际教育用音节汉字词汇等级划分》	2010	教育部和国家语言文字工作委员会	11,092〔一级词 2245 个，二级词 3211 个，三级词 4175 个，三级附录（规范性附录）词 1461 个〕
《国际中文教育中文水平等级标准》	2021	教育部和国家语言文字工作委员会	11,092（一级词 500 个，二级词 772 个，三级词 973 个，四级词 1000 个，五级词 1071 个，六级词 1140 个，七至九级词 5636 个）

其中，《汉语水平词汇与汉字等级大纲》的影响最大，它吸取了当时国内词汇计量研究的最新成果，由诸多专家共同研制而成，为汉语水平考试的开发和教材编写提供了明确的依据和规范。由于研制过程中存在主客观条件的限制，随着时间的推移，它也慢慢显现出了一些缺陷，多位学者对其研制理念及存在的问题进行了分析。李清华（1999）认为大纲的词汇量偏低。赵金铭（2003）指出了大纲的几点欠缺：用于词频统计的语料在数量、范围和语体方面存在局限，这影响了一些词语频率指数的可靠性；字词界限没有划清；没有详细统计多义词在不同义项、兼类词在不同词性上的使用频率。姜德梧（2004）从语言中最活跃的部分词汇出发，分析大纲在词汇方面的问题并提出相应的解决办法，认为大纲需要淘汰历史词，酌量收录新词，调整一些词的词级，确定收词的标准，处理好一词多义和同形词的问题，规范异形词，处理好离合词，做好词性的标注等。马清华（2008）则认为唯频率标准不可能制定出科学的词汇大纲。

相比于《汉语水平词汇与汉字等级大纲》，2010 年出版的《汉语国际教育用音节汉字词汇等级划分》则代表了词表研制的新进展。翟颖华（2011）认为新进展具体体现在跟进语料选取、关注口语语料、严格控制人工干预和改进基本框架这四方面。语料选取方面，从规模上看，《汉语国际教育用音节汉字词汇等级划分》选取的语料库远远大于《汉语水平词汇与汉字等级大纲》；从时间跨度上看，《汉语水平词汇与汉字等级大纲》选取的语料止于 1980 年，而《汉语国际教育用音节汉字词汇等级划分》重点选取了 2005—2008 年 4 年的语料。口语语料方面，《汉语国际教育用音节汉字词汇等级划分》略倾斜于口语语料，这既稀释了原本过多的书面语语料，又有利于规范口语教学。人工干预方面，《汉语国际教育用音节汉字词汇等级划分》考虑到人工干预存在主观性，因而采取了"要人工干预，但尽量少一些"的做法。基本框架的改进主要体现在确立最低入门词汇量和适度提高词汇总量这两方面。整体上看，《汉语国际教育用音节汉字词汇等级划分》满足了新形势下国际汉语教学的需要。翟颖华（2012）进而提出了研制初级阶段华语教学词表的设想，提出初级阶段华语教学词表的词汇总量应控制在 2500 词左右，并且需要设定约 500 词的最低入门词汇量，认为科学地研制词表关键在于语料库的建设和选取。《汉语水平词汇与汉字等级大纲》和《汉语国际教育用音节汉字词汇等级划分》主要针对中国大陆的对外汉语教学实际，曾毅平（2013）则提出研制两岸对外汉语教学融通词表。该文详细阐述了研制两岸融通词表的基本原则、思路和步骤，是通用词表研究领域的较新成果。

2021 年发布的《国际中文教育中文水平等级标准》是在全球化、文化多样性的大背景下制定的，旨在为全球中文学习者提供一个统一、科学的水平评价标准。其词汇部分的编写更注重实用性和国际化，以适应不同国家和地区中文学习者的需求。《国际中文教育中文水平等级标准》（词汇）在选择词汇时，借鉴参考了 10 余种较有影响的国际语言标准，特别是以往的各种汉语水平考试词汇等级大纲、高频词表、常用词表和现代汉语语料库，并对国内外大中小学及其他各类教育机构开展国际中文教育教学实际情况进行了广泛调研，充分征求国内外专家等各有关方面的意见建议，经反复论证、多次修改后完成。整体上，《国际中文教育中文水平等级标准》（词汇）更注重词汇的实际使用频率和实用性，同时按照"三等九级"的体系对词汇进行难度分级。《国际中文教育中文水平等级标准》（词汇）不只是汉语水平考试（HSK）的标准，更是一部面向全球的具有时代特色的等级划分标准。它适用于国际中文教育词汇方面的学习、教学、测试与评估，为开展国际中文教育的各类学校、机构和企事业单位提供规范性参考，也将为世界各地国际中文教育的总体设计、教材编写、课堂教学和课程测试提供参考，还将为"互联网 +"时代国际中文教育的各种新模式、新平台的构建提供重要依据。

通用词表具有宏观指导、整体规范的作用，但并不能完全满足各个领域、各个国家和地区的不同汉语教学需要。随着国际汉语教学的多元化发展，有必要研制分类、分领域的词表以及国别化词表。

1.3.2 分类词表研究

分类词表的研制能够满足不同行业对外汉语教学和考试的需要。目前，分类词表有刘华（2006）《商务汉语常用词表》、季瑾（2006）《经贸汉语词语表》、吕荣兰（2011）《对外汉语口语话题词表》、黄少如（2012）《少儿汉语话题词表》和喻雪玲（2013）《商务汉语话题词表》等。这些词表都强调专业性和领域性。

刘华（2010）在《基于语料库的对外汉语教学用分类词表的研制——以商务为例》里系统阐述了分类词表的研制原理和过程，指出分类词表的研制不同于过去由专家人工提出词语、依据个人语感来排序的做法，而是基于大规模语料库，实现词语按领域聚类和按流通度分级。不过《商务汉语常用词表》也存在一些缺陷，如书面语语料和口语语料不均衡、等级划分不明确、缺少词性的标注等。

1.3.3 国别化词表研究

国别化词表的研制是对外汉语教学向汉语国际推广转变的需要，也是汉语学习者背景日益多元化的需要。但是，国别化词表的研究起步晚，现有的研究成果还比较少。甘瑞瑗（2004）首次提出"国别化"词表的概念并以韩国为例制定了《对韩汉语教学用词表》。万日升（2008）构建了《对泰汉语教学初级阶段教学用词表》。孙红（2009）构建了《面向泰国汉语教学用词表》。

1.3.4 华语词表及华语词语研究

华语，即"以现代汉语普通话为基础的华人共同语"。从华语的定义上我们可以看出，华语词语是以现代汉语普通话词语为基础的，但也有"基础"外的"华人"特色的词语。因此，下面我们从华语词表、华语社区词与特色词、华语文化词三个方面来看华语词语的研究现状。

1.3.4.1 华语词表的研究

在中国台湾，也有相关的华语词表的研制成果。台湾师大的张莉萍等学者于2002年提出了华语能力测验词汇分级表，共收录 10,155 个词语，分为初、中、高三个等级，其词汇大多从华语教材收集而来。张郁雯等学者于 2004 年进行了华语词汇分级工作，共收录 18,261 个词语，并将这些词语分为五级。张莉萍等学者于 2004 年研制了《华语八千词》，共收录了华语词 8000 个，其中初级词 1500 个、中级词 3500 个、高级词 3000 个。《华语八千词》在选词来源上做了广泛而全面的收集，综合了台湾师大华语能力测验词汇分级表、台湾"中研院"词库、HSK 词汇表，运用相对频率、加权值的方法计算出每一个词的比重，再依据每个词的总值进行排序。这些词表给华语词语的研究提供了很有价值的资源，其研制的方法和依据也给我们提供了新的思路。

1.3.4.2 华语社区词与特色词的研究

华语的社区词是华语词汇的重要组成部分，也是华语的特色之一。当今世界上有不少华人聚居地，不同华人社区使用的华语也存在着一些差异，这些差异反映了不同地区的社会风貌。

首先，华语社区词、特色词的研究成果集中在不同区域的特色词、社区词的理论研究与语言分析上。新加坡华语特色词语和社区词语的研究方面，周清海的《新加坡华语和普通话的差异与处理差异的对策》(2006)、《新加坡华语变异概说》(2002) 等一系列研究反映并深入剖析了新加坡华语特色词语、社区词语的面貌。印度尼西亚华语特色词语的研究方面，刘文辉、宗世海 (2006) 以印度尼西亚代表性华语报纸、杂志、著作及华人口头语言为据，整理、列举了 351 例印度尼西亚华语区域词语，描述了一些普通话词语在印度尼西亚华语区的不同用法，概括了印度尼西亚华语区域词语的特点。黄年丰 (2006) 分析了印度尼西亚华语平面媒体特色词语的分类、形成原因和特点等。泰国的华语特色词语也有相关研究。张淑娟 (2003) 以泰国发行量较大的三大华语报纸 (《世界日报》《星暹日报》《亚洲日报》) 和一些泰国华人作家的文学作品为语言材料，分析了泰国华语书面语词汇的特点及其变异因素。曾晓舸 (2004) 以《星暹日报》2002 年出现的语料为例，分析了泰国华语书面语变异的原因、类型等。

其次，华语社区词、特色词的研究也集中表现在词典的编撰上。小范围的有汪惠迪 (1999) 主编的《时代新加坡特有词语词典》、田小琳 (2009) 主编的《香港社区词词典》。大范围的有邹嘉彦、游汝杰 (2005) 主编的《21 世纪华语新词语词典》和李宇明 (2010) 主编的《全球华语词典》。《21 世纪华语新词语词典》

跨区域收录了中国（包括港、澳、台地区）和新加坡2000年至2006年产生或流行的新词语。《全球华语词典》除了包含上述国家和地区之外，还包括了马来西亚、泰国、印度尼西亚等东南亚国家，而且还涉及了日本、澳大利亚、美国、加拿大等国家和地区，几乎覆盖了全球的华语区，它标志着华语词汇的整理、研究已从单域转向全域。

此外，一些研究机构也有华语特色词和社区词的研究成果。由教育部语言信息管理司与暨南大学共建的海外华语研究中心完成了"东南亚主要华语媒体用字用语调查""东南亚华语特色词语"两个研究。由香港中国语文学会主办的"华语桥"，集结了海内外的华语研究专家和全世界华人社会的语文工作者，集思广益，群策群力，对如何处理"地区词"或"社区词"、编写各个华语社区的社区词词典等有关问题进行了深入细致的讨论。

1.3.4.3 华语文化词的研究现状

除了社区词、特色词之外，文化词也是华语词汇的重要组成部分。和普通的对外汉语教学相比，华语教学的文化传承作用决定了华语文化词有着更为重要的地位。

与华语的社区词、特色词相比，文化词的研究还十分零散，现有的研究成果主要集中在文化词语的教学策略方面。如张高翔（2003）指出文化词语讲练的重点是练习。焉德才（2006）认为文化词语教学是汉语词汇教学过程中"有度放射"策略中的重要一环，汉外文化词语对比放射，是一种可贵的文化词语教学尝试。王衍军（2013）提出在汉语教学上应结合中华文化背景，以类统摄，根据语义场理论，采用多种教学策略等。赵明（2011）依托教材对文化词语做了一系列考察，认为教材中的文化词语在收词量、词语的编排、词语释义等方面都存在一定的问题。

此外，外向型的文化词语学习词典的编撰也是文化词语研究的一个方面。苏新春（1996）、章黎平等（2004）积极主张编撰专门的文化词语学习词典来辅助对外汉语的文化教学。王德春（1990）主编的《汉语国俗词典》便是文化词语学习词典的代表性研究。不过这部词典受到了部分学者的质疑，理由是《汉语国俗词典》有很多富有太强地域色彩的词语与时代久远的词语，这显然是不适合外籍学生学习的。

从总体上看，文化词语在汉语作为第二语言教学中缺少系统性、实证性研究，而且在不多的文化词语本体研究成果中，能将之应用到教学之中的更是少之又少。

综上所述，当前的华语词语教学并没有一个有"华语"特色的通用词表，而是长期被置于普通的对外汉语教学的框架下，因此，研制各种面向华语教学的词表是当下亟待解决的问题。此外，相对于华语社区词、特色词，文化百科性词语的本体研究还不够。在这种现状下，如何多层次丰富华语教学词表的文化性，使母族文化与华语教学很好地融合起来是一个值得探讨的问题。

1.3.5 中小学语文教材用词研究现状

中小学语文教材是中国文化百科知识的典型的载体，它承载的文化内涵与价值取向都是我国文化的精髓。将中小学语文教材的课文用词作为华语词语教学的一个参考似乎是解决上述问题的一个很好的方法。关于中小学语文教材课文用词的研究现状，我们从以下两个方面来看。

1.3.5.1 国内中小学语文教材用词研究现状

有关国内中小学语文教材的字词情况的研究长期以来集中在"文字"方面，目前学术界专门研究词语的文章不多。

李镗（2000）对北京版和人教版的九年义务教育语文教材的字词分布状况进行了研究。他采用计算机信息处理技术，跨版本、跨年级比较分析两套教材，考察了课本中常用字的字频、覆盖率、字的首现和复现情况，为语文教材的编写提供科学的参考资料。

陈波（2004）通过词频统计，考察了人民教育出版社、北京师范大学出版社、江苏教育出版社出版的三套小学语文教材的词汇构成状况，提出了"科学常用词"的概念，从义项的角度考察了"义项词"，认为国家语委在词表的制定过程中应参考词的义项来确定词频。此研究也为小学语文教材的编写和教材词汇构成的系统性提出了建议。

《中国语言生活状况报告（2007）（下编）》发布了基础教育语文新教材用字用语调查报告。该报告选取了人民教育出版社、江苏教育出版社、语文出版社和北京师范大学出版社出版的九年义务教育新课程标准语文教材，分析了不同教材和不同学段用词的基本情况，并按分布统计的方法提出了语文新课标教材3000基本词语表。

以上研究都是对国内中小学语文教材的用字用词情况进行分析和描述，旨在为语文教学研究提供参考资料，为语文教材编写提供科学的建议。尽管有语文新课标教材3000基本词语表，但这只是一个开创性、启发性的研究，这一课题还有很多值得深入研究的地方。中小学语文教材课文常用词分级词表，尤其是以为华语教学服务为目的中小学语文教材课文常用分级词表的研制，尚属该研究领域的空白点。

1.3.5.2 海外华语教材用词研究现状

海外华语教材用词的研究主要集中在词汇选择的问题上，各个学者分析了不同的教材：朴点熙（2000）以中国大陆、中国台湾、韩国、日本、美国的七种汉语教材为研究对象；蔡丽、贾益民（2004）选取了中国大陆编写、中国台湾编写、中国与海外华校合编以及海外自编的六套华语教材；黎景光（2012）则以马来西亚、菲律宾、新加坡、印度尼西亚、泰国、越南六个东南亚国家的九套主流小学华语教材为研究对象；等等。这些研究运用计算机数据库方法，同时与现有的词语等级大纲相比较，分析不同教材的共性与差异，探讨有关华语教材词汇选择的原则，为汉语教学和汉语教材的编写提供参考依据。此外，《中国语言生活状况报告（2006）（下编）》中也有研究报告计量分析了12套汉语教材的用词情况并提出了汉语前1500条高频词语表。

以上研究大多是对海外华语教材的用词情况的分析和描述性的研究，旨在为华语教学词语的选择和华语词语体系的构建提供参考资料和建议。尽管有汉语前1500高频词表，但其词条数目较少，也没有进行分级处理，这就给我们进一步研究提供了广阔的空间。

1.3.6 小结

从上述的相关研究现状中我们可以看出，研制各种面向华语教学的词表是当下亟待解决的问题。如何多层次丰富华语教学词表的文化性，使母族文化与华语教学很好地融合起来，也是值得探讨的。基于华语的文化性特征与其所具有的母语性特点,选择性参考中小学语文教材用词可以为解决上述问题提供一个新视角。而不论是国内中小学语文教材的研究还是海外中小学华语教材的词语研究都存在分析性、描述性的研究多而词表研究成果少的现状。因此,研制一个中小学语文教材(包括国内中小学语文教材和主要的海外中小学华语教材)课文常用词分级表,是十分必要的工作。

同时,现有华语词表的建设在科学性与理据性方面尚待进一步提高。尤其在体现华语教学区别于对外汉语教学的特点、覆盖更广的华语教学领域,以及脱离现有词表基础、独立于《汉语水平词汇与汉字等级大纲》的构建方法论创新等方面,有很大的提升空间。《汉语水平词汇与汉字等级大纲》是汉语词语教学的总指挥和统筹纲领,但长期以来仅注重汉语作为第二语言的教学,而华语作为母语教学的特色并没有得到很好的重视和体现。

2 语料库基础

2.1 教材库

2.1.1 中小学语文教材 [2]

我们选取了分别由北京师范大学出版社、人民教育出版社、江苏教育出版社、语文出版社出版的四套代表性的九年义务教育新课程标准语文教材。每套教材均包括小学一年级到初中三年级，共九个年级。每个年级分上、下两册，共 18 册，四套教材共 72 册。具体情况如下。

北京师范大学出版社的《语文》教材（下文简称"北师大版"），小学 12 册，马新国、郑国民主编；初中 6 册，孙绍振主编。

人民教育出版社的《语文》教材（下文简称"人教版"），小学 12 册，崔峦、蒯福棣主编；初中 6 册，顾振彪、顾之川、温立三主编。

江苏教育出版社的《语文》教材（下文简称"苏教版"），小学 12 册，张庆、朱家珑主编；初中 6 册，洪宗礼主编。

语文出版社的《语文》教材（下文简称"语文版"），小学 S 版 12 册，王均、杨曙望主编；初中 6 册，史习江主编。

2.1.2 中小学华语教材

2.1.2.1 国内主编的华语教材

《中文》（小学版）（2006 年修订版）是中华人民共和国国务院侨务办公室委托暨南大学华文学院为海外华裔小学生学习中文而编写的教材，共 12 册课本，每册

---

2 该教材语料库由厦门大学苏新春教授提供。

12 单元。教材从教学对象的年龄、生活环境和心理特点出发，科学地安排教材的内容、结构和功能。包含字、词、句、篇章等内容，由浅入深，循序渐进，图文并茂，教学理念新颖，旨在培养学生的学习兴趣，启发其积极思考，做到学以致用。

《中文》（初中版）（2010 年出版）是暨南大学华文学院为满足海外华裔青少年进一步学习中文的需要而编写的教材。主教材 6 册，供初中一至三年级共 6 个学期使用。教材内容既强调学生语言能力的培养，又凸显中华优秀文化。课文体裁多样，涉及小说、散文、诗歌和议论文等。

《汉语》（小学版）（2007 年修订版）是中国海外交流协会委托北京华文学院为海外华裔小学生学习汉语而编写的教材，供海外全日制华语学校一至六年级使用。教材共 12 册，每册 15 单元，其特点是用句子教学统领语音、词汇、句法和汉字的教学，综合训练学生的听、说、读、写能力；贴近生活，循序渐进，相互衔接，独立成册；注重教材语言的实用性和系统性。该教材的目标定位与中国汉语水平考试（初、中等）有序接轨。

《汉语》（初中版）（修订版）是由北京华文学院编写、供华语学校初中课堂教学使用的教材，共 6 册。该教材内容丰富，语料真实，注重中华文化内容的教授，切实培养华裔学生的汉语语言文化能力。

《标准中文》（小学版）（2007 年修订版）由人民教育出版社课程教材研究所编写。该系列教材是为海外人员子女学习中文编写的，共 9 册，每册 30 单元。其学习目标是掌握 5000 个左右常用词，300 个左右基本句，具备初步的听、说、读、写能力，为以后学习中文和了解中国文化打下坚实的基础。教材的内容编排标准规范，系统性强，分级合理，循序渐进。此教材的特点是针对性和实用性强，并且注重科学性和趣味性。目前，该教材在美国、加拿大、澳大利亚、新西兰、韩国、东南亚等国家和地区均广泛使用。

2.1.2.2 国外主编的华语教材

目前少儿华语教材种类繁多。由于东南亚各国的华语教学颇具代表性，我们把焦点定于东南亚各国使用的中小学华语教材。由于老挝、缅甸这几个国家目前还没有自编的、大规模使用的本土特色华语教材，我们主要选取了新加坡、马来西亚、菲律宾、泰国、印度尼西亚、越南这 6 个东南亚国家具有本土特色并且较大规模使用的 16 套中小学华语教材。详细信息见表 2。

表 2 16 套教材基本信息

类别	国家	教材名称	册数	编写者	出版者	出版时间
小学华语教材	新加坡	好儿童华文	12	新加坡教育部课程规划与发展司小学华文课程组	新加坡教育出版社	1999—2000
		小学华文	12	新加坡教育部课程规划与发展司小学华文课程组	新加坡教育出版社、（中国）人民教育出版社	2007
		小学高级华文	12	新加坡教育部课程规划与发展司小学华文课程组	新加坡教育出版社、（中国）人民教育出版社	2007
	马来西亚	标准中文	9	崔峦	（中国）人民教育出版社	2007
		华文	6	郑辉龙、王赛梅、黄雪玲、何贵强、郑淑玲、叶莲丝、黄慧羚、孙秀青、周锦聪、陈素媚、王月香、林俐伶	1) Hypersurf Corporation Sdn. Bhd. 2) Eliteguh Idustries Sdn. Bhd. 3) Penerbitan Bangi Sdn. Bhd. 4) The Malaya Press Sdn. Bhd.	2003—2007
	菲律宾	菲律宾华语课本	12	沈文、杨石泉	菲律宾华文教育研究中心	2000
	泰国	快乐学中文	10	郭少梅	Nanmeebooks	2004—2009
		中文	6	李润新、程相文	泰国圣卡比利安基金中文学校中心	2006
	印度尼西亚	我的汉语	6	Priska Hermin Leonny	Penerbit Erlangga	2005
		基础汉语	6	Tim Penulis LBM SINO	Gramedia Widiasarana Indonesia	2008
		快乐汉语	6	Perpustakaan Nasional Katalog Dalam Terbitan	Anis Apriliawati Noviandari Prabawati	2008
	越南	华语（实验教材）	10	陈晓（Tran Tieu）	越南教育出版社	2009

（续表）

类别	国家	教材名称	册数	编写者	出版者	出版时间
中学华语教材[3]	新加坡	华文（普通学术）	10	新加坡教育部课程规划与发展司小学华文课程组	新加坡教育出版社、（中国）人民教育出版社	2004
		华文（快捷）	8	新加坡教育部课程规划与发展司小学华文课程组	新加坡教育出版社、（中国）人民教育出版社	2004
		华文（高级）	8	新加坡教育部课程规划与发展司小学华文课程组	新加坡教育出版社、（中国）人民教育出版社	2004
	马来西亚	华文	6	蔡永祥、陈毓媚、郑文添、温金玉、陈钦财、苏媚桂、永乐多斯、许友彬、林臣顺	1）Hypersurf Corporation Sdn.Bhd. 2）The Malaya Press Sdn. Bhd. 3）Odonata Publishing Sdn. Bhd.	2002—2004

2.2 考试 / 教学大纲

考试 / 教学大纲是课堂教学的纲领和指南。大纲有明确教学对象和培养目标，起到规范、指导课堂教学和考试，促进和提高教学质量和水平等作用。本研究在参考以下大纲的话题和交际功能的基础上，对所选教材进行话题分类和话题词表构建。

2.2.1 少儿汉语大纲

少儿汉语大纲包括少儿汉语考试大纲、话题及交际功能表以及词汇表等。少儿汉语考试是专门为第一语言非汉语的少年儿童而设的汉语水平考试，目的是在

---

3 名为"中学华语教材"，实际上只是初中华语教材。本书中所有"海外中学华语（教材）"都指的是海外初中华语（教材）。

考查考生汉语词汇掌握情况的基础上，培养他们的汉语语感和思维，激发他们的学习兴趣，提高他们运用汉语的语言技能和交际能力。

2.2.2《国际汉语教学通用课程大纲》

《国际汉语教学通用课程大纲》旨在为国际汉语教学工作者和汉语学习者提供规范和指导。适用对象包括成年人与未成年人，在校学习者（包括公立及私立小学、中学、国际学校的学生及大学生等）与社会学习者，有汉语背景者与无汉语背景者等。因此，《国际汉语教学通用课程大纲》对少儿汉语教师也具有参考价值，可为构建少儿汉语话题库、编写少儿汉语教材提供参考。

2.2.3《对外汉语教学初级阶段教学大纲》

《对外汉语教学初级阶段教学大纲》（杨寄洲主编，1999）是北京语言大学基于编写团队多年的教学经验，根据课堂教学的需要编写的。大纲规定了对外汉语初级阶段的教学对象、教学时间、教学目的、教学原则、教学内容和教学方法等，是课堂教学、教材编写、教学评估和考试的重要依据。其内容包括对外汉语教学初级阶段教学大纲、语法大纲、词汇大纲、功能大纲、情景大纲和考试大纲。

2.2.4《对外汉语教学中高级阶段功能大纲》

《对外汉语教学中高级阶段功能大纲》（赵建华主编，1999）是北京语言大学编制的一部包括功能、意念、情景、文化等多种因素的综合性大纲，旨在为中高级阶段对外汉语教学提供规范和指导。其在《对外汉语教学初级阶段教学大纲》的基础上加以增补，扩展为152项，归纳为7大类。

2.3 词表 / 词典

2.3.1 新中小学生汉语考试（YCT）词汇表

新中小学生汉语考试（YCT）是一项国际汉语能力标准化考试，考查汉语非第一语言的中小学生在日常生活和学习中运用汉语的能力，具有通用性和普遍指导意义。其中词汇大纲（下文称之为"YCT 词表"）规定，一级词 80 个，二级词 150 个，三级词 300 个，四级词 600 个。

2.3.2《方言调查词汇表》

由语言研究所方言组所编写的《方言调查词汇表》（1981）的研究重点是词汇和语法，研究目的是为了更好地推广普通话，促进汉语规范化。《方言调查词汇表》把相同的东西在不同方言中的不同叫法在词表中列出，进行对比，研制成方言词表。其研究成果对规范词语的读音和普通话的推广都有重大意义。

2.3.3《体验汉语图解学习词典》

《体验汉语图解学习词典》（李晓琪主编，2012）遵循"图解式输入"原则，将与日常生活密切相关的 14 个单元话题分解为 95 个子单元，共收录词语 1606 个。学习者能够通过易于理解的图示，按照词语义类寻找和学习相关词语，从而扩大汉语词汇量。

2.4 作文库

2.4.1 国内中小学生作文库

该语料库为我们自建，包括国内小学和初中作文语料。目前，该语料库共收录了全国 25 个省份约 1000 所学校的 22 万篇学生作文。其中，小学一、二年级 3 万篇，三、四年级 6 万篇，五、六年级 9 万篇，初中一至三年级 4 万篇。

2.4.2 华裔学生作文

基于训练集平衡均匀的原则，综合考虑国家、地区、年龄、华语水平等抽样因素，本研究从 9 个东南亚国家（新加坡、马来西亚、泰国、菲律宾、印度尼西亚、越南、柬埔寨、老挝、缅甸）的不同华语水平的华裔留学生中广泛收集未经修改的真实作文，总共约一万篇。

同时，组织 9 名华语作文评测专家，根据"华语水平等级标准""华裔留学生作文分级标准及细则"，对作文库进行人工分级，分为六级。如果有 7 或 7 名以上专家对某篇作文的分级结果相同，则取该篇作文归入训练集，见表 3。

表 3 分级作文数量

	一级	二级	三级	四级	五级	六级	总计
篇数（篇）	2050	3199	2126	1686	798	523	10,382
比例（%）	19.8%	30.8%	20.5%	16.2%	7.7%	5.0%	100%

3 华语作为第一语言教学的常用分级词表研制 [4]

3.1 研究背景和理论基础

3.1.1 华语教学的多样性及华语作为第一语言教学

华语教学主要以母语教学为明显特征，是一种非母语环境下的母语教学。华语教学除了语言教学之外，还注重中华文化的教学，注重通过母语学习，使学习者最终认同和传承中华文化。

华语教学有其多样性。例如，以马来西亚华文独立小学和华文独立中学为代表的华语作为第一语言教学，其性质和国内的中小学语文教学比较接近；新加坡和菲律宾则介于第一语言教学和第二语言教学之间；印度尼西亚、泰国、越南等国主要以第二语言教学为主；移民新生代、新移民子女也以第二语言教学为主。当然，每个国家或地区的情况都比较复杂，可能混合了几种教学形式。比如说，新加坡、菲律宾、印度尼西亚等国家也存在类似华语作为第一语言教学的华语教学形式。

3.1.2 面向华语作为第一语言教学的华语词汇等级大纲研制的必要性

在华语教学众多需要关注的领域中，为华语教学服务的词表的研制十分重要。其一，词语本身在语言学习中有着举足轻重的地位：词语是语言的"建筑材料"，语言系统中的其他单位如语法、语义等都必须通过具体的词语才能体

---

4 刘华，于艳群. 华语作为第一语言教学的常用分级词表研制. 海外华文教育，2016（5）.

现出来。其二，就词表的作用而言，面向华语教学的词表是编写华语教材、编撰华语词典、开展华语课堂教学的依据。

华语教学"不同于中国国内的汉语作为第一语言的语文教育，也不同于汉语作为第二语言的教学，更不同于纯粹的对外汉语教学"[5]。

鉴于华语教学的这种特殊性，我们不应该把华语教学及测试完全放在对外汉语教学及测试的框架下。HSK 适用的群体包括外国人、海外华裔和中国少数民族等，异质的目标群体使用同一种大纲体系的做法本身就缺乏针对性。体现在词汇方面，华语教学及测试一直以《汉语水平词汇与汉字等级大纲》《汉语国际教育用音节汉字词汇等级划分》或者《国际中文教育中文水平等级标准》为依据，相应地也缺乏针对性。因此，研制面向海外华裔学习者的华语词汇等级大纲是十分必要的。

由于华语教学的多样性，考虑到教学性质不同，华语词汇等级大纲应该还需要细化。面向华语作为第一语言教学的华语词汇等级大纲（这个细分的词汇等级大纲，下文简称为"华语词汇等级大纲"）有其研制的必要性。

3.1.3 中小学语文教材辅助构建华语词汇等级大纲的理论基础

以马来西亚为代表的华语作为第一语言教学，更接近国内的中小学语文教学，二者存在一定程度上的契合。

华语教学用词表的研制应该从"华语"的特性出发。华语教学与对外汉语教学不同，华语教学兼有母语教学的特点。华语教学与国内汉语作为母语的中小学语文教学应该有一定程度上的契合，词汇的语文百科性应当作为华语词语教学的一个参考因素。此外，华语教学还兼有传承中华文化的作用。华语教学的目标不但是要训练学生的华语听说读写能力，达到交际目标，而且需要通过学习华语，使学生了解母族文化和传统价值观。华语教学中有关母族文化的内容也应该考虑进去。因此，词语的文化性也应该是华语词汇教学需要考虑的一个重要的因素。

中小学语文教材就是中国文化百科知识的典型载体。它包罗万象，古今中外、

---

5 郭熙. 海外华人社会中汉语（华语）教学的若干问题——以新加坡为例. 世界汉语教学，2004（3）.

虫鱼鸟兽、花草树木、百姓众生……近似百科全书，涉及了十分广泛的文化领域，给学习者以多元化的百科知识教育（朱绍禹，1995）。此外，中小学语文教材中所倡导的价值观都是优秀的中华文化的承袭，它承载的文化内涵与价值取向都是中国精神文化的精髓（傅建，2002）。

由于华语教学兼有母语教学的特点，并具有文化传承作用，中小学语文教材应该作为华语教学的一个很好的教学资源被利用起来。因此，以中小学语文教材的课文用词为研究对象，构建一个中小学语文教材课文常用词分级词表，对华语词语教学与华语教学综合性词表的研制都有重要的参考价值。

3.2 研究方法和研究思路

本研究主要采用语料库语言学的方法和计算语言学的方法。

第一，本研究需要将国内四套有代表性的中小学语文教材的课文和海外主要的中小学华语教材的课文输入计算机，利用分词软件对词语进行自动分词处理，然后对分词的结果进行人工校对，最后构建一个海内外中小学语文教材课文用词的综合性语料库。

第二，本研究在语料库的基础上，利用计算语言学的方法，从用词情况、词长、词次、词种数、词频、覆盖率、使用率等各个方面对语料库中的词语进行全面、客观的计算，为本研究提供科学的数据支持。

语料库和计算语言学的方法是本研究科学性、系统性、准确性的有力保障。同时，我们希望本研究能拓宽语料库和计算语言学方法的使用范畴，为后继研究者提供参考。

词表研制的思路大体如下。

第一步，确立词表构建的基本原则，为词表的研制打下坚实的理论基础。

第二步，建立中小学语文教材课文用词的语料库，分析语料库的基本情况和不同教材课文用词的概貌。词语语料库是本研究的物质基础。

第三步，确定词表的层级系统。本研究基于对海外华语教学需求的调查结果，根据国内语文教育的不同学段来确立词表的层级体系。此外，从语言本体的角度来看，难易度是影响词语分级的重要因素，因此有必要对不同学段词语的难易情况进行分析，以此来证明此分级方法的合理性。

第四步，在已经确定好的层级框架下进行词语的选取。根据常用性的原则，按照词语的共用程度和频率进行词语的筛选；根据文化性的原则，对词语进行合理的人工干预。

第五步，对各层级的词语进行排序。计算词语的使用度，以此为依据对词语进行排序，完成词表的研制。

3.3 词表构建的基本原则

词表构建的基本原则是整个词表研制的理论基石，它指导着词语选择、排序、分级等方方面面。本词表研制的基本原则有以下几点。

第一，针对性原则。面向华语作为第二语言的华语教学，是本研究的出发点；为华语教学服务，是本研究的意义所在。因此，要充分考虑海外华语教学的需求与特性，符合华语教学的实际情况。

第二，实用性原则。将中小学语文教材课文常用词与华语教学结合起来，"学以致用"才能体现词表的价值。在词表的内容上，应该以基础常用词为基础，兼顾文化百科性的特点；在词表的体系上，不仅要列出常用词语，还要确定词语的等级，对词语进行先后排序，这样才能方便不同层次的学习者使用。

第三，科学性原则。科学性指词表内容的正确性，也指词表研制方法的科学性。中小学课文常用词词表的研制应该采用先进的技术与方法，以客观的数据为主要依据。例如，在第一至第三学段中，一字词所占的比例应该控制使用过多的"人工干预"及"联想性原则"，尽量使每个环节都有理有据。

以上三点基本原则对语料库的建立、词语层级系统的确立、词语的选取和词语的排序等各个环节进行总的监控，每个环节在基本原则的统领下又有自己的操作原则和标准（见下文），从而达到词表原则体系的一般与具体的结合、整体与部分的统一。

3.4 各类教材课文用词的基本情况

3.4.1 教材语料库处理

我们依据不同的出版社，把国内的中小学语文教材分为北师大版、人教版、苏教版和语文版。由于海外华语教材十分多样，且每套教材的词次和词种数均远远少于国内语文教材，因此，为了便于数据的统计和比较，我们将全部小学华语教材、全部中学华语教材分别归为单独的整体。

采用分词软件对课文进行自动分词，对分词结果进行人工校对。原则上，优先保持分词原貌，遇到实在不能被称为"词"的成分，影响到前后词语切分的再进行人工修改。出于词表对语文百科性和文化性的要求，本研究对以下问题进行了重点校对：首先，有很多经常使用、凝固度高、有完整意义的词语被切分开，我们要尽量保持词汇意义的完整性，如"第二次世界大战""走后门"等，我们不进行拆分；其次，国内中小学语文教材选入了文言文，对于这部分词语，原则上尽量细分。

最终建立了中小学语文课文用词语料库，共收入 4182 个文本，1,643,577 个词次，46,694 个词种。

3.4.2 课文用词的数据统计

各类教材课文用词的基本概貌见表 4。

表 4 中小学课文用词概貌

类别	教材	文本数	词次	词种
国内	北师大版	481	251,988	22,396
	人教版	521	302,408	23,644
	苏教版	439	227,266	22,294
	语文版	539	319,270	25,293
	小计	1980	1,100,932	40,791[6]

6　此处词种"小计"指的是 4 个版本教材的词种合在一起去重后的词条数。下页续表中的"合计"也是指国内和海外词种合在一起去重后的词条数。

（续表）

类别	教材	文本数	词次	词种
海外	海外小学华语	1471	180,014	12,545
	海外中学华语	731	362,631	23,207
	小计	2202	542,645	26,509
合计		4182	1,643,577	46,694

从表 4 可以看出，虽然总词次数量庞大，达到 1,643,577 次之多，但总的词种数却只有 46,694 个，这说明存在相当一部分出现频率高、次数多的词。众多高频词的存在，也从侧面说明了本研究提取高频常用词的可行性。

除了海外小学华语之外，以上 5 类教材的词种数都在 22,290 到 25,300 之间，词种最多的是语文版的教材课文，有 25,293 个；最少的是苏教版的教材课文，有 22,294 个，但二者相差并不大。

此外，从表 4 数据可以看出，研究范围内所有海外小学华语教材的课文用词词种总数约为国内单套中小学教材的一半，所有海外中学华语教材的课文用词总数大约和国内单套中小学教材相当。词种总数上，海外华语教材约为国内中小学语文教材的 64.99%，与国内语文教材相差悬殊。是否国内语文教材课文用词包含了大部分的海外华语教材用词呢？下面我们通过国内语文教材和海外华语教材课文用词的共用、独用情况来进一步探究二者的关系。具体情况见表 5。

表 5 国内语文教材和海外华语教材课文用词的共用、独用情况

类别	词种数	共用词种		独用词种	
		词种数	词种比	词种数	词种比
国内	40,791	20,606	50.516%	20,185	49.484%
海外	26,509	20,606	77.732%	5903	22.268%

从表 5 可以看出，海外华语教材课文中有 77.732% 的词是和国内语文教材共用的，而独用词的比例只有 22.268%。这充分说明了国内语文教材课文用词包含了大部分的海外华语教材的课文用词。可见，国内中小学语文教材的课文用词是本研究的研究对象的"主力军"。同时，22.268% 的华语教材独用词，也给词语体现海外华语特色提供了可能。

各类教材课文用词的基本情况决定了本研究要以国内中小学语文教材的课文用词为主，以海外华语教材为辅，做到有主有次的海内外教材的结合，以期全面提取中小学语文教材的课文常用词。

3.5 词表层级系统的确立

本研究的目标是构建一个面向华语教学的中小学课文常用词分级词表。既然是分级的常用词表，那么，分级自然是十分重要的。分级词表不仅能丰富词表的功能，也能提高词表利用效率。更重要的是，有了这种分级词表，学习者可以根据自己的实际情况有选择、有步骤地进行词语学习，使词汇学习条理化、阶段化。

3.5.1 层级系统确立的依据和方法

3.5.1.1 以往词表分级方法

以往的面向汉语教学的词表，大多是先排序、后分级，依序定级。词频是最主要的依据，是决定性因素。词语的选取、分级和排序实质上是按照一元标准来进行的，依据都是词频，仅仅是从语言本体的角度上考虑，并没有考虑到学习者的实际情况和语言学习的规律。

《汉语水平词汇与汉字等级大纲》将词语分为甲、乙、丙、丁四级，其依据为复合式动态性词频统计结果。研制者对 7 部频率词典（词表）进行了定量再统计，同时，多次大范围专家干预与商讨也对词表的分级起了很大的作用。

《汉语国际教育用音节汉字词汇等级划分》的词汇分为三个等级，其主要依据是 5 种大型动态语料词汇频度。其中，一级词汇是从 5 个词表的频度排前 3000 的词语中提取的，二级词汇是从 5 个词表的频度排前 5500 的词语中提取的，三级词汇则是从 5 个词表的频度排前 12,000 的词语中提取的。与以往词表不同的是，研制者采取了先定汉字、后定词语的原则：根据不同级别的汉字和词汇交集、比对的结果来确定词语的级别并调整同级汉字与词汇的配置比例。值得指出的是，汉字的等级主要也是依据字频。所以从根源上来说，频率是其词语分级的本质依据。

台湾师大"国语"教学中心的华语词汇分级将词语分为初级、中级和高级三个等级。其词语的分级也是建立在词语排序的基础上的：先给每一个选入的词语设置权重，然后根据词表中每个词的权重总值进行词语的排序，初级词汇取前1500个词，中级词汇取第1501—5000个词，高级词汇则是第5001—8000个词。所谓的词语"权重"看似脱离了词频，但实际上它是词语加权值和频率值的综合。加权值是以词语在已有的各种分级词表中的等级地位为依据的，而频率值是以台湾"中研院"500万词平衡语料库的频率为依据的。

《国际中文教育中文水平等级标准》收词量与《汉语国际教育用音节汉字词汇等级划分》相同。在分级上，相对于《汉语国际教育用音节汉字词汇等级划分》，《国际中文教育中文水平等级标准》根据词语的难度、词类、语体等进行了等级微调，细分为"三等九级"（七、八、九级未细分）。总体上，共有345个词语进行了等级调整，其中大部分词语为初、中等之间或中、高等之间的邻等调整，小部分为初、高等之间的跨等调整。

以上这些词表的分级虽然标准各异，但有两个共同点。

第一个共同点是词语的分级和词语的选取实质上是按照一元标准来进行的。所谓的词语分级，不过是在给词语排序之后，按照某个既定的数值对词语进行分段而已。从本质上来讲，词语分级的依据和词语排序的依据是一样的。词语的分级仅仅是从语言本体的角度上考虑的，并没有考虑到学习者的实际情况和语言学习的规律。应该怎么学习词语和能怎么学习词语是两码事，脱离了语言学习者和语言教学实际的词语分级是不符合实用性原则和科学性原则的。因此，词语分级的思路还有待进一步探讨。

第二个共同点是词频是词表分级的决定性因素。前面陈述的几个代表性词语等级大纲以词频为主要分级标准的做法实际上是经不起推敲的。第一，以词语在已有的不同词库里的频率作为主要分级依据是不科学的。一方面，其所依据的词表或词库的词频是否客观都值得商榷。不同的词库有不同的用途、目的及服务对象，这些因素决定着每个词库有不一样的性质，其词频本身存在着很大的不稳定性。另一方面，某些词库由于年代久远，早已不适合当下的语言生活情况。第二，即便是以当下的动态语料库的词频为依据，还是有片面性，因为这不完全符合汉语学习者的学习规律。语言学习应遵循由易到难、由简单到复杂的规律，这个规律的贯彻并不能单纯依据词频一个标准。关于这个问题，赵金铭、张博、程娟（2003），姜德梧（2004），马清华（2008）都有过专门的论述，都认识到了唯频率标准的不足，也给出了人工干预的建议，但是怎么干预、为什么要那样干预，汉语国际教育界也一直没有明确而统一的认识。

因此，面向华语教学的中小学语文教材课文常用词词表的分级必须要打破以往词表从词语的选取，到词语的排序，再到词语的分级都采用同样的标准（即以词频为标准）所引发的层次体系不清晰的局面。从华语教学的特性与需求出发，将是我们寻求分级依据的新视角。

3.5.1.2 海外华裔的华语听说读写能力预期目标

那么，华语教学究竟有着怎样的需求呢？对此，暨南大学华文学院的王汉卫走访了海外多地的华校及华人圈，进行了实地问卷调查。问卷的核心问题是：一般而言，海外华裔的华语听说能力和读写能力应该达到中国人的什么程度？经过实地走访和问卷分析之后，王汉卫及其研究小组提供的调查汇报结果见图1、图2。

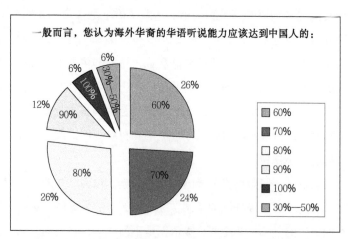

图1 海外华语教学需求（华语听说能力）调查结果

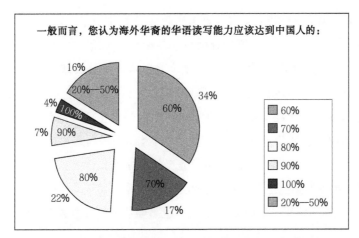

图 2 海外华语教学需求（华语读写能力）调查结果

由图 1、图 2 可以看出，海外华裔学生在听说读写四方面大致希望达到母语者 70% 的水平。研究小组认为，在制定华语考试等级时，可以国内义务教育语文标准为基础，大致取其 70% 作为我们的标准。具体而言，第一层级相当于国内小学语文一——二年级的水平，第二层级相当于三—四年级的水平，第三层级则是五—六年级的水平，第四层级及更高的层级则相当于国内初中语文及以上的水平。

本研究借用王汉卫老师及其研究小组的研究成果，将词表分为四个层级：第一层级为国内第一学段（一——二年级）语文教材课文常用词，第二层级为国内第二学段（三—四年级）语文教材课文常用词，第三层级为第三学段（五—六年级）语文教材课文常用词，第四层级为第四学段（七—九年级）语文教材课文常用词。那么海外华语教材的课文用词应该归并到哪个层级呢？上述分级方法是否真的可行呢？要解决这些问题，我们还需要分析各学段教材课文用词的难度，进行更深入的探讨。

3.5.2 不同学段课文词语难度分析

华语教学的需求无疑是确定词表层级体系的最重要的依据。然而，单纯从教学需求的角度出发，只能说明词表如此分级的必要性。至于这种分级标准是否可行，还需要从语言本体出发，考虑到不同教材课文用词的难度。

上一小节提到，关于词语的分级目前并没有一个统一的解决方法，但是诸多学者对其影响因素有一致的看法：难度是影响词语等级划分的重要因素。王汉卫（2008）在《论词汇大纲研制原则》中指出，词语的排序和分级要遵循阶段性、常用性、易学性三个基本原则，其中易学性主要应考虑到词语的难度。翟颖华（2012）也认为"词汇难度是词汇习得顺序的内因，是语言方面的内部因素，往往具有强制性"。因此，为了证实前文提到的分级标准的可行性，我们需要从语言本体的角度出发，分析不同学段教材课文用词的整体难度。此外，海外华语教材课文用词应该归入哪一等级，也需要从华语教材课文用词的难度中寻找答案。

下面，我们从词种总数与新增词种数、词长、词语在《汉语水平词汇与汉字等级大纲》中的分布情况等方面来进行具体的分析。

3.5.2.1 各个学段词种总数和新增词种情况比较

词种数量是各个学段的教材课文的概貌的体现，新增词种数是教材难度的直观反映。各学段词种总数以及新增词种情况如表 6 所示。

表 6 各个学段词种总数和新增词种情况

学段	第一学段	第二学段	第三学段	第四学段
词种总数	6829	15,089	20,134	33,584
新增词种数	6829	10,466	9136	18,132

由表 6 可以看出，各学段的词种总数随着学段的升高而增加。从新增词种的情况上来看，第一学段新学的词种最少，第二、第三学段新学的词种增量相差不大，第四学段新学词种数激增。这种现象从侧面反映出了不同学段教材课文的难度情况。对此，基础教育语文新课标教材用字用语调查报告（2007）中提到，第一学段课文量少且篇幅短，出现的大多是与小学生的生活相关的词语；第二学段和第三学段转向篇章的学习，词汇逐渐增加，但由于学生年龄特点和学习规律的限制，不能增加过多的新词语；第四学段开始学习文学原著，篇幅增大，带有作家语言特色的词语和文言词语大量增加，新增词种就成倍增加。

海外华语教材的课文词种情况是：海外小学华语教材课文共有词种 12,545 个，中学华语教材课文共有词种 23,207 个，总词种数为 26,509 个。从词种总数上来看，海外华语教材的课文用词和国内小学语文教材的课文用词相当。

3.5.2.2 各学段词长情况比较

词长是影响词语难度的一个重要因素。我们统计了各个学段词语的词长情况，按词语长度分别统计各词长段词语的词种数及词种比，所得相关数据见表 7。

表 7 各学段词语词长情况

学段	第一学段		第二学段		第三学段		第四学段		小学华语		中学华语	
词长	数量	比例（％）	数量	比例（％）	数量	比例（％）	数量	比例（％）	数量	比例（％）	数量	比例（％）
1	843	34.25	1366	27.27	1598	26.58	2236	29.35	989	30.11	1871	28.26
2	1449	58.88	3292	65.71	3989	66.35	4963	65.14	2069	62.98	4363	65.90
3	137	5.57	255	5.09	303	5.04	318	4.17	180	5.48	286	4.32
4	30	1.22	90	1.80	112	1.86	92	1.21	43	1.31	96	1.45
5	2	0.08	6	0.12	8	0.13	8	0.11	4	0.12	5	0.08
6	0	0	0	0	0	0	1	0.01	0	0	0	0
7	0	0	1	0.02	2	0.03	1	0.01	0	0	0	0
合计	2461	100	5010	100	6012	100	7619	100	3285	100	6621	100

从表 7 可以看出，所有学段中，二字词所占的比例均是最大的，其次是一字词。可见，一字词和二字词是构成词语的主要部分。

在第一至第三学段中，一字词所占的比例分别是 34.25%、27.27%、26.58%，随着学段的升高而降低，这表明，随着学段的提高，简单词语的比重变小了；而二字词所占的比重分别是 58.88%、65.71%、66.35%，随着学段的升高而升高，说明随着学段的提高，稍复杂的词语比重越来越大了。从表 7 的数据可以看出，四个学段之间也存在一定的层级递进关系。

从小学华语教材方面看，一字词比例为 30.11%，介于第一学段（34.25%）

和第二学段（27.27%）之间；二字词比例为 62.98%，也是介于第一学段（58.88%）和第二学段（65.71%）之间。可见，小学华语教材课文词长的总体情况也是处于第一学段和第二学段之间的位置。

第四学段和中学华语教材由于选文的复杂性，并不完全符合上述等级规律，但总体而言，还是在相应的范围内上下波动。

上述情况也可以用图 3 形象地展示。

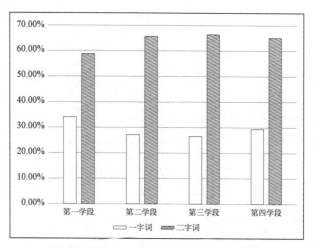

图 3 各学段一字词、二字词所占比例

3.5.2.3 各学段词语在《汉语水平词汇与汉字等级大纲》中的等级分布情况比较

《汉语水平词汇与汉字等级大纲》是长期以来汉语国际教育的权威性的参照标准。各层级教材课文用词在《汉语水平词汇与汉字等级大纲》的分布情况可以反映各层级教材课文用词的难度。具体情况见表 8。

表 8 各学段课文用词在《汉语水平词汇与汉字等级大纲》中的分布情况比较

学段	项目	课文词在《汉语水平词汇与汉字等级大纲》中的级别归属					合计
		甲级词	乙级词	丙级词	丁级词	超纲词	
第一学段	数量	821	1049	782	1659	3518	7829
	比例（%）	10.49	13.40	9.99	21.19	44.94	100

（续表）

学段	项目	课文词在《汉语水平词汇与汉字等级大纲》中的级别归属					合计
		甲级词	乙级词	丙级词	丁级词	超纲词	
第二学段	数量	914	1613	1522	1704	10,056	15,809
	比例（%）	5.78	10.20	9.63	10.78	63.61	100
第三学段	数量	930	1701	1678	2094	13,731	20,134
	比例（%）	4.62	8.45	8.33	10.40	68.20	100
第四学段	数量	950	1849	2005	2818	25,926	33,548
	比例（%）	2.83	5.51	5.98	8.40	77.28	100
小学华语	数量	743	1606	1731	1345	7280	12,705
	比例（%）	5.85	12.64	13.62	10.59	57.30	100
中学华语	数量	941	1783	1822	2416	16,241	23,203
	比例（%）	4.06	7.68	7.85	10.41	70.00	100

从表8可以看出，每个学段的课文用词中都是超纲词所占的比重最大，这说明国内小学语文教材和海外华语教材的课文词语的难度普遍高于一般的对外汉语教材词语难度。当然，这种现象的出现也可能是由《汉语水平词汇与汉字等级大纲》收词量偏低造成的。

第一学段到第四学段中甲级词所占的比例分别为10.49%、5.78%、4.62%、2.83%，随着学段的提高而降低。同样的情况也发生在乙级词和丙级词的比例分布上。第一学段到第四学段中超纲词所占的比例分别为44.94%、63.61%、68.20%、77.28%，随着学段的提高而比例加大。从这些数据中可以看出，学段越高，简单的词语所占比例越小，复杂的词语所占比例增大，词语的总体难度增大。第一学段到第四学段间有明显的难度层次变化。

从华语教材方面看，小学华语甲级词比例（5.85%）介于第一学段（10.49%）和第二学段（5.78%）之间，乙级词比例（12.64%）也是介于第一学段（13.40%）和第二学段（10.20%）之间，超纲词比例（57.30%）还是介于第一学段（44.94%）和第二学段（63.61%）之间。中学华语教材从甲级词到超纲词所占的比例分别为4.06%、7.68%、7.85%、10.41%、70.00%，和第三学段大致相当（4.62%、8.45%、8.33%、10.40%、

68.20%）。据此，我们也可以进一步得出结论：小学华语的课文用词在《汉语水平词汇与汉字等级大纲》中的分布情况大致介于第一学段至第二学段之间，中学华语则和第三学段大致相当。

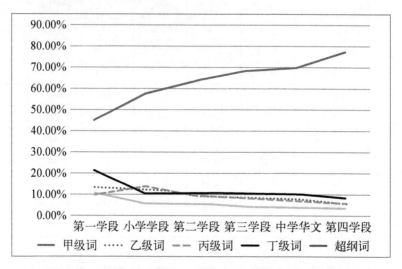

图 4 各学段课文用词在《汉语水平词汇与汉字等级大纲》中的分布情况

3.5.3 层级系统确立

通过以上各个学段的课文用词词种总数与新增词种数、词长、词语在《汉语水平词汇与汉字等级大纲》中的分布情况等各方面的比较，虽然不能全面地剖析不同学段课文用词的难易程度，但足以看出，第一学段、第二学段、第三学段和第四学段的课文用词之间有清晰的难度变化，也足以证明按学段分级这种方法的可行性。

因此，本研究采用以国内中小学语文的学段定级的方法：第一层级为第一学段的课文常用词，第二层级为第二学段的课文常用词，第三层级为第三学段的课文常用词，第四层级为第四学段的课文常用词。

此外，海外小学华语教材课文用词的整体难度介于第一层级和第二层级之间，中学华语教材课文用词的整体难度相当于国内第三学段，也就是说，海外华语教材课文用词作为一个整体，其难度系数在第三层级及以下。因此，海外华语教材课文独有的常用词我们将其归并于第三层级。

3.6 分层级常用词的选取

3.6.1 词语选取的原则和标准

要确定选取什么样的词语，首先必须确定选词的原则和标准。本研究以构建一个面向华语教学的中小学语文教材课文常用词表为目的，那么，在选词上应抓住两个重点：第一个是"常用"，第二个是面向华语教学的"文化性"。相应地，本研究的选词也要以常用性和文化性为基本原则。

3.6.1.1 常用性原则及其标准

常用，顾名思义，就是经常被人们使用。一方面，汉语的词汇量是非常大的，汉语学习者不可能掌握汉语的所有词语；另一方面，汉语词语具有生成性，掌握比例不大的常用词，就可以理解汉语的相当一部分内容。因此，遵循常用性的原则，可以满足语言学习的经济性，提高学习效率。

如何判断一个词是否经常被使用呢？常用性的标准首先当然是频率。频率被当作词汇选择与计量的标准已经有了悠久的历史。早在公元九世纪，希伯来学者就已经会利用频度来统计不同版本的经典著作中的用词情况。1989 年，德国学者 F.W.Keadnig 研制的《德国词频词典》是世界上首次大规模使用频率来进行的词汇统计。目前，我国也已经出版了一些词频词典，如《现代汉语频率词典》《现代汉语常用词词频词典》等。我国现有的三套权威性的汉语教学词语等级大纲《汉语水平词汇与汉字等级大纲》《汉语国际教育用音节汉字词汇等级划分》和《国际中文教育中文水平等级标准》也大都以词频为主要标准进行字词筛选。

虽然词频是一个评定常用性的很重要的标准，但若把词频作为选词的唯一标准也有片面性。"在小范围内统计词语，一般来说频度是可靠的。但在大范围内统计词语，频度的片面性就显露出来"（尹斌庸、方世增，1994）。那么，如何来避免这种片面性呢？《汉语水平词汇与汉字等级大纲》在已选取的 4 个高频词表基础上，比较它们的共用词，把 4 次词表（即 4 个词表共有的词）和 3 次词表作为一个选词基数，剩下的 2 次词表和 1 次词表的词纳入人工干预的范围内。同样，《汉语国际教育用音节汉字词汇等级划分》《国际中文教育中文水平等级标准》

的词汇部分，也采用了多层次的词表交集、选取共用词的方法。从前人的研究中可以看出，比对词语在不同词表中的共用度，是一种避免唯词频标准的片面性的好方法。因此，本研究也采取这种方式，选取各套教材共用程度较高的词语，把词语在不同教材的共用情况作为词语初步筛选的标准。

3.6.1.2 文化性原则及其标准

之所以要把文化性这一形而上的、无法用直观的数据来考量的概念抽出来作为和常用性平行的一个原则，一方面是出于本研究初衷的考虑——词语的文化性是制定面向华语教学词表时的一个重要考虑因素，另一方面是因为文化跟频率完全是两种不同的着眼点。

文化是一个民族的内在本质，语言则是文化的传播媒介和载体。从整个语言系统来看，词汇反映了人们的思想观念及社会生活的方方面面，是与社会及时代结合最为紧密的部分，同时也是反映社会文化及其发展最为显性的部分。毋庸置疑，文化传承也是华语教学的目的之一，包含文化信息的词语是文化教学和语言教学最完美的契合点。另一方面，文化内容也为语言教学的趣味性提供了一个强有力的保障。

为贯彻文化性原则，本研究在选词方面制定了以下标准。

首先，课文的选择上，不因题材、年代、内容而异，一律收入，作为本词表选词的依据。国内中小学语文课文中，存在部分古诗词（如《望庐山瀑布》《赠汪伦》等）、古代寓言故事（如《自相矛盾》《扁鹊治病》等）、古代人物故事（诸葛亮、司马光、曹冲等历史人物）、历史典故（如曹冲称象、三顾茅庐等）。这些文章所描述的内容虽然历史久远，现今看来实用性并不强，但是这部分内容是中国传统文化的一个很好的展示窗口，我们在选词时不应忽视这部分内容。

其次，在对"词"的界定上，坚持从宽处理的原则，尽量保留文化性强、内涵丰富的成语、惯用语、歇后语、俗语、缩略语等文化性固定短语，不将其"肢解"。文化词语承载着深层的传统文化内容和社会文化含义，它的语义是深层次的而非简单的字面意义的叠加。比如"穿小鞋"这个结构，我们不能简单地将其拆分为"穿 /v+ 小 /a+ 鞋 /n"，因为它不是简单的"穿上一只小小的鞋子"的意思，它的文化意义应被理解为利用权力使坏的行为或者背地里的打击报复行为，因此我们要视语境考察其结构分合。

最后，保留部分历史文化内涵丰富的、广大百姓熟知的人名和地名被"平等对待"的权利。以往面向汉语教学的词表在选词时大多采用人名、地名一律忽略不计的标准，即便是长期以来被奉为权威性纲领的《汉语水平词汇与汉字等级大纲》也是如此。然而，人名和地名往往是文化内涵最丰富的特殊词汇，一些知名城市如北京、上海、广州、西安、拉萨等，知名人物如孔子、毛泽东、邓小平等，都蕴含了丰富的中国历史文化内容，面向华语教学的词表理应考虑这些内容。

在词语选取的具体操作中，本研究的选词遵循常用性的原则，以高共用度为筛选标准，以频率为宏观调控手段，以内容的实用性为选择参考，两种标准不同分工，双重把关；同时，兼顾词语的文化性，全方位地进行常用词语的筛选工作。

3.6.2 分层级常用词的选取

3.6.2.1 整体方案

总体顺序上，先选取国内中小学语文教材课文常用词，后选取海外中小学华语教材课文常用词，对前者进行补充。

词语筛选的主要办法有两个。第一个是以共用度为初次过滤器，将高共用度词和低共用度词分开（本研究中提到的"高共用度词"是指在国内所有版本教材的课文用词中，有三套或者四套教材都使用过的词语；"低共用度词"是指只有一套或两套教材使用过的词语）。第二个是以词频为二次筛选工具，将高频词和低频词分开（本研究中提到的"高频词"是指覆盖率[7] 前 95% 的词语，剩下的词语，我们称之为"低频词"）。

3.6.2.2 操作流程

第一步：分别提取四个学段的高共用度词和低共用度词。

第二步：分别提取四个学段高共用度词中覆盖率前 95% 的高频词语。前一层级中已经出现过的词语，后一层级不再重复。这些词语将是每个层级的词语的

---

7 "覆盖率"指的是调查语料内指定调查对象占所有调查对象总量的百分比。如《中国语言生活状况报告（2005）（下编）》将汉语常用词语按照频次降序排列，前 4179 条词语占了总调查语料 9亿字的 80%，那么这前 4179 条词语的覆盖率就是 80%。

主体部分。

第三步：将海外华语小学教材的课文用词从上述已经确定的四个层级的词表中过滤一遍，提取小学华语课文独用词。

第四步：在小学华语课文独用词中，保留覆盖率前 95% 的高频词。我们将其命名为表 A。

第五步：将海外华语中学教材的课文用词从上述已经确定的四个层级的词表中过滤一遍，提取中学华语课文独用词。

第六步：在中学华语课文独用词中，保留覆盖率前 95% 的高频词。我们将其命名为表 B。

第七步：提取表 A 和表 B 的共有词，计为表 C。将表 C 的词语归为第三层级（依据华语教材课文用词的整体难度）。

第八步：进行小部分人工干预，对已有词语进行适当增删。

3.6.3 选词结果

3.6.3.1 各层级词种数基本情况

经过上述 8 个步骤的词语选取，我们得到了分级词表的初稿，四个层级一共选入词语 11,445 个，其中第一层级有 1433 个词语，第二层级有 2220 个词语，第三层级有 2481 个词语（其中包括表 C 中的 249 个），第四层级有 5311 个词语。

3.6.3.2 人工干预

初稿中的词语只是初步处理后得到的，接下来需要进行人工干预，逐条审核。从词表的实用性角度出发，有部分词语需要删除。根据内容，大致包括人名、地名（历史文化内涵丰富的、广大百姓熟知的人名和地名除外）、由数字组成的词语、生僻词或专业性太强的词语、不符合时代特征的词语、不自由语素等，如：

人名：贝多芬、阿长、玛丽、爱因斯坦等。

地名及由地名组成的词语：犹太人、益州、柏林、江陵、芜湖、彼得堡等。

由数字组成的词语：1986 年、十一、十二分、1 月等。

生僻词：皂荚、骚人、鹧鸪、镐、猹、机杼等。

不符合时代特征的词语：砍头、寡人、四人帮、马车夫、黄包车、平反等。

不自由语素：安、鄙、谤、悴、奋、肌、睛等。

经过对词语的删除，最终，我们得到 10,336 个词语，其中一级词语 1433 个，二级词语 2171 个，三级词语 2333 个，四级词语 4399 个。

3.7 词语的排序

3.7.1 词语常用度的计算

词语的排序应该以科学合理的词语常用度计算为基础。

词频大体从必要性的角度体现了词语的常用程度，但并不充分。词语在不同语料的分布情况也应该是常用度排序的一个参考因素。词语统计学家从这一角度出发，提出了"分布率"的概念，并且把它作为排序的另一项重要标准。结合频率和分布率，专家提出了使用率[8]的概念。

使用率指的是某一调查对象分布率和频率的综合计算值。使用率越高，分布越均匀，使用率与频次也就越接近。反之，使用率越低，分布越不均匀，使用率与频次差距越大。计算公式如下：

$$D_i = t_i / T；U_i = F_i \times D_i$$

其中，D_i 是 i 号字的分布率，t_i 为 i 号字的出现文本数（即篇数），T 为所有语料的文本总数；U_i 为 i 号字的使用率，F_i 为 i 号字的频率。

为了使所有字的使用率总数为 1，进行了归一化：

$$U_i = F_i \times D_i \Big/ \sum_{j \in V} (F_i \times D_i)$$

其中，F_i 为 i 号字的频次，分母为归一化项，V 表示所有字种。

在中小学语文教材和中小学华语教材语料库中计算入选词语的使用率，各层级入选的常用词将按照该词在综合语料库中的使用率从高到低进行排序。

---

8 主要参考了国家语言资源监测与研究中心编《中国语言生活状况报告（2009）（下编）》中的《语言资源监测与研究相关术语（2010 版）》，商务印书馆 2010 年 10 月出版。

3.7.2 词语排序的结果

经过词语使用率的计算，各层级的词语大体有了一个排序的结果。下面以第一层级的前 100 词为例来进行说明。

排序前，第一层级前 100 词是：

的、了、一、在、上、着、是、不、地、我、就、有、里、说、小、把、个、也、到、又、他、去、都、你、来、得、和、很、看、天、这、好、下、呢、大、还、要、想、能、多、叫、过、从、只、那、像、问、起来、出、走、它、我们、什么、头、啊、看见、起、孩子、给、自己、人、会、对、她、水、妈妈、真、没有、几、吗、吧、让、用、高兴、呀、再、们、长、听、树、做、谁、笑、他们、知道、怎么、没、两、吃、向、前、可是、山、大家、时候、快、才、可、家、中

排序后，第一层级前 100 词则变为：

的、了、一、年、是、在、我、不、着、上、有、他、就、地、个、这、也、人、说、里、到、你、把、和、都、来、又、那、去、小、得、还、我们、要、大、中、看、没有、从、它、能、过、很、天、下、而、只、会、两、出、走、像、多、对、用、自己、好、他们、几、什么、想、起来、给、她、之、向、十、为、呢、三、时、种、叫、被、再、起、时候、们、却、这样、让、才、头、可、可以、做、最、知道、但、手、水、长、次、这个、家、问、没、吧、孩子、吃

此外，我们需要对常用度排序的结果进行人工校对，少量词语的等级需要进行调整，以使词表更加科学、实用。

最终结果示例见附录一。

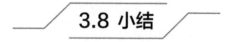

3.8 小结

本研究以中小学语文教材课文用词为语料来源，采用语料库语言学的方法和计算语言学的方法构建了一个中小学语文教材课文常用词分级词表。研制过程中，始终坚持华语教学的方向，坚持实用性与科学性的原则，首先构建了中小学语文教材课文用词的语料库，然后依据华语教学的需求与不同学段的课文用词总

体难度确定了本词表的层级系统，并在层级体系的架构下依据共用度和频度的标准选取词语，最后对词语的常用度进行计算并排序，最终完成词表的研制。

本研究是从华语的母语性特点以及华语教学的文化传承作用的角度出发的，初衷是为华语词汇教学提供一个参考资料。其价值在于能为华语教材的编写、华语词汇等级大纲的研制、华语教学的开展以及华语学习者的自主学习提供帮助。同样，这一词表对国内中小学语文教学也是有参考价值的。

本研究的创新之处有以下几点：第一，研究视角上，从中小学语文教学的角度为华语教学打开了一扇窗，并且在把二者有机结合的基础上做出了实质性的词表成果，这是前人在华语教学中很少涉及的。第二，词表构建的体系上，本研究依据华语教学的需求和不同学段教材课文用词的总体难度来确定词表的层级系统，依据词语在不同教材中的共用程度和词频来进行词语的选取，依据词语的使用率来给词语进行排序，这种思路打破了以往词表从词语的选取，到词语的排序，再到词语的分级都采用同样的标准和原则所引发的层次体系不清晰的局面。第三，研究方法上，采用了语料库语言学和计算语言学的方法，为本研究提供了准确、客观的数据，弱化了以往词表研制中主观干预和联想的成分，因此，本研究更具科学性。

看到创新性的同时，也要看到本研究的不足之处。首先，语料来源不够均衡。本研究只参考了国内四套中小学语文教材和部分海外华语教材，并且现实决定了海外华语教材只起补充作用。这种局面决定了本词表的"华语"特色并不会很突出，更多地偏向于基础常用词的参考。其次，在语料的处理上，先由计算机自动分词，后进行人工校对，由于时间和精力有限，大量的词语处理中肯定会存在小部分的失误，这也是不能避免的缺陷。再次，本词表没有为词语标注词性，可能会造成词表使用上的不便。

本研究的成果仅仅是一个中小学语文教材课文常用词分级词表，虽然是面向华语教学的，但它并不是一个指导华语教学的综合性的词表。可以看出，本词表只是一个初步的探究，今后还有很多需要进一步研究的问题。比如，可以考虑加入中小学口语语料库和作文语料库等，拓宽语料来源，使语料更加均衡、全面。又如，可以对常用词从内容上进行分类处理，并在不同类别下完善和充实该内容的词语，做成一个百科性的综合词表等。可见，今后在这一领域中还有很多努力的方向。

4 少儿华语教学主题分类词表构建[9]

世界汉语教学的日益兴旺带动了少儿华语教学的蓬勃发展，近年来华校如雨后春笋，方兴未艾。为了促进少儿华语教学的发展，原孔子学院总部／国家汉办组织编写了《标准中文》《汉语乐园》等教材，国务院侨办组织编写了《中文》《汉语》等教材，这无疑是具有开拓意义的良好开端。但是，这还远远不能满足少儿华语迅速发展的需要，目前少儿华语教学缺少优秀的师资，缺少像《剑桥少儿英语》那样的经典教材，缺少在教材编写、教学理论和语言习得理论方面的研究成果。

当前学界对少儿生理年龄的界定不一致。李润新（2006）把少儿分为婴幼儿（3—6岁）、儿童（6—12岁）和少年（13—16岁）三个时期。廖崇阳（2006）把少儿的年龄界定在6—14岁，认为少儿是从跨过幼儿阶段到接近青春期的这一年龄段。姚靓（2013）把少儿的年龄定位在6—12岁。本研究赞同第三种观点，把少儿的年龄段定位在6—12岁，即小学阶段。参考依据有以下三点：第一，临界期假说认为语言习得与大脑语言功能侧化过程有关，这一过程始于2岁左右，完成于青春期即十二三岁左右。这一期间的语言习得最为有效，过了这一关键期，学习语言的能力将会大大降低。第二，通用的少儿汉语教材如《世界少儿汉语》《国际少儿汉语》《轻松学汉语》等都将教学对象定位为小学生。第三，剑桥少儿英语的测试对象是非英语国家6—12岁少年儿童。

少儿在语言学习和习得方面有一系列优势。在语言习得方面，少儿处于一个特殊而又关键的生理阶段，"关键期"假说说明少儿学习汉语具有生理年龄优势；在学习动机方面，单纯的学习动机帮助少儿更加轻松地学习汉语；在情感方面，少儿焦虑感少，情感过滤低，能够提高语言学习的深度；在认知风格方面，少儿倾向于场依存型，善于在一定的语言环境中潜移默化地习得语言。华语教学的目

---

9 （1）本章中，为便于抽取词语，少儿华语主题词表是个较宽泛的概念，包含词语较多，真正的少儿华语主题词表应该只是前三级的词语集合，参见4.9.2节。

（2）请见：刘华，郑婷.少儿华语教学主题分类词表构建.华文教学与研究，2017（1）.

标是传承和传播中华民族的语言文化，培养中华文化气质的所在国公民。从少儿抓起，让他们从小就接受中华文化的熏陶，有助于培养他们的中华文化气质，有助于中华民族语言文化的传承和传播。少儿华语教学是整个华语教学不可分割的重要组成部分，是不可替代的独特组成部分，是整个华语教学的基础，做好少儿华语基础理论研究和应用研究至关重要。

李宇明（1993）认为，"儿童获得第一语言的成就，是任何其他类型的语言学习所无法比拟的。儿童第一语言的学习方式主要是交谈式，而且交谈时的话题控制权往往掌握在儿童手中。第二语言学习的输入方式主要是讲授性和操作性的，话题的控制权不在学习者手中。这种输入方式有着较强的计划性，并受到教科书的限制"。借鉴儿童第一语言学习的经验，在少儿华语教学过程中，我们建议把话题控制权交给学生，以提高少儿学习和习得汉语的效率。话题控制权，就涉及话题选择的问题。把话题控制权交给学生，也就意味着选择话题时要从学生的认知水平、实际需要和兴趣出发。我们研究的出发点就在于建立少儿华语话题库和话题词表，辅助少儿华语教学和教材编写。

4.1 少儿华语教学特点与主题分类原则

4.1.1 少儿华语教学的特点

与面向非华裔学习者的对外汉语教学不同，少儿华语教学具有其独特性。

一是少儿性。学习者以华裔青少年为主，多以幼童为起点，在小学阶段成系统地学习。

二是语文性。以母语教育为特征，或力图以母语教育为特征，学习者有明显的中华文化背景和母语学习环境，重在通过母语学习，最终认同和传承中华文化。

三是百科性。母语特征的华语性决定了其教学内容偏重语文百科，这与对外汉语教学重语言交际功能不同，是少儿华语教学的典型特点。

4.1.2 少儿华语教学主题分类的基本原则

少儿华语教学"百科性"的特点，是由其学习者的母语特征决定的。和国内小学语文类似，少儿华语教学内容重在语文百科，这和非华裔的少儿汉语教学重在解决交际问题不同，少儿华语教学重在学知识。

由此，少儿汉语教学以交际功能性的话题为主，其分类词表也是以基于交际话题分类的词语为主；少儿华语教学则以百科知识的主题为基础，比如"动物、自然"等，相应地，其分类词表是以基于语文百科分类的词语为主。当然，少儿华语教学也包含基础的交际教学内容，也包含一些交际性话题和词语。

因此，"语文百科性"是少儿华语教学主题分类及分类词表建设的基本原则。

王若江（1999）提出话题的挑选要考虑到各国意识形态领域的差别。汲传波（2005）认为话题要能引起学生的兴趣。李润新（2006）认为少儿汉语教材的内容不仅要包括学校、课堂、家庭这三个范围，还应包括贴近少儿生活和认知的自然环境、环境保护、社会风俗、人类文明等广泛的话题。李泉（2006）认为话题要具有实用性、广泛性和连续性，因为常用词语的选取、语法内容和功能项目的融入都受到话题的影响。能否融入实用的词语和语法结构，关键在于话题的实用性；能否融入广泛的功能项目和文化项目，关键在于话题的广泛性；能否增加话题的趣味性和悬念感，提高词语和语法结构的重现率，关键在于话题的连续性。杨丽姣、王宏丽（2010）从交流、认知和人文三方面确定了话题的选取原则，即话题能够营造良好的交际语境，帮助学生达成有意义的交流沟通；话题符合学生认知心理；话题有助于培养学生的人文素质。余千华等（2012）提出课文话题应与学习者的话题兴趣特征相匹配。苏新春（2011）认为话题的选取需要考虑涵盖面广泛、话题类别清晰、类与类之间区别度强等因素。黄少如（2012）提出少儿汉语话题选择要遵循针对性、实用性、科学性、趣味性、系统性和文化性六大原则。姜蕾（2013）辨别区分了话题、功能、文化这三者的区别，举例说明话题、功能、文化处于不同的层面，而话题是功能、文化和其他因素的结合体。

除了"语文百科性"这个最基本的原则之外，参考上述话题选择原则的研究成果，结合少儿华语教学实际，我们认为少儿华语教学话题的选择还应遵循如下原则。

一是针对性。少儿华语教学话题的选择要适应6—12岁华裔儿童的思维特点、心理特点和认知能力。从思维特点看，这一年龄段的儿童形象思维占主导，抽象思维能力相对薄弱；从心理特点看，这个时期的儿童对客观事物有浓厚的兴趣，具有朴素的创造能力，模仿能力强；从认知能力看，有意注意正在逐步形成但时间比较短，常常发生无意注意。因此，要多选择那些与少儿学习、生活、活动相关的简单话题，同时兼顾自然、科学等内容，体裁上多采用儿童故事、儿童科普、寓言、成语故事等，尽可能吸引少儿的注意力，调动他们的无意注意。

二是实用性。少儿华语教学的目标之一是培养学生的汉语技能和能力，把汉语知识转化为技能，要求话题必须具有实用性。话题内容从少儿的实际需要出发，在用中学，在学中用，学用结合，才能够激发少儿的成就动机，提升他们学习汉语的积极性。尤其是对于初级阶段的汉语教学，话题的实用性在很大程度上决定了话题的趣味性和交际性，因为只有话题内容紧密贴合学生生活实际，能够营造良好的交际语境，他们才会兴趣盎然地学习和习得，才会积极地把所学内容用于交际。

三是趣味性。选取的话题内容应生动有趣，能够吸引华裔儿童，使他们产生学习兴趣和动力，激发他们学习的积极性和主动性。这里需要注意两点：一是小学生的兴趣点随着年龄的变化而变化，如对抽象知识从低年级的畏难到高年级的逐渐喜爱；二是在追求趣味性的同时，话题的选择必须考虑文化的差异，因为历史文化、社会传统、民族习惯、宗教信仰等诸多因素常常导致某种文化的幽默成为另一种文化的禁忌。

四是连续性。从纵向的方面来说，不同年级、不同阶段的话题内容要衔接；从横向的方面来说，综合课与专项技能课的话题内容要配合。话题的连续性有助于增加话题的趣味性和悬念感，提高词语的重现率。与成人相比，少儿学习汉语的动机和兴趣相对模糊，缺乏坚持性和意志保证，而话题的连续性有助于学生温故知新，保证汉语学习的连贯性。

五是文化性。首先，华语教育的宗旨之一是把华人学生培养成为具有中华文化气质的所在国公民，从少儿抓起，有助于传承和传播中华民族文化。其次，语言是文化的载体，第二语言的学习必须超越第一文化，只有用第二文化来理解第二语言，才能正确理解和运用第二语言。这就要求一些话题必须体现中华文化内容，或者一些文化本身就应作为话题出现。当然，要选取那些积极、健康又与少儿的汉语水平相适应的文化内容。

4.2 已有话题分类

　　要了解上文 2.1.2.2 节中 16 套东南亚中小学华语教材的话题分布情况，我们必须有一个科学性较强、涵盖面较宽的话题分类体系。对外汉语教学界在话题分类体系上做了不少探究。如原国家汉语国际推广领导小组办公室编写的《国际汉语教学通用课程大纲》附录的"汉语教学话题及内容建议表"列出了 22 个话题大类：个人信息，情感与态度，社会交往，日常生活，学校生活，家庭生活，文化娱乐，节日活动，身心健康，习俗与忌讳，旅游与交通，语言与文化，价值观念，文学与艺术，政治、历史与地理，科学与技术，全球与环境，计划与未来，热门话题，教育，植物与动物，自然景观。每个话题大类下面又有若干个小类，如"科学与技术"下面有"科学知识、科学普及、技术训练"3 个子话题；"植物与动物"下面有"花草树木、瓜果梨桃、飞禽走兽"3 个子话题等。

　　姜蕾（2013）发现《国际汉语教学通用课程大纲》附录的"汉语教学话题及内容建议表"存在一些问题，如"话题、功能、文化"三者相混淆。建议删除"情感与态度"这个话题以及"社会交往"下面的"打招呼、问候、寒暄、介绍、感谢"等功能项目。建议把"习俗与忌讳，节日活动，政治、历史与地理，文学与艺术，价值观念"降级为内容建议，划分至"语言与文化"这个话题下面。

　　汲传波（2005）筛选出北京大学 1998—2002 年的 235 篇演讲稿，对这些演讲稿进行归类统计，用定量分析的方法总结出留学生感兴趣的话题，建构了一个 6 大类 50 小类的话题目录。这 6 大类话题分别是"中国社会、文化，中外差异，个人信息，关于本国，语言，世界性话题"。

　　苏新春（2011）在参考"汉语教学话题及内容建议表"、汲传波（2005）话题目录的基础上，综合考虑涵盖面较强、立类清晰等因素，建构了一个 5 大类 52 小类的话题分析模板。这 5 大类话题分别是"个人信息，生活，人际交往，学习与工作，社会话题"。

　　黄少如（2012）建构了一个 9 大类 54 小类的少儿汉语话题分类。九大类话题分别是"个人信息，家庭，日常生活，学校生活，文学艺术，节日与文化，历史地理，自然景观，科学常识"。需要说明的是，该研究把少儿界定在6—15岁，即小学和初中两个阶段，而本研究把少儿界定在小学阶段。

以上话题分类或对"汉语教学话题及内容建议表"的思考主要是针对汉语教学的，并不完全适用于华裔儿童，而目前学界尚没有针对少儿华语教学的话题分类。少儿汉语考试（YCT）大纲虽然也列出了一些话题内容，如"与少儿学习生活、日常生活相关的最常用、最简单的话题，如：家庭、朋友、自己、常用物品（文具、衣服等）、学习和活动、食物和饮料、数量和时间、动物和植物、交通工具、兴趣和爱好等"，但是并没有成体系。

4.3 主题库的构建

本研究参考了以上话题分类，以少儿身心特点、华语教学的特殊性为前提，在对12套少儿华语教材内容进行归纳和梳理的基础上，建构了一个拥有11大类59个小类的少儿华语话题库。详细信息见表9。

表9 少儿华语话题库

个人信息	基本信息、爱好特长、理想愿望、职业
家庭	成员与称谓、家庭成员故事、家务琐事、亲情与沟通
日常生活	起居作息、身体与习惯、饮食与就餐、购物、健康与就医、出行与交通、方位方向、交通工具、看地图、旅游、问路、生日、娱乐、运动、逛公园、朋友、通信、人际交往、时间、空间、颜色、数字、天气
日常用品和物品	服饰、住房与设施、日用品
学校生活	学校、教育、教学、活动、假期
文学艺术	故事、诗词、文学作品、艺术
文化	传统文化、剪纸、书法、节日文化、社交礼仪、人文地理、历史
动物与植物	动物、植物

（续表）

自然与环境	自然景观、气象、日月星辰、自然灾害、环境保护
科学技术	科学常识、科幻

4.4 少儿华语主题库的特点

与《国际汉语教学通用课程大纲》（以下简称《通用大纲》）附录的"汉语教学话题及内容建议表"相比，少儿华语话题库缺少"情感与态度、热门话题"这两个话题。我们认为"情感与态度"下的内容建议"喜欢、不喜欢、高兴、不高兴、同意、不同意、抱怨"等属于"功能"项目，而"热门话题"易受时代影响，变化较快，不适合编入教材。《通用大纲》中的"习俗与忌讳，语言与文化，价值观念，文学与艺术，政治、历史与地理"分别单独作为一个大类话题出现，这些话题在《通用大纲》"中国文化题材及文化人物举例表"里都存在，因此我们把这些话题统归于"文化"这个话题之下。《通用大纲》的大部分话题可通用，但有些内容存在编写不当的问题。如"学校生活"作为一个独立的大类话题，却出现在了大类话题"个人信息"的内容建议中，"家庭称谓"作为话题"家庭生活"的内容，却又出现在"社会交往"这个话题下。《通用大纲》的内容建议更多、更详细，但"学校生活"这个大话题下却缺少"考试、学习用品、学习经历"等与学校生活密切相关的内容。

少儿华语话题库力求避免以上问题，同时更具有年龄针对性。话题内容以学校、家庭日常生活为主，同时也囊括了贴近小学生认知能力的认识自然、保护环境、社会风俗等内容，基本符合少儿学习者的年龄、心理、兴趣等。如在参考12套教材内容的前提下，抓住少儿想象力丰富这一点，我们在"科学技术"这个一级话题下设有二级话题"科幻"。又如少儿对自然有着相对浓厚的兴趣，我们在"自然与环境"这一话题下设置了二级话题"环境保护"，抓住少儿兴趣点的同时又有助于培养其环保意识。少儿华语话题库也针对了华语教学的特殊性，考虑到文化教学在华语教学中占据相当大的分量，而文学往往又是民族文化的外在标签，我们在"文学艺术"这个一级话题下设置了4个二级话题，这些话题大多是小学生喜欢的童话、寓言、古诗和成语故事等。

4.5 少儿华语教学主题词表建设

4.5.1 教材语料分类建库

少儿华语语料库构建好之后，我们按话题类别对教材语料进行了分类统计。由于语料规模越大，按话题聚类出的词语准确度越高，因此我们统计的对象不仅包括教材主课文，也包括课后阅读材料。为方便运用计算语言学相关技术对语料进行提取分析，统计出的语料全部采用 TXT 文本格式。每篇语料以"<>"开头，以"</>"收尾，"T"代表主课文或阅读材料，"W"代表生词。样例如图 5 所示。

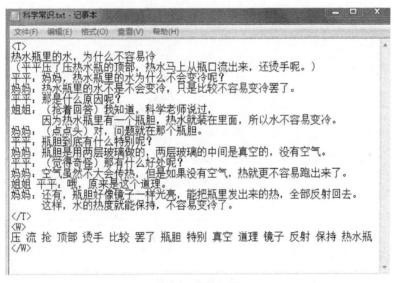

图 5 语料示例

4.5.2 教材语料话题统计

同一个话题在不同的教材中重复出现，但描写/叙述的方式不同，在本研究中算作不同的话题加以统计。如"乌鸦喝水"这篇文章在《菲律宾华语课本》第四册、《快乐学中文》第五册、《华语（实验教材）》第七册均有出现，但教材描写/叙述的方式不同，所用的字、词、句不同，因而本研究统计为3个话题。对于两篇完全相同的课文内容，我们才做去重处理。最终统计出12套少儿华语教材共有1467个话题。详细信息见表10。

为了直观地看出话题分布情况，我们把话题统计表转化为柱形图，见图6。

表10 教材话题统计

话题类别	数量
个人信息	43
家庭	62
日常生活	372
日常用品和物品	58
学校生活	165
文化	450
动物与植物	163
自然与环境	89
科学技术	65
总计	1467

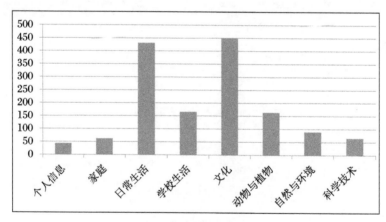

图6 话题类目分布

从图6可以看出，少儿华语教材偏重"文化""日常生活"两大主题。其中，"日常生活"大类中的课文包含一些对话体裁的交际教学内容，但非对话的知识性的介绍更多；除"日常生活"外的其他类则基本以知识性的语文百科为主，特别是"文化"类数量最多。这些体现了华语教学以语文百科教学为主，以交际功能教学为辅的特点。

4.6 主题词语聚类

主题词语表是围绕某主题的常用词语集合，是与某一主题紧密关联的词语群。例如，"家庭—成员与称谓"的主题词语有"家、代（名词）、口、家庭、父亲、儿子"等。

本研究运用刘华（2010）在《词语计算与应用》中提到的关键词自动标引的算法在教材语料库中进行词语聚类[10]。

词语聚类的核心原理是利用词语在不同主题类别语料中分布的差异性来计算词语对于该主题类别的贡献度。比如，功能词（如"的、我们、在"）在不同类别语料中的频率几乎一样，分布均匀；而某些词语〔如"家、代（名词）、口、家庭、父亲、儿子"〕在"家庭—成员与称谓"类语料中的出现频率会远高于它们在其他主题类别语料的频率，它们是"家庭—成员与称谓"主题类别中的主题词语。

通过词语切分、词频统计、权重计算和特征选择这四个步骤实现特征提取。这里需着重说明的是权重计算这一步骤。权重计算即计算出每个词在类中的权重，即计算出词语对话题的贡献度。权重计算过程中主要通过参数 n 来调节词频的影响：n 取值越大，词频的影响越小；n 取值越小，词频的影响越大。我们对 n 取 1.5、2、3 三个不同的值，将获得的话题领域词[11]按权重降序排列，将三者进行对比，观察 n 值对特征提取的影响。由于少儿华语话题库共有 11 个一级话题、59 个二级话题，限于篇幅，这里只列举"学校生活—教学"话题下的 3 组词语进行对比。我们在"学习"类中对 3 种待对比的分表各取前 30 个词按权重降序排列，观察 n 值变化对词语的影响，见表 11。

---

10 详细方法参见：刘华. 基于文本分类中特征提取的领域词语聚类. 语言文字应用，2007（1）.

11 话题领域词指的是表征该话题领域特征的词语群，例如"就餐"话题中的"点菜、菜单、吃、饭、菜、咸"等。

表 11 不同权重取词语

排序	权重（n=1.5）	权重（n=2）	权重（n=3）
1	数学课	数学课	数学课
2	座位	座位	座位
3	一遍	一遍	一遍
4	美娜	美娜	美娜
5	上课	数学	数学
6	数学	清楚	清楚
7	清楚	用心	用心
8	考试	预习	预习
9	年级	后边	后边
10	用心	杨桃	杨桃
11	预习	考试	木偶
12	后边	木偶	会话
13	杨桃	会话	难
14	写字	不难	测验
15	以后	年级	一节
16	中文	去年	小月
17	去年	练习	及格
18	练习	写字	马来语
19	复习	测验	英语
20	木偶	一节	坐下
21	会话	小月	书法
22	不难	及格	和蔼
23	中文课	马来语	上学
24	老师	英语	不清楚
25	测验	坐下	不再
26	一节	中文课	泰文
27	小月	复习	阿姨
28	及格	上课	发音
29	马来语	书法	成绩单
30	英语	和蔼	好笑

观察表 11 不难发现，n=1.5 时，"书法"这个艺术领域性更强的词语跌出了前 30 位。将权重为 1.5、排名前 30 的词语与权重为 2 的进行对比，发现 n=2 时，"上课"这个学习领域性更强、更常用的词语从第 5 位下跌至第 28 位，而"木偶"这个娱乐领域性更强的词语却上升了 7 位。将权重为 1.5、排名前 30 的词语与权重为 3 的进行对比，发现 n=3 时，"小月"这个个人信息领域性更强的词语上升了 10 位，"阿姨"这个家庭称谓领域性更强的词语上升至前 30 位。经过多次对比分析，我们发现，当权重为 1.5 时，既可以抽取到足够多的领域特征词语，又能保证这些特征词是常用的，不是偏僻罕用词，而且，越常用的领域特征词排名越靠前。因此，最终我们选择了权重为 1.5 的话题聚类结果。

4.7 人工干预词表

依据权重统计得到的词语由于语料的局限性会发生和语感相左的情况，所以在客观统计和主观语感之间，话题、功能和场景之间，需要进行适当的人工干预。人工干预主要表现在以下几个方面。

第一，确立选词标准。确定选择哪些词进入词表，包不包括类词组合。

第二，确立选择词汇单位的语体标准，书面语和口语是都选择还是二选一。

第三，在确立选词标准和语体标准的基础上，筛选出合适的词语，删除不符合规范或话题领域性不强的词语。

第四，结合"词语聚类在线检索"和史有为（2008）构建的"话题大类搭配语词表"，补充相关词语。

4.7.1 词与类词组合的选择原则

参考史有为（2008）构建对外汉语教学最低量基础词汇的方法，以及曾毅平（2013）研制两岸融通词表的做法，我们对少儿华语教学中的词汇单位采取从宽认定的原则。进入少儿华语主题词表的词汇单位主要包括两部分。

一是一般语言学意义上的词和常用的固定短语，这是主体部分。

二是根据学习者学习第一语言的习惯以及语块教学原理，我们把那些心理感知上具有形式和意义上的完整性，使用频率较高，但不是严格意义上的"词"或"固定短语"也认定为词汇单位。具体有以下几种情况。

A.具有凝固性的类词形式（如"点钟、越来越、为什么"等）算作词汇单位；

B.一些具有词汇化倾向的动宾组合（如"吃饭、照相、上课、上学、唱歌、寄信、有意思、打瞌睡"等）算作词汇单位；

C.一些具有词汇化倾向的动补组合（如"对不起、了不起、想起、放好"等）算作词汇单位；

D.具有准固定短语性质的多词组合（如"好久不见、差不多、来得及、难为情"等）也算作词汇单位。在本词表中，词、固定短语或具有词汇倾向的组合都作为一个词汇单位来理解。

另外，对专名、国别化词汇、兼类词按如下方法处理。

A.很多专有名词跟所处环境有很大关系，具有较深的文化内涵，从词表服务华语教学的角度出发，我们筛选了其中最具有代表性的词语，如"中国、北京、泰国、曼谷"等。

B.华语教材中有一部分内容带有国别特征，因此本词表也包含少数国别词语，如"外府、组屋"等，国别词在词表中用括号加以说明。

C.有些词语兼有多种词性，在词表中也用括号加以说明，如"在（动词）、过（动词）"等。

4.7.2 词汇单位的语体标准

为丰富词表中词汇的多样性，我们采取了书面语和口语均可的处理方法。表示同一个意思的词语既有书面语形式又有口语形式，如"妈妈、母亲"由于权重排序不同处理为两个词汇单位，一些同义词语如"哪里、哪儿""好看、漂亮"由于权重排序不同也处理为两个词汇单位。

4.7.3 词语筛选

我们以话题的领域性特征为纲对话题聚类得到的词语进行筛选。以主题"日

常生活—通信"为例,经过自动主题词语聚类后得到的词语如下:

信封、写信、邮票、想念、华语、收信人、小芳、邮局、寄信人、大年、联络、贺年卡、寄信、外婆、便条、航空信、敬祝、写上、一封信、电话号码、包裹、加拿大、留言条、民众、右上角、月琴、母亲、码儿、平信、窗口、邮筒、另起、来信、邮政局、形声字、表姐、地址、声旁、寄来、通信设备、邮包、恭贺新禧、语言、号码、晴和、冬天、老外、国外、友好、演唱、广场、话号、再写、电话铃、宿舍、先写、校园、特快、枫叶、问候、姓名、白鹅、早点儿、电话、打电话、手机、明明、电话亭、分别、国内……

删除"小芳、月琴、外婆、母亲"等偶发性人名和称呼,删除"大年、另起、晴和"等不合规范的词,删除"形声字、冬天、老外"等在"通信"领域类中主题代表性不强的词,得到的词语如下:

信封、写信、邮票、想念、收信人、便条、寄信人、联络、贺年卡、寄信、地址、航空信、包裹、留言条、电话、平信、邮筒、邮政局、号码、手机、电话亭、挂断、拨通、明信片、信纸、邮政编码、日期、电脑、收到、挂号信、回信、接听、包裹单、留言、超重、信箱、传真、通信、贴、联系

4.7.4 词语补充

由于语料的局限性,在筛选出相关词语后,我们结合"词语聚类在线检索"系统和史有为(2008)构建的"话题大类搭配语词表"适当补充相关词语。"词语聚类在线检索"是刘华(2010)在超大规模语料库基础上建立的词语聚类在线检索软件,史有为(2008)从最小语言平台出发,构建了对外汉语最低量基础词汇表,其中的"话题大类搭配语词表"包含了最常用的日常交际用词,二者具有一定的参考价值。

在"词语聚类在线检索"软件中以"通讯(通信)"为核心词检索出的词语有"即时通讯、中兴通讯、TCL 通讯、企业即时通讯、即时通讯软件、AnyQ、TCL 集团、IMU、侯为贵、雅虎通、NEC 通讯、万明坚、RTX、即时通讯工具、IM、中天通讯、TCL、股一民、移动通讯、换股、NTT、吸收合并、朗玛 UC、网易泡泡、通讯平台、手机业务、星网数码、知心你我、贸易通、顾工、TCL 移动、亿维讯、AIM、QQ、腾讯、OL、通讯产业、MSN"等。从词表服务于

57

少儿华语教学和测试的角度出发，少儿华语教学属于基础阶段汉语教学，上述大部分词汇难度较大，我们只收入了"QQ、MSN"这两个词语。

史有为（2008）构建的"话题大类搭配语词表"中没有专门的通信话题，但有与通信话题类似的"邮电/储蓄"这一话题。话题"邮电/储蓄"类列出的词语有"信、邮票、电话、手机、种（量词）、封（量词）、张（量词）、个、件、打（动词）、寄、发、收、存、取、快、慢、有时候、差不多、电邮、伊妹儿、包裹、挂号"。对比筛选出的词语，我们后期补充[12]的词语有"封（量词）、打（动词）、接、寄、发、收、存、取、邮箱、电子邮件、短信、微信、微博、朋友圈、Facebook、联系"。

按照上述方法我们共补充词语 428 个。去重后整个词表有词语 3735 个。

4.8 词语三排序

4.8.1 主题贡献度排序

经过自动主题词语聚类得出的词语按照该词语对主题的贡献度降序排序，能让人一目了然地观察到某主题下最相关的词语，如"日常生活—通信"主题词语按贡献度排序从高到低依次为：

信封、写信、邮票、想念、收信人、便条、寄信人、联络、贺年卡、寄信、地址、航空信、包裹、留言条、电话、平信、邮筒、邮政局、号码、手机、电话亭、挂断、拨通、明信片、信纸、邮政编码、日期、电脑、收到、挂号信、回信、接听、包裹单、留言、超重、信箱、电子邮件、存、传真、打、收、微信、通信、发、取、贴、寄、邮箱、微博、短信、接、封、联系、朋友圈、QQ、MSN、Facebook

4.8.2 常用度排序

同时，从教学的角度，又需要将词语从易到难排列，简单、常用的词语先教

---

12 包括从"话题大类搭配语词表"中选出的词语以及汉语教师补充的词语。

先学。因此，除了按贡献度排序，本研究还可以按常用度[13]来排序。常用度排序的基本原理是：第一，词语常用度的计算考虑到了词语在时间上的发展情况，通过计算常用度能够得到经过历时发展分布均匀的词语；第二，常用度也考虑到了词语在空间上的分布情况，通过常用度计算能够得到那些在空间领域分布均匀的词语；第三，常用度考虑到了词语的生成能力。

例如，"日常生活—通信"主题词语按常用度从高到低排列依次为：

发、打、联系、电话、接、封、收到、收、取、日期、设备、贴、电脑、手机、寄、联络、存、地址、通信、号码、包裹、短信、写信、传真、留言、邮箱、拨通、想念、电子邮件、信封、邮票、接听、回信、信箱、邮政局、明信片、超重、寄信、信纸、挂断、电话亭、便条、收信人、邮政编码、贺年卡、邮筒、挂号信、平信、航空信、寄信人、留言条、微信、包裹单、QQ、MSN、Facebook、微博、朋友圈

4.8.3《华语词汇等级大纲》排序

我们采用自主研制的《华语词汇等级大纲》进行分级，同时在等级内再按常用度排序。

例如，"日常生活—通信"主题词语按《华语词汇等级大纲》分级依次为：

1 级词：发、打、电话、封、收、接、取、手机、寄、存、电子邮件、邮票

2 级词：贴、电脑、传真、信封、QQ、MSN、Facebook

3 级词：联系、地址、号码、邮箱、想念、接听、信箱、邮政局、邮政编码

4 级词：设备、通信、包裹、短信、超重、电话亭、便条

5 级词：日期、联络、留言、明信片、贺年卡、邮筒

纲外词：收到、写信、拨通、回信、寄信、信纸、挂断、收信人、挂号信、平信、航空信、寄信人、留言条、微信、包裹单、微博、朋友圈

---

13 常用度具体计算方法参见：刘华. 词语计算与应用. 广州：暨南大学出版社，2010.

4.9 最终少儿华语主题词表 [14]

4.9.1 分类的少儿华语主题词表

最终少儿华语主题词表共收录 3735 个词语，按照上文的主题分类，共 59 个分类词表。

每一级别、每一主题的分级词语详见附录二。

4.9.2 分级的少儿华语主题词表

最终宽泛的少儿华语主题词表共收录 3735 个词语，按照《华语词汇等级大纲》分级后，一级词条 409 个，二级词条 643 个，三级词条 744 个，四级词条 652 个，五级词条 421 个，六级词条 94 个，纲外词条 772 个。

在上文中，我们依据临界期假说、少儿汉语和剑桥少儿英语的界定，将少儿的年龄段定位在 6—12 岁，即小学阶段。

下文中，我们将根据"海外华裔学生在听说读写四方面大致希望达到母语者 70% 的水平"的理念，将华语词汇等级分为六级 [15]：

一级：最基本的汉语交际能力

二级：二年级小学生的实际语文能力

三级：四年级小学生的实际语文能力

四级：小学毕业生的实际语文能力

五级：初中毕业生的实际语文能力

六级：一般成年人的实际语文能力

因此，掌握"中国小学毕业生的实际语文能力"70% 的词汇，大约就是四年级小学生的语文能力，即华语词汇等级大纲中的三级。

所以，少儿华语主题词表中，前三级的词语刚好对应真正的少儿华语的词汇

---

14 全部话题词表另文列出。

15 具体分级标准及其理据参见下文 5.3 节。

能力。因此，真正的少儿华语主题词表应该只是前三级的词语集合（共 1796 个词条），并不包括四、五、六级和纲外词语（四、五、六级词语可对应到初中或高中华语教学中）。

4.10 少儿华语主题词表与 YCT 词表对比

4.10.1 少儿华语主题词表和 YCT 词表性质、适用对象比较

新中小学生汉语考试（YCT）是中外汉语教学、语言学、心理学和教育测量学等领域的专家在充分调查、了解海外中小学实际汉语教学情况的基础上研发而成的。YCT 词表在选词和收词上具有一定的规范性、科学性、可靠性、严谨性和权威性，对少儿汉语教学、教材编写、水平测试具有一定的指导作用。

少儿华语主题词表是在统计分析 12 套少儿华语教材的基础上，运用计算语言学相关技术（如权重计算、话题聚类、常用度计算等方法），通过人工干预编制而成的一个话题类词表，是构建少儿华语专题词表的一次有意义的尝试，力求做到科学实用，服务于少儿华语教学、教材编写和华语水平测试。适用对象上，YCT 词表适用于汉语非第一语言的中小学生，少儿华语主题词表适用于海外 6—12 岁的华裔儿童，二者不完全相同。

4.10.2 少儿华语主题词表与 YCT 词表选词标准比较

首先，少儿华语主题词表选词时采取了从宽认定的原则，词表的主体部分是一般语言学意义上的词和常用的固定短语，同时也包含了那些心理感知上具有形式和意义上的完整性、使用频率较高，但不是严格意义上的"词"或"固定短语"，（如"点钟、越来越"等）；YCT 词表主要以简单常用的词为主，只包括了极少量的常用短语（如"弹钢琴、踢足球"等）。

其次，海外华裔儿童作为一个特殊的学习者群体，有着深远的中国文化渊源，为传承和传播中华文化，少儿华语主题词表中必须适量选取蕴含着中华历史文化

的词语，如一些成语、惯用语等；YCT 主要用于测试汉语非第一语言的中小学生的汉语水平，具有通用性和普遍指导意义，因而选取的词语主要是日常生活、学校生活、家庭这些贴近学生生活实际的内容，文化词语有但数量非常少。

再次，少儿华语主题词表也选取了若干反映本土文化特色的词语，如"泰铢、外府、组屋、肉骨茶"等；YCT 词表作为通用词表则没有选取国别词语。

4.10.3 少儿华语主题词表和 YCT 词表收录词语数量比较

YCT 共收录 600 词，它明确规定了一到四级各级词语的数量，其中一级词 80 个，二级词 150 个，三级词 300 个，四级词 600 个。这些词语数量少、难度小、使用频率高。少儿华语主题词表（前三级）共收录 1796 词，两个词表的共有词语数为 516 个。由于统计程序的缺陷，这 516 个共有词是指字数、字形完全相同的词语，两个词表中意义相同、字数不同的词语并没有被列为共有词，如"绿—绿色""鞋—鞋子"。我们分析了这 516 个共有词语的话题分布情况，发现日常生活类的共有词语高居榜首，其余依次是学校生活、家庭、个人信息、文化、自然与环境、动物与植物、科学技术类的词语。与 YCT 词表相比，少儿华语主题词表独用的词语我们称之为"纲外词"。少儿华语主题词表共有纲外词 1286 个，这些词语大多分布在文化、动物与植物、自然与环境、科学技术这 4 个话题中，如"创造、精彩、特色、艺术、动物、森林、风、阳光、雪、贝壳、浪花、保护、环境、洪水、干旱、密码、发明、自动"等。

5 《华语词汇等级大纲》研制 [16]

　　词表对于指导教学、规范考试等具有重要作用，词表研制一直是对外汉语教学领域的一项意义重大的课题。

　　原中国国家对外汉语教学领导小组办公室汉语水平考试部于 1992 年编制的《汉语水平词汇与汉字等级大纲》长期作为汉语水平考试（*Hanyu Shuiping Kaoshi*，简称 HSK）的主要依据。中华人民共和国教育部、国家语言文字工作委员会于 2010 年发布的《汉语国际教育用音节汉字词汇等级划分》依据当代大型动态语料，首创音节、汉字、词汇三维基准新模式，成为新型中国国家级汉语水平考试命题的主要依据。

　　2021 年发布的《国际中文教育中文水平等级标准》将学习者中文水平分为"三等九级"，并以音节、汉字、词汇、语法四种语言基本要素构成"四维基准"，以言语交际能力、话题任务内容和语言量化指标形成三个评价维度，以中文听、说、读、写、译作为五项语言技能，从而准确标定学习者的中文水平。该标准将成为国际中文相关标准化、规范化语言考试的命题依据以及各种中文教学与学习创新型评价的基础性依据。

　　华语词表方面，主要有《华语文能力测验词汇分级表》（张莉萍，2002）、《华语八千词》（张莉萍，2003—2004，2015 修订），以及《华语教学基础词库 1.0 版》（信世昌、邓守信、李明懿，2010）。

　　现有华语词表的建设在科学性与理据性方面尚待进一步提高。尤其在体现华语教学区别于对外汉语教学的特点、覆盖更广的华语教学领域，以及脱离现有词表基础、独立于《国际中文教育中文水平等级标准》的构建方法论创新等方面，有很大的提升空间。特别是，《国际中文教育中文水平等级标准》是汉语词语教学的总指挥和总纲领，但它仅注重汉语作为第二语言的教学，而华语作为母语教学的特色并没有得到很好的重视和体现。

---

16 刘华，周建设.《华文水平词汇大纲》研制. 华文学刊（新加坡），2016.

5.1《华语词汇等级大纲》研制的必要性

5.1.1 华语水平测试的必要性

按照原国家汉办的界定，HSK 是专为母语非汉语者设计的标准化语言考试。所谓母语非汉语者，包括外国人、华裔和中国少数民族考生。这决定了 HSK 在适用对象上，应该具有三个子方向。目前，中国少数民族汉语水平等级考试就是这种发展方向的结果。

陈宏（2005）的研究表明有中国背景的考生与 HSK 考生总体在同质程度上存在显著差异，并建议开发专为有中国背景的考生而设的 HSK。

王汉卫（2009）从海外华人人口的分布与构成，以及海外华人的华语状况、汉字及汉文化情结、开发华语水平测试的意义等方面探讨面向海外华裔的汉语测试作为一种国家级语言测试的必要性，并指出华语水平测试微观上将对华语教学和华语传承产生积极的作用，宏观上将对海外华裔的族群凝聚和发展产生积极作用。

5.1.2《华语词汇等级大纲》研制的必要性

长期以来，华语教学与华语水平测试是以《汉语水平词汇与汉字等级大纲》《汉语国际教育用音节汉字词汇等级划分》或者《国际中文教育中文水平等级标准》为依据的，并没有单独的词汇大纲。但是，鉴于华语教学与华语测试的特殊性，HSK 所适用的群体包括外国人、海外华裔和中国少数民族等，不同的目标群体使用同一种大纲体系的做法存在一定的盲目性。因此，研制面向海外华裔学习者的词汇大纲是十分必要的。

东南亚作为全球华语教育的突出代表，其教学性质、教学对象、教学方法与非华裔汉语教学及其他地区的华语教学相比，有其独特性。因此，我们研制了面向东南亚华语教育的《华语词汇等级大纲》，作为东南亚编写华语教材、编撰华语词典、开展华语课堂教学与华语水平测试命题的依据。

5.2《华语词汇等级大纲》建设的基本理念

5.2.1 东南亚华语教学的性质与特点

东南亚的华语教学介于第一、第二语言之间，有些甚至具有第一语言教学或母语教学的性质。华语教学除了语言教学之外，还重视中华文化的教学，学生通过华语学习，最终认同和传承中华文化。

东南亚的华语教学又有多样性的特点。例如，马来西亚的华语教学以华语作为母语的教学为主，新加坡和菲律宾则趋向于介于第一语言教学和第二语言教学之间，印度尼西亚、泰国、越南等地主要以第二语言教学为主。

一些东南亚国家的华裔学习者历来就有家庭、社区的华语背景，零起点学习者较少。华裔学习者处于以中华文化为主导的多元文化背景中，能更快适应新的学习大语境，其华语学习更具有"习得"色彩，因而学得更快、更好。

5.2.2《华语词汇等级大纲》的建设理念

鉴于东南亚地区华语教学的多样性，其词汇等级大纲的建设也必须满足多样化的需求。

首先，华语教学的基础目标是训练学生的华语听说读写能力，达到交际目的，这是语言教学最基本的特性。因此，满足交际功能是华语教学及其词表建设的基础理念。

其次，东南亚的华语教学与中国汉语作为母语的语文教学在一定程度上存在契合，中国学生的语言能力应当作为重要的参考因素。

此外，华语教学还兼有传承中华文化的作用。华语教学能使学生认识母族文化和传统价值观。因此，词语的文化性也应该是华语词汇教学需要考虑的一个重要因素。

总体上，华语教学用词表的研制应该从华语作为母语教学的特性出发，以交际功能为基础，以语文百科为主体，参照中国小学生与初中生的语文能力，兼顾东南亚地区的文化、地域特色词语。

5.3《华语词汇等级大纲》分级标准及理据

5.3.1 华语水平测试等级标准

王汉卫、黄海峰、杨万兵（2013）指出华语水平测试参照的是以汉语母语者标准为基础、以典型华裔为常模进行调校得到的"华语标准"，这个标准是低于汉语母语者而高于一般二语者的参照标准，它参照的语言能力标准是基于母语标准的华语能力，并给出了华语水平测试分级体系：

1级（入门级）：入读小学的华语文能力

2级（基础级）：小学二年级的华语文能力

3级（提高级）：小学四年级的华语文能力

4级（初通级）：小学毕业的华语文能力

5级（熟练级）：初中毕业的华语文能力

6级（母语级）：高中毕业的华语文能力

同时，王汉卫等（2014）通过对比《中国义务教育阶段语文课程标准》《马来西亚华文课程大纲》《新加坡华文课程大纲》中对汉字认写的要求，在分析大规模海外华语学习者、教师调查数据的基础上，确定了海外华裔学生在听说读写四方面大致希望达到母语者 70% 的水平。据此，给出了华语水平测试 6 个等级的汉字能力标准，如表 12 所示。

表 12 华语水平测试汉字能力标准

标准等级	汉字能力标准	
	汉字认读	汉字书写
1级（入读小学）	600	不做要求
2级（小学二年级）	1200	600
3级（小学四年级）	1800	1200
4级（小学毕业）	2400	1800
5级（初中毕业）	3000	2400
6级（高中毕业）	3500	3000

5.3.2《华语词汇等级大纲》分级标准

基于东南亚华语教学的多样性，以及"从华语作为母语教学的特性出发，以交际功能为基础，以语文百科为主体，参照中国小学生与初中生的语文能力，兼顾东南亚地区的文化、地域特色词语"的建设原则，同时参考王汉卫、黄海峰、杨万兵（2013）的"华语水平测试分级体系"以及王汉卫等（2014）的"华语水平测试汉字能力标准"，我们将《华语词汇等级大纲》设置为6级，如表13所示。

表13《华语词汇等级大纲》分级标准

等级	语言能力描述	汉字认读
一级	最基本的汉语交际能力	600
二级	二年级小学生的实际语文能力	1200
三级	四年级小学生的实际语文能力	1800
四级	小学毕业生的实际语文能力	2400
五级	初中毕业生的实际语文能力	3000
六级	一般成年人的实际语文能力	3500

分级的理据如下。

第一，语言的最基本功能是交际功能，华语教学要满足语言学习者的基础需求。中国小学一年级学生入学前已经具备一定的语言交际能力，对于华裔学习者，无论是一语学习者还是二语学习者，这都是最基础、最必需的语文能力，故为一级。

第二，既然"制定华语考试等级时，中国义务教育语文标准的基础，大致取其70%作为标准"[17]，那么，对应到"打折"后的实际语文能力，则大约是二级对应中国二年级小学生的实际语文能力（$2 \times 0.7=1.4$）[18]，三级对应中国四年级小学生的实际语文能力（$4 \times 0.7=2.8$），依此类推。

---

17 王汉卫、凡细珍、邵明明等. 华文水平测试总体设计再认识——基于印尼、菲律宾、新加坡的调查分析. 华文教学与研究，2014（3）.

18 "2"为中国二年级小学生的实际语文能力，1.4为对应的东南亚华裔学生实际语文能力（体现为华文词汇等级）。此公式是为了更形象地说明华文词汇大纲等级和中国中小学各年级语文能力的占比对应关系，并非严格的数学计算公式。

第三，初中阶段结束后，语文能力大致定型，词汇教学任务也初步完成，因此六级不应该再对应高中阶段，而应该是对应一般成年人的实际语文能力。

第四，中小学语文教材是中国文化百科知识的典型载体，教材所倡导的价值观是中华民族文化的承袭。《华语词汇等级大纲》需要兼顾中华文化与东南亚地域特色词语，因此，此大纲亦收录中华文化特色词语与东南亚特色/常用词语。

5.4《华语词汇等级大纲》建设基础

5.4.1 教材、作文语料库

教材语料库收录的教材包括中国中小学语文教材与东南亚主流小学与初中华语教材，作文包括中国中小学作文。详情参见上文 2.1 和 2.4 节。

5.4.2 面向华语教学的"华语作为第一语言教学的常用分级词表"[19]

对中国小学和初中语文教材及东南亚地区小学和初中华语教材，按学段分级制成"华语作为第一语言教学的常用分级词表"。

共 10,336 个词语，其中一级词语 1433 个，二级词语 2171 个，三级词语 2333 个，四级词语 4399 个。

详情参见上文第 3 章。

5.4.3 语文百科分类汇总的"儿童华语词语表"[20]

以东南亚地区小学华语教材为语料，统计分析这些教材的主题分布情况，构建了"儿童华语百科主题库"。再按照主题将教材课文分类，运用计算语言学的

---

19 于艳群. 面向华文教学的中小学语文教材课文常用词分级词表的研制. 暨南大学硕士学位论文，2014.

20 郑婷. 少儿华文话题库及话题词表构建. 暨南大学硕士学位论文，2014.

相关技术实现主题词语聚类，通过人工干预筛选出与主题密切相关、使用频率高、难度较低的词语，并按常用度对这些筛选词进行排序，并适当补充相关词语，构成"儿童华语词语表"。儿童华语百科主题库分为三级，一级含 8 个主题，二级含 40 个主题，三级含 61 个主题。每个主题含一个词表，去重后该词表共有词条 2970 个。儿童百科主题库如表 14 所示。

表 14 儿童华语百科主题库级别

一级类	二级类与三级类（括号内为三级类）
个人信息	基本信息（姓名、性别、国籍、语言、住址、年龄、性格）、爱好特长、理想愿望
家庭	成员与称谓、家庭成员故事、家务琐事、亲情
日常生活	起居作息、身体与健康（身体部位、卫生习惯、就医）、饮食与就餐（食物、饮料、饮食习惯、外出就餐）、服饰、住房、日用品、购物、出行与交通（出游出行、问路、交通规则、交通工具）、健身娱乐、通信（信件、邮件、打电话、留言条）、生日、朋友、人际交往（介绍、邀请、问候和道别、感谢和道歉、帮助）、时间与空间、天气、职业、颜色与数字
学校生活	学校、教育（爱国教育、品德教育）、学习情况（课程、课堂、学习经历、学习策略、考试与成绩）、活动（课外活动、学校活动）、假期、其他（学习用品、上学、放学、班级、知识、师生关系、请假）
文化	文学（人物故事、民间故事、动物故事、成语故事、寓言故事、神话故事、童话故事、其他故事、古诗、文学作品）、节日民俗（节日、民俗、宗教、禁忌、人文地理）、艺术
动物与植物	动物、植物
自然与环境	自然景观（四季、名山大川、日月星辰）、自然灾害、环境保护
科学技术	科学常识、科幻

"家庭—成员与称谓"主题的词语表示例：

家、代、口、家庭、父亲、儿子、母亲、兄弟、妈妈、妹妹、爸爸、弟弟、姐姐、年纪、姐妹、哥哥、亲戚、称呼、爷爷、奶奶、叔叔、阿姨、探亲、婆婆、外婆、祖父、祖母、外公、长辈、表哥、表弟、舅舅、表妹、公公、姥姥、姑姑、表姐、老爷、伯父、伯伯、姥爷、姨妈、姑妈、外祖父、婶婶、外祖母、伯母、舅妈、姨夫、姑夫、孩子、人、女儿、大、小、多、少、老、年轻、有、是、叫、个、谁、像、和、孙子、孙女、爱人、堂姐、堂妹、堂哥、堂弟

5.4.4 话题分类汇总的"交际词语表"

收集中国出版的 40 余套对外汉语教学口语教材[21]，将其课文按话题分类，运用词语聚类方法进行话题词语聚类，构建"交际话题库"与"交际词语表"。词表建设主要有三个阶段：第一阶段，确定话题选取原则，选取话题，建立话题库。第二阶段，人工分类与词语聚类在线检索相补充，实现话题词语分类。第三阶段，利用字词常用度计算方法将词汇按常用度分级。

"交际词语表"收录五大类，一级话题 39 个，二级话题 48 个，共收录词语 2401 个。其中，一级类话题词语 1187 个，二级类话题词语 1214 个。表 15 是交际话题库的类别。

表 15 交际话题库类别

大类	一级类	二级类
生活类	个人	个人基本信息、爱好特长、性格
	住房	买房、供房、租房、外出住宿
	交通	出行、问路、指路
	购物	买水果、买衣服、买书
	就医	生病、看病、买药
	就餐	食物和饮料、烹饪方法、外出就餐
	婚姻	恋爱、婚姻、家庭
	休闲	运动健身、上网、看电影 / 电视、旅游、逛公园
	联系	邮局、电话联系、其他联系方式
	理发	
	报警求助	
	公安局	
	时间	
	天气	
	请客 / 做客	
	过生日	
	宠物	

---

21 主要是面向海外二语学习者的成人口语教材。详情另文介绍。

（续表）

大类	一级类	二级类
业务类	招聘／应聘	
	商业谈判	
	签约	
	投资	
	工商税务	
	营销	
	海关	
教育类	家庭教育	
	成人教育	
	学校	图书馆、宿舍、食堂、语言学习、留学生业余生活
文化类	社交	问候、道别、请求、致谢、致歉、劝诫、安慰、询问
	假日	传统节日、西方节日
	态度表达[22]	
	情绪表达	
特殊话题	环境	气候变暖、水资源、保护资源
	养老	
	愿望	
	传统文化	
	运动会	
	经济发展	
	科技发展	
	面对灾难	

"生活—交通—出行"话题的交际词语表示例：

火车、车站、列车、车厢、站台、进站、上铺、火车票、晚点、正点、候车室、订票、列车员、车次、月台、下铺、查票、餐车、补票、列车长、硬座、报站、中铺、软卧、行李架、硬卧、吸烟室、换票、停车、易爆物品、易燃物品

---

22 之所以将"态度表达"和"情绪表达"归入"文化"类，是因为这两个话题涉及交际文化。另外，考虑到"传统文化"和"运动会"是比较热门的话题，所以单列在"特殊话题"中，没有归入其他相关话题。

5.4.5 基于时空分布均匀性计算的词语常用度 [23]

字词的常用度一直是汉语教学研究中的热点和难点，汉语常用字（词）表的建设应该以合理科学的字词常用度计算为基础，汉语字词教学要解决的基本问题"教多少，哪些先教"也是如此。

刘华（2010）认为词语的常用度与词语的分布密切相关，这主要表现在时间与空间两条轴上。以词频来描写的话，在一段时期内，时间上，常用词语的词频很少或较少变化；在领域空间（主题）上，常用词语的词频在每一领域空间基本一致。实质上，词语常用度就是词语在时间和空间上均匀分布的程度。

刘华（2010）认为可以采用词语在主题领域的分布均匀性（分布越均匀，词语越常用）和词语本身的生成能力（生成能力越强，词语越常用）来模拟词语常用度：

$$U_{w_i} = \left(\log\left(N(w_i) \middle/ N \right) \right)^2 \times \sqrt{ \sqrt{ \sum_j \left(p_{ij} - \overline{p_i} \right)^2 \middle/ \sum_j p_{ij} } \times \left(|\log(p_{di})| \right) }$$

我们用 IDF 的改进公式 IWF × IWF 来体现"词语在总语料中越多，分布也应该越广"的规律。但是，这种频率的多少并不能完全说明词语在领域中的分布差异性。因此，可再采用方差除以该词在各类中的频率之和，来表示词语在不同领域之间的分布差异性（方差大小会受到词频大小的影响，方差需要的只是词频之间的差异性表示）（陈克利，2004）。

其中，U_{wi} 表示词语 wi 的常用度，$p_{ij} = T_{ij}/L_j$，L_j 是类 c_j 含有的所有词的次数之和，T_{ij} 是词 i 在类 c_j 出现的次数；$\overline{p_i} = \sum_j p_{ij} \middle/ m$，m 为类别数；$N(w_i)$ 表示训练语料中出现词 w_i 的次数，N 是所有词在所有类的频次之和；p_{di} 是词语 w_i 左右搭配的频率，以此来模拟词语的生成能力。

刘华（2010）在大规模平衡语料库 [24] 中进行了搭配抽取。由于人工过滤搭配的量太大，因此，抽取搭配后，只是批量删除了互信息值小于 3 或者 Z 值小于 2.58（洪荣丰，2009）或者频次低于 10 的搭配词，并未进行人工过滤；之后，将左右搭配词的频次相加，除以语料库中总的词语频次，即为 p_{di}。

---

23 刘华. 词语计算与应用. 广州：暨南大学出版社，2010.

24 语料时间跨度为 1919 年至 2010 年，采用历时抽样方法构建，共 16 大类，23 亿字。

以下为词语常用度（U_{w_i}）最高的 20 个词语（数值越低，常用度越高）：

的（4.76）、在（6.76）、了（8.08）、是（8.28）、一（9.43）、和（10.90）、有（11.20）、也（12.09）、这（12.19）、还（12.50）、与（12.74）、上（12.79）、个（13.18）、一个（13.26）、中（13.70）、多（13.72）、不（14.35）、到（14.43）、为（14.43）、就（14.48）

5.5《华语词汇等级大纲》构建方法与流程

具体操作时，以中国小学和初中语文能力为基准，同时兼顾交际功能与语文百科的等级性。语文能力通过小学和初中教材与学生作文中的词汇及其在不同年级中的等级分布来体现；语文百科通过"儿童华语词语表"体现；交际功能则通过"交际词语表"体现。

利用中国传媒大学分词软件对上述教材和作文语料进行分词，删除频次 3 以下或者覆盖率 99% 以外的词语，并利用《现代汉语词典》（第五版）的词条进行过滤[25]，重新计算频次、频率、覆盖率。

每一等级的词汇以中国小学、初中语文教材与作文中相应年级的词语为主，同时，将"儿童华语词语表""交际词语表""华语作为第一语言教学的常用分级词表"中的词语按常用度排序，根据常用度和《汉语水平词汇与汉字等级大纲》的分级，对应到不同等级中。

5.5.1 一级词汇

史有为（2008）认为"最低量基础词汇是一种可满足最小语言平台需要的词汇，它包括封闭性的基本功能词等以及最常用的日常交际用词，所谓最小语言平台就是可以满足最低交际需要的语言系统"。

一级词汇是让学习者具备最基础交际能力的词汇，我们基本上采用"最低量

---

25 但是保留了"华语作为第一语言教学的常用分级词表""儿童华语词语表""交际词语表"中未在《现代汉语词典》中出现的词语。

基础词汇"作为一级词汇。

5.5.2 二级词汇

二级词汇的语料来源包括：中国小学一、二年级的学生作文 3 万篇；4 套中国小学一、二年级语文教材课文（加权系数为 3）[26]；东南亚小学华语教材课文（马来西亚华语教材一、二年级课文，新加坡、菲律宾华语教材一、二、三年级课文，印度尼西亚、越南、泰国华语教材一至六年级[27]课文）[28]（加权系数为 2）。

词汇确定流程如下。

第一步：参照 1200 字的对应标准[29]，选取频次大于 20 的词语约 1200 个（不含一级词汇），按常用度、频率双排序，进行人工干预，删除部分难度较大的词语；加入"儿童华语词语表"和"交际词语表"常用度靠前的词语作为补充，使二级词表的用字种数[30]控制在 1200 字左右[31]。

第二步：利用"华语作为第一语言教学的常用分级词表"（1 级）与上述二级词表做交集，保留共有词语，人工干预独用词语，酌情删减。控制词汇总量，使得最终二级词表用字种数控制在 1200 字左右。

第三步：专家进行人工干预。

---

26 由于作文数量较多，教材字数较少，但是教材针对性更强，参考价值更高，因此教材分词后分别进行加权。考虑到中国语文教材是基准性参考来源，所以中国语文教材加权系数高于东南亚地区的华文教材。同时，每个年级的作文数量不一样，根据作文数量，每个级别相应的加权系数也不一样。

27 《快乐学中文》《华语（实验教材）》只到五年级。

28 考虑到东南亚华语教材的难度不同，各国华语教材在每个级别上对应的年级和册数也不一样。

29 虽然并不能直接证明各级词语数和用字种数之间存在量的对应关系，但是，我们认为可以通过各级用字种数来间接控制各级词语的数量，并且在这个用字种数的量的限定下，通过统计语料的级别来确定选择哪些具体的词语。

30 词表所有词汇所使用的汉字字种（不相同汉字）的数量。

31 参见上文表 13 "《华语词汇等级大纲》分级标准"。

5.5.3 三级词汇

三级词汇的语料来源包括：中国小学三、四年级的学生作文 6 万篇；4 套中国小学三、四年级语文教材课文（加权系数为 5）；东南亚小学华语教材课文（马来西亚华语教材三、四年级课文，新加坡、菲律宾华语教材四、五、六年级课文）（加权系数为 3）。

按照 5.5.2 节的词汇确定流程，选取词语约 2000 个，用字种数控制在 1800 字左右，利用"华语作为第一语言教学的常用分级词表"（2 级）与之做交集。

5.5.4 四级词汇

四级词汇的语料来源包括：中国小学五、六年级的学生作文 9 万篇；4 套中国小学五、六年级语文教材课文（加权系数为 7）；马来西亚小学华语教材五、六年级课文（加权系数为 5）。

按照 5.5.2 节的词汇确定流程，选取词语约 2500 个，用字种数控制在 2400 字左右，利用"华语作为第一语言教学的常用分级词表"（3 级）与之做交集。

5.5.5 五级词汇

五级词汇的语料来源包括：中国初中一至三年级的学生作文 4 万篇；4 套中国初中语文教材课文（加权系数为 4）；柬埔寨初中华语教材课文（加权系数为 2）；新加坡中学高级、中学快捷华语教材课文（加权系数为 2）；马来西亚初中华语教材课文（加权系数为 4）。

按照 5.5.2 节的词汇确定流程，选取词语约 3100 个，用字种数控制在 3000 字左右，利用"华语作为第一语言教学的常用分级词表"（4 级）与之做交集。

5.5.6 六级词汇

原《汉语水平词汇与汉字等级大纲》《汉语国际教育用音节汉字词汇等级划分》和《国际中文教育中文水平等级标准》中的词条，减去上述前 5 级词表的词条，剩余约 3000 词，参照常用度排序，人工反复权衡，将其部分词条分级并加入一至六级的词表。此外，亦选取国家语言资源监测语料库 4 年汇总词语表[32] 中覆盖率大于 90% 的词语共 13 万余条，对其在上述前 5 级词表之外的词条人工斟酌，选取部分加入六级词表。

5.5.7 附录词汇

专家人工选取部分能典型代表中国传统文化以及具有东南亚地域特色的常用词语加入词表。

中华文化特色词语如：北京、长江、孔子、孙悟空、天坛、王母娘娘、西游记。

东南亚特色 / 常用词语是一个开放的词表，主要选取东南亚华语语料库[33] 中的特色 / 常用词语（特色 / 常用词语表中频次前 100 词条，共 600 余条）以及东南亚地区专有名词。例如：椰浆饭、敬师节、食盒、鱼露、肉骨茶、组屋、泰铢。

5.6《华语词汇等级大纲》描述

5.6.1 总体情况

大纲分为六个级别，共 15,568 个词条。表 16 是一至六级词汇表的总体情况。

---

32 2001 年开始，国家语言资源监测与研究中心的平面媒体语言分中心、有声媒体语言分中心、网络媒体语言分中心分别建设了平面媒体动态流通语料库、有声媒体监测语料库、网络媒体监测语料库，共同构成国家语言资源监测语料库。我们选取了 2005—2008 年语料库中生成的词表。

33 暨南大学海外华语研究中心建设的语料库，主要由东南亚各国主流报纸、网站、教材的语料组成，约 8 亿字。

表16 《华语词汇等级大纲》总体情况

级别	词条数	用字种数	新增字种数[34]	平均词长	在《国际中文教育中文水平等级标准》（词汇表）中的分布（%）							
					一级	二级	三级	四级	五级	六级	七至九级	纲外[35]
一级	548	440	440	1.47	57.30	22.45	6.75	2.55	0.74	0.91	0.36	8.94
二级	1397	1065	731	1.75	9.3	22.03	14.31	12.52	9.73	6.01	8.73	17.37
三级	2803	1687	804	1.95	1.46	7.85	12.10	10.78	9.64	10.64	20.52	27.01
四级	3898	2116	606	2.16	0.13	1.87	5.60	6.32	7.14	7.91	34.63	36.40
五级	4305	2380	546	2.10	0.00	0.26	2.58	3.25	4.76	5.20	41.30	42.65
六级	2617	1995	363	2.18	0.00	0.00	1.38	3.13	5.08	5.16	47.34	37.91
总表	15,568	3490		2.05	3.15	4.72	6.05	6.16	6.59	6.77	32.54	34.02

从表16可以看出，各级的词汇量和用字种数比较合理，体现了由少到多、循序渐进的特点。其中五级最高，六级有所下降，这符合上文中"初中阶段结束后，语文能力大致定型，词汇教学任务也初步完成"的观点。其中，各级的累计用字种数也和上文表13存在较好的一致性。

一级词汇中，86.5%是初级（《国际中文教育中文水平等级标准》中的一级、二级、三级）词汇，基础、简单词汇占绝对多数；二级词汇中，45.64%是初级词汇，28.26%是中级（《国际中文教育中文水平等级标准》中的四级、五级、六级）词汇，二者合计为73.90%，初中等难度词语占多数；三级词汇中，31.06%是中级词汇，高级（《国际中文教育中文水平等级标准》中的七至九级）词汇也较多（20.52%），词汇难度开始提高；四、五、六级词汇中以高级和纲外词汇为主，与前三级相比，词汇难度显著提高，并且纲外词汇量占比较高。同时，《华语词汇等级大纲》所有词语在《国际中文教育中文水平等级标准》中的分布占比也从3.15%逐渐过渡到34.02%，逐次升高。这些都体现了大纲词汇由易到难的特点。

---

34 新增字种数指的是与较低的级别相比，新增的字种。例如，三级新增字种数指的是在一、二级所用字种基础上，新增加的字种。

35 指的是《国际中文教育中文水平等级标准》中未收录的词汇。

图 7 是《华语词汇等级大纲》中各级词汇在《国际中文教育中文水平等级标准》各级中的分布情况。

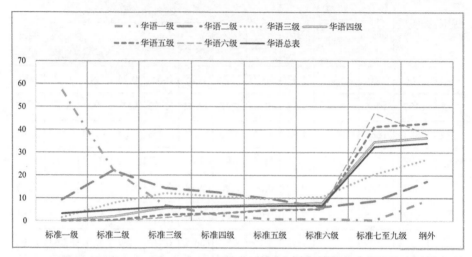

图 7《华语词汇等级大纲》中各级词汇在《国际中文教育中文水平等级标准》各级中的分布情况

5.6.2 纲外词语情况

值得注意的是，本大纲中有 5295 个纲外词语，占比较大（34.02%）。原因有二。

第一，《国际中文教育中文水平等级标准》主要面向二语学习者，而《华语词汇等级大纲》则主要面向一语学习者或母语背景学习者，词汇数量和难度都有所提高，纲外词汇较多。

第二，《华语词汇等级大纲》收录了很多《国际中文教育中文水平等级标准》未收的常用词语和短语，特别是短语，如"点菜、火车票、买单"等，这也大大增加了纲外词汇量。同时，这些词语和短语有的较常用，难度较低，在《华语词汇等级大纲》低等级中也有很多分布。

下文列出各级词表纲外词语的详细情况。

5.6.2.1 一级纲外词语 [36]

不会、不能、车子、虫、春、打的、大山、大树、的士、冬、儿、耳、广州、花儿、华、开门、每天、面条、明、木、目、你好、您好、秋、上海、石、洗脸、夏、小草、小花、小鸟、校、星期二、星期六、星期三、星期四、星期五、星期一、爷、一个、一会儿、一块、一天、衣、照相机、这个、中国话、自己、做菜

5.6.2.2 二级纲外词

阿、安安静静、巴、白白胖胖、白花花、白云、拜拜、北风、北京大学、币、不是、蚕、草莓、朝鲜、池、出租汽车、初二、窗外、床上、春风、春游、刺猬、大大小小、大喊大叫、大雨、袋子、德国、第二、第三、第一、电冰箱、电风扇、电话卡、钓、叮、东京、咚、豆、短小、儿童节、发芽、法国、飞快、菲律宾、粉红、福建、干干净净、高高兴兴、跟着、公公、公交、果子、哈、哈哈大笑、孩、孩儿、海上、韩国、汉堡包、好朋友、呵、呵呵、河边、河内、很多、猴子、候、狐狸、胡萝卜、蝴蝶、花草、花丛、花朵、哗、华文学院、画画、欢、会话、火车站、暨南大学、假山、柬埔寨、脚下、街上、洁白、巾、金边、金黄、金鱼、京、卡拉OK、看书、课间、课室、课桌、孔雀、快快乐乐、拉肚子、篮子、老爸、老虎、老妈、老奶奶、老鼠、老挝、老爷爷、老鹰、礼拜天、李、脸上、两旁、林、六一、绿油油、麻雀、马来西亚、马尼拉、蚂蚁、曼谷、每次、每个、美国、蒙古、咪咪、缅甸、喵、母亲节、那个、男孩、男孩子、南面、牛肉、农、女孩、女孩子、啪、屁股、漂漂亮亮、其它、青菜、轻轻、轻轻松松、清华大学、清清楚楚、蜻蜓、泉水、热热闹闹、人山人海、日本、日出、日记本、扫地、森、沙、沙沙、山上、山羊、闪闪、上街、上山、上上下下、身、声调、食、是的、树苗、数学、松鼠、笋、泰国、桃子、田野、跳绳、同桌、头上、兔子、玩、万象、味、问好、蜗牛、乌、乌龟、乌黑、乌鸦、西安、西面、厦门、象、小船、小姑娘、小孩、小孩子、小河、小鸡、小男孩、小桥、小树、小雨、校车、校门、鞋子、写字、谢、新加坡、星、雪白、雪花、雪人、鸭、雅加达、叶、一……就……、一边……一边……、一点儿、一下、衣裳、咦、印度、印度尼西亚、印尼、英国、樱桃、迎春花、有

---

36 在《华文词汇等级大纲》一级词汇中，但《国际中文教育中文水平等级标准》未收的词语，即纲外词语。下同。

空、右手、羽毛、雨点、雨伞、语文、越南、这次、吱、知、知了、纸巾、中国人、竹、桌、左手、作业本、做事

5.6.2.3 三级纲外词

……得很、……极了、T恤、X光片、哎哟、安全带、俺、岸边、按钮、暗暗、拔河、白开水、白茫茫、白人、白兔、白雪、百万、班会、班主任、般、斑马线、半点、半空、半山腰、瓣、包间、包饺子、包厢、宝剑、北半球、北斗、背书、背影、蹦蹦跳跳、鼻梁、笔画、笔直、闭上、边……边……、标点、表弟、表哥、表姐、表妹、别提、冰激凌、冰淇淋、病历、波、波纹、菠菜、菠萝、不得、不愧、不一、不一会儿、彩、菜刀、菜园、餐具、曹操、草丛、插座、茶几、差点儿、差一点儿、长方形、长江、长龙、潮州、车次、车门、沉睡、陈、晨、城堡、乘法、乘凉、橙色、橙子、冲向、充值、初一、除法、触角、传真机、窗、闯红灯、春夏秋冬、春雨、从……到……、从……起、从天而降、粗壮、翠、村子、嗒、达、答卷、打表、打打闹闹、打嗝、大半、大便、大伯、大虫、大风、大伙、大理石、大路、大拇指、大炮、大叔、大堂、大腿、大王、大雪、大战、单车、单词、单间、淡水、弹钢琴、蛋黄、荡、刀子、稻谷、稻子、得意洋洋、登机口、登机牌、等号、凳、地球仪、点点滴滴、点击、点钟、雕像、蝶、叮咚、叮铃、顶部、东半球、东风、冬瓜、豆沙、肚皮、端端正正、多种多样、多姿多彩、鹅卵石、额头、发亮、发明家、饭菜、泛、芳香、房、放大镜、放眼、飞奔、飞来飞去、飞舞、非洲、翡翠、分之、粉笔、风扇、风雪、枫叶、峰、锋利、蜂、夫、服气、服务员、斧、父、父爱、妇、钢铁、高尔夫、高粱、高楼大厦、咯、各种各样、公用电话、姑父、姑妈、谷、呱、乖乖、关门、观、观音、馆、冠、光秃秃、鬼脸、桂林、滚滚、国庆节、果、果肉、哈欠、海里、海豚、含羞草、寒、汗珠、好几、好日子、好玩、禾、何、和蔼可亲、河马、河水、荷、荷叶、贺年卡、黑板报、黑人、嗨、嘿嘿、轰隆、红宝石、红豆、红红火火、红领巾、红绿灯、红旗、红彤彤、后门、呼、忽、胡、胡同、葫芦、湖水、花白、花苞、花粉、花骨朵、花花草草、花盆、花蕊、花生米、花坛、哗啦、华文、滑板、画卷、话音、欢笑、欢迎光临、换上、慌慌张张、黄澄澄、黄豆、黄河、黄山、挥舞、回荡、活蹦乱跳、火把、火红、火冒三丈、火星、叽叽喳喳、机、基、吉隆坡、急匆匆、既……也……、既……又……、家务活、家中、假小子、肩上、简简单单、毽子、讲价、讲台、奖状、降落伞、跤、教师节、接力赛、结账、

睫毛、今、金灿灿、金色、金星、劲、经不住、经济舱、惊呆、精灵、景物、镜、九牛二虎之力、久久、就座、舅妈、菊、举起、巨、具、卷心菜、军、咔、考官、科学家、可可、课外、课余、孔子、口红、枯黄、枯萎、狂风、拉链、兰、兰花、蓝宝石、狼吞虎咽、浪花、劳驾、老大爷、老老实实、老年人、老婆婆、老太婆、老头、老头子、乐呵呵、乐于、雷、雷电、雷锋、雷雨、离去、梨花、梨子、礼拜日、礼花、李白、立马、丽、荔枝、连……都……、连……也……、连连、连声、帘、莲花、脸蛋、脸红、亮晶晶、咧、刘、刘海、留言条、流星、龙虾、笼拢、喽、露珠、骆驼、落叶、旅、绿豆、绿叶、蚂蚱、买单、漫步、毛毛虫、毛茸茸、毛泽东、帽、么、没事、眉头、梅、美美、蒙蒙、梦乡、眯、米粉、密密麻麻、绵绵、绵羊、棉袄、面包车、面具、民、明月、明珠、鸣、摩托车、魔、魔法、魔方、抹布、茉莉花、母爱、木耳、木瓜、木马、木星、沐浴、哪个、娜、奶油、男子汉、南半球、南京、脑、嫩绿、嗯、年轻人、鸟语花香、农夫、怒气冲冲、噢、拍打、胖乎乎、盆子、砰、朋友们、翩翩起舞、漂浮、漂流、飘荡、飘扬、拼音、平米、平信、婆婆、扑鼻、扑通、蒲公英、七彩、漆黑、奇、企鹅、气呼呼、千米、千千万万、千姿百态、牵牛花、铅笔盒、墙角、墙上、悄悄话、乔、青草、青山绿水、轻手轻脚、倾盆大雨、秋风、秋游、球门、曲子、趣事、裙、然、人人、扔掉、日月、绒毛、榕树、入迷、软绵绵、软卧、三国、三好学生、三角形、三三两两、沙包、沙土、啥、傻乎乎、山脚、山水、上气不接下气、上天、勺子、少先队员、身后、婶婶、升旗、生机勃勃、生命力、声响、绳、师、诗句、十一、石榴、实、史、似、收银台、手绢、手舞足蹈、手心、守门员、售、兽、书本、书信、树干、树下、数一数二、水草、水池、水滴、水花、水流、水汪汪、水星、水珠、睡梦、睡衣、丝瓜、思、四面、四肢、嗖、苏、孙、孙悟空、台湾、泰山、滩、潭、叹、疼爱、藤、天边、天色、听课、亭、亭子、挺拔、同屋、头等舱、土星、陀螺、哇哇、外国人、弯弯曲曲、玩笑、晚霞、汪、汪汪、微风、微微、围棋、尾、温、文具盒、喔、呜、无影无踪、吴、五彩、五彩缤纷、五光十色、五星红旗、五一、舞动、物、夕阳、西半球、西风、西湖、稀奇古怪、溪、溪水、嘻、习、袭、洗手、喜、喜鹊、细雨、霞、下笔、下水、下头、夏日、仙、仙境、仙人掌、仙子、先是、鲜红、县城、现、馅、相、香港、香喷喷、香气、香甜、香皂、象棋、小便、小不点、小荷、小伙伴、小家伙、小考、小米、小巧玲珑、小数、小数点、小偷、小巷、小雪、小燕子、小镇、小子、校区、笑呵呵、笑眯眯、写人、心底、心动、心头、辛辛苦苦、星球、兴致勃勃、雄、熊猫、秀、许许多多、学好、雪球、丫、压岁钱、亚、亚洲、严寒、言、岩、眼花缭乱、眼眶、眼帘、眼球、艳、羊肉、杨、仰光、仰望、痒痒、摇摇摆摆、耶、野花、叶片、夜空、夜幕、一等奖、一刻、一年一度、一丝一毫、一望无际、一眨眼、一阵风、医、医务室、姨妈、蚁、意、音、音符、英、樱花、鹦鹉、迎面、影、哟、永、邮政编码、邮政局、油菜花、游乐场、游乐园、有点、有气无力、幼儿、愚人节、雨滴、语、玉兰、欲、园丁、月光、月季、月牙、越……越……、越来越……、云朵、云雾、运动场、仔、载、再不、早点、澡、造句、怎、眨、展、展翅、战、张开、张望、掌、丈、仗、爪、照射、正方形、正午、枝条、枝叶、值日、植物园、纸条、中秋、舟、皱纹、朱、珠、助、柱、转来转去、转眼间、茁壮、啄、啄木鸟、仔仔细细、籽、自习、走道、走动、走来走去、走向、尊、做人

5.6.2.4 四级纲外词

……的话、……之间、阿婆、哀、唉声叹气、皑皑、艾、爱迪生、案子、肮脏、昂、昂首、凹透镜、凹凸不平、奥、奥运、巴掌、叭、芭蕾舞、疤、拔地而起、拔苗助长、罢、霸王、白费、白马王子、白糖、白衣天使、百花齐放、百折不挠、败下阵来、拜、斑马、板凳、榜、包裹单、保龄球、保险柜、暴、悲、北美洲、北面、贝、贝多芬、备、被窝、辈子、呗、奔驰、甭、鼻、鼻孔、比基尼、笔筒、笔下、闭卷、碧、碧波、碧玉、壁、壁虎、避雷针、臂、编码、编织、蝙蝠、变化多端、标准间、冰川、冰棍、冰冷、冰凉、冰球、冰鞋、病菌、病魔、播种、伯、博、补习班、不大不小、不甘落后、不管三七二十一、不慌不忙、不觉、不可、不妙、不速之客、不折不扣、布丁、步兵、步子、裁判员、彩带、菜谱、菜油、参天、惨不忍睹、苍白、苍翠、苍老、操、曹、茶具、刹那、刹那间、差生、柴、柴火、缠绕、蝉、颤、颤动、长河、长颈鹿、肠胃、超人、超重、巢、朝霞、朝阳、吵闹、炒面、车夫、尘、尘土、沉默不语、成败、成都、成年人、成群、城楼、乘机、程、橙、冲凉、冲刷、冲天、抽出、丑小鸭、出乎意料、出嫁、出气、出声、初中生、除了……以外、触、川、穿梭、传送带、喘气、床单、垂柳、垂直、锤、春光、春光明媚、春秋、春色、纯净、慈爱、磁场、磁力、磁铁、次要、刺眼、赐予、匆匆忙忙、聪、聪明才智、丛、村民、错字、打哈欠、打火机、打瞌睡、打闹、打气、打拳、打转、打字、大饱口福、大饱眼福、大不了、大错特错、

大发雷霆、大功告成、大汗淋漓、大好、大红、大军、大娘、大气层、大气污染、大扫除、大嫂、大显身手、大洋洲、大摇大摆、大姨、代码、丹、单程、单行道、单子、胆量、胆小鬼、胆战心惊、刀刃、捣蛋、倒影、稻、稻田、得病、得意忘形、灯红酒绿、灯火、灯火通明、灯谜、邓、低级、滴滴答答、敌、笛、嘀咕、弟兄、典故、点滴、跐、电磁炉、电话亭、电路、电压、电子、电子琴、殿、凋谢、吊兰、跌跌撞撞、叮当、顶点、顶端、顶峰、定睛、东倒西歪、东面、冬眠、动车、动词、抖动、豆角、豆芽、逗号、嘟、读后感、杜甫、肚、队友、对岸、对讲机、兑、夺眶而出、夺目、婀娜多姿、鹅毛、额、呃、恶狠狠、恶魔、恶作剧、噩梦、恩、儿时、尔、二胡、二话不说、二话没说、发呆、发话、发令、发球、发音、番薯、翻滚、翻身、繁星、反反复复、反方、反射、反义词、返、犯人、饭盒、饭来张口、饭桌、范文、方队、方圆、芳、房产、放声、放手、飞驰、飞碟、飞逝、飞扬、飞越、废气、分号、分母、分清、分子、纷飞、粉末、粉色、粉身碎骨、奋不顾身、风车、风风火火、风景如画、风铃、风向、风衣、风雨交加、风雨无阻、枫、封号、锋、凤、伏、服输、服务台、抚、斧头、复、复印机、富丽堂皇、嘎、该死、甘露、甘甜、感激不尽、感慨万千、感叹号、橄榄球、干活、钢材、港币、港湾、高二、高三、高山流水、高烧、高耸入云、高一、高中生、糕点、咯咯、咯吱、哥们、胳臂、歌谣、阁、各就各位、跟头、更正、更上一层楼、工、工具书、工钱、工艺品、工作人员、功夫片、躬、共和国、狗熊、咕噜、孤、姑、古色古香、古诗、古筝、骨、挂号信、挂历、怪兽、光彩夺目、光亮、光阴似箭、柜、贵姓、郭、锅子、过山车、孩童、海岛、海风、海马、海南、海鸥、海狮、海王星、海星、害处、含苞待放、含苞欲放、韩、寒冬、汉、汗流浃背、旱冰、杭州、毫不留情、毫不畏惧、毫无疑问、豪、好不、好汉、好受、好样的、和好、贺、鹤、黑乎乎、黑漆漆、黑压压、痕、横冲直撞、横幅、轰隆隆、红军、红通通、红艳艳、红叶、虹、后悔莫及、后院、乎、呼喊、狐、狐假虎威、弧线、胡椒、胡说八道、胡须、蝴蝶结、糊里糊涂、互、互不相让、花蕾、画笔、话说、怀、坏蛋、欢歌笑语、欢呼雀跃、欢天喜地、欢喜、幻、唤、唤醒、焕然一新、皇、晃动、灰溜溜、灰蒙蒙、灰心丧气、挥动、挥汗如雨、挥手、回合、回老家、回响、汇款单、会客、会员卡、彗星、昏暗、昏昏沉沉、昏昏欲睡、浑身上下、活灵活现、火鸡、火力、火炉、火苗、火烧、火眼金睛、货比三家、货真价实、祸、击、激动人心、吉、急中生智、己、计程车、计算器、记人、季军、寄存、寄件人、加法、佳、佳肴、家常便饭、家门、夹克、夹杂、夹子、价廉物美、坚果、检阅、减法、剪纸、简、渐、江南、讲理、桨、交响曲、交织、娇、娇嫩、骄傲自满、脚尖、叫喊、叫卖、教会、街市、杰、洁、结结巴巴、解放军、金碧辉煌、金黄色、金秋、筋疲力尽、尽职尽责、进取、进行曲、近年、浸、禁、经不起、经得起、惊动、惊恐、晶、晶莹剔透、精神抖擞、鲸、警、警句、静悄悄、炯炯有神、啾、九霄云外、酒窝、救生衣、就此、舅、居、举手之劳、句号、涓涓细流、决、均、君、君王、开刀、开怀大笑、开心果、开演、砍伐、砍价、康、康乃馨、抗、考古、考卷、蝌蚪、可敬、可怜巴巴、客、课代表、坑坑洼洼、空空如也、空无一人、孔、口干舌燥、枯、苦口婆心、裤、快件、筷、狂风暴雨、矿山、矿石、愧疚、垃圾桶、垃圾箱、蜡梅、来得、来来回回、来来往往、来之不易、篮、懒洋洋、郎、老板娘、老伴、老大妈、老大娘、老天爷、老外、乐得、雷达、雷鸣、泪花、泪珠、冷冰冰、冷汗、冷冷清清、冷饮、离别、礼节、李子、鲤鱼、历年、连环画、连绵不断、连衣裙、怜、莲、镰刀、脸庞、恋、链接、凉拌、凉亭、凉意、梁、亮光、聊天、列车员、烈火、烈日、林子、琳、琳琅满目、铃铛、凌、岭、溜冰、溜冰鞋、柳、柳条、龙头、龙王、聋子、芦苇、炉、陆、露水、乱糟糟、论、啰唆、罗汉、落花流水、落日、落汤鸡、驴、绿茵茵、绿洲、麻花、马不停蹄、马达、马克、马马虎虎、埋单、埋头、麦、麦克风、满分、满山遍野、满心欢喜、满月、漫漫、漫天、漫无目的、慢吞吞、芒果、茅、茅盾、冒牌、貌、没门、眉、眉飞色舞、每每、每时每刻、美不胜收、美发、美梦、美人鱼、闷热、闷闷不乐、孟、梦境、迷宫、迷迷糊糊、米粒、密布、眠、棉被、棉衣、腼腆、面孔、面容、面无表情、瞄、名不虚传、名次、名家、名牌、明灯、明信片、鸣叫、冥思苦想、模、模模糊糊、模特、摩尔、摩拳擦掌、磨炼、茉莉、陌生人、莫、默写、某些、母校、木船、耐用、南极洲、南美洲、恼火、闹笑话、闹新房、闹着玩、内疚、能说会道、泥巴、泥泞、泥鳅、泥石流、拟人、你追我赶、年糕、蹑手蹑脚、宁、凝视、牛排、农户、农家、农具、农药、怒、怒放、怒吼、怒火、暖流、暖洋洋、诺贝尔、欧阳、欧洲、偶、爬行、拍手、排比、排骨、排山倒海、派出所、攀登、畔、庞然大物、螃蟹、咆哮、泡菜、嘭、捧腹大笑、批改、皮毛、琵琶、屁、片刻、飘动、飘落、飘飘然、瞟、拼凑、拼写、品味、乒乓、平房、平平安安、平平淡淡、平易近人、婆、婆婆妈妈、破烂、破土而出、普、普普通通、七上八下、齐声、齐刷刷、奇观、奇异、旗、旗子、起身、起舞、起早贪黑、气功、气急败坏、气流、气势汹汹、汽、砌、器、千奇百怪、千山万水、千言万语、牵动、牵手、敲打、憔悴、俏、亲吻、秦、勤、青年人、青涩、轻飘飘、轻柔、轻声、倾、清澈、清风、清泉、清香、清早、晴空、晴空万里、庆、秋高气爽、秋千、秋色、蚯蚓、球赛、屈、屈原、趣、犬、群山、燃、冉冉、嚷嚷、热乎乎、热泪、热泪盈眶、热闹非凡、热气腾腾、热血、人参、人来人往、人流、忍无可忍、认输、日全食、日用品、日元、荣、荣华富贵、绒、容、柔、柔道、肉松、如何是好、如饥似渴、乳汁、入睡、若是、若有若无、弱不禁风、弱小、撒娇、洒落、塞车、三步并作两步、三轮车、三下五除二、桑、扫把、扫帚、涩、沙尘、沙拉、煞、山村、山沟、山林、山脉、山清水秀、山珍海味、珊瑚、闪光、伤痛、上钩、上交、上路、哨子、舍、舍己为人、摄氏、伸手不见五指、深秋、深圳、什、神采飞扬、神采奕奕、甚、生龙活虎、生字、声旁、省得、省长、圣、圣诞、圣诞老人、尸、失、狮、施、施肥、湿漉漉、石板、时断时续、时分、时时刻刻、时针、食指、始、驶、屎、士、氏、世、世上、势、事例、试管、试衣间、视、手电筒、手巾、手忙脚乱、手指头、售货、售票员、瘦弱、瘦小、叔、舒舒服服、熟睡、数不胜数、术、帅气、双休日、水电、水仙花、水泄不通、睡眼、说理、说明文、说说笑笑、斯、死党、死气沉沉、死神、四方、四脚朝天、松软、宋、苏州、蒜头、算得上、算术、随地、随随便便、随之而来、所剩无几、索、踏踏实实、太平洋、泰、贪玩、摊主、弹奏、忐忑不安、毯、叹息、唐、唐朝、唐人街、塘、螳螂、涛、逃课、逃之夭夭、特此、腾空、提示音、啼、体、天安门、天花板、天昏地暗、天亮、天女散花、天壤之别、天天向上、天王星、天涯海角、天真无邪、田地、甜滋滋、眺望、婷婷、挺立、挺身而出、童、痛哭、痛痛快快、头痛、投向、投影、透镜、凸透镜、突、突发奇想、团团转、吞吞吐吐、托儿所、托运、拖把、拖拉机、蛙、娃、歪歪扭扭、外孙女、外祖父、外祖母、蜿蜒、完好无损、万里无云、万里长城、万千、万事、万事如意、万岁、万物、亡、望子成龙、威风凛凛、微、围观、卫生纸、喂食、文档、文句、文坛、文学家、纹、纹丝不动、蚊、问号、问心无愧、嗡、污、屋檐、无边无际、无处不在、无尽、无穷无尽、无声、无声无息、无时无刻、无心、无缘无故、吾、五官、五体投地、五脏、午夜、伍、妩媚、武、武松、舞会、物美价廉、西藏、西服、西游记、吸尘器、希、息、淅淅沥沥、惜、溪流、熄灭、嘻嘻哈哈、习题、习作、喜气洋洋、细小、下巴、下列、下水道、鲜嫩、县长、现代化、香甜可口、消炎、硝烟、小菜一碟、小弟、小动作、小卖部、小意思、晓、孝、孝心、校服、校友、笑容满面、笑嘻嘻、笑盈盈、写法、写景、蟹、心不在焉、心烦意乱、心浮气躁、心甘情愿、心花怒放、心灰意冷、心急、心惊胆战、心平气和、心田、心跳、芯、辛劳、新春、新世纪、信心十足、星光、星级、星空、星星点点、行李单、行李箱、形容词、兴、兴冲冲、性子、胸、雄鹰、熊熊、羞、羞答答、秀发、秀气、袖子、虚惊一场、徐、许久、旋、学生会、雪糕、雪灾、血肉、血丝、迅、崖、哑铃、雅、烟雾、淹没、炎炎、颜、颜料、眼角、眼皮、眼圈、眼睁睁、眼珠、厌、厌恶、雁、燕、央求、扬长而去、阳、阳春、阳历、杨柳、洋葱、洋娃娃、洋洋得意、妖、腰酸背痛、摇动、摇头晃脑、摇摇晃晃、遥、遥控器、舀、野菜、野草、液、一本正经、一草一木、一刹那间、一尘不染、一点一滴、一丁点、一方面……一方面……、一个劲、一股脑、一溜烟、一落千丈、一气、一清二楚、一去不复返、一扫而光、一生一世、一丝不苟、一望无垠、一无所获、一五一十、衣来伸手、衣着、医治、仪、疑、椅、义、忆、议论纷纷、议论文、异、佚名、易、翼、阴历、吟、银杏、引得、饮、隐、隐隐、隐隐约约、英雄所见略同、樱、迎风、迎面而来、萤火虫、营、营业员、应用文、映入、硬是、硬卧、硬着头皮、硬座、拥、咏、泳衣、勇、勇士、忧、忧伤、幽、悠、邮、邮递员、邮寄、犹、油条、游走、友、友爱、有劲、有说有笑、幼、幼苗、幼小、渔夫、宇、羽、雨过天晴、玉帝、郁、闷、郁郁葱葱、育、浴缸、浴巾、愈、元宵、缘、源、月台、月薪、月租、阅兵、跃、晕头转向、云彩、咋、哉、在下、载歌载舞、赞、遭、灶、造反、责骂、喷、喷、占线、湛蓝、张口、张牙舞爪、蟑螂、着凉、赵、哲、珍爱、真情实感、诊室、枕、震耳欲聋、争奇斗艳、整点、整整齐齐、正方、正负、正巧、正文、正月、郑、挣脱、支支吾吾、枝繁叶茂、枝干、蜘蛛、指针、指指点点、至高无上、志、智、中考、终、终身大事、终生难忘、钟表、钟声、种地、众、重地、重力、州、洲、珠子、诸葛亮、猪八戒、竹笋、烛、助人为乐、著、专、砖头、转账、状、捉弄、着陆、姿、紫色、自告奋勇、字谜、字形、总和、总台、嘴角、最为、昨日、左思右想、座机、做礼拜

5.6.2.5 五级纲外词

哀愁、哀悼、哀伤、爱戴、安然无恙、安详、案、暗淡、暗恋、暗自、昂首挺胸、敖、袄、奥林匹克、懊悔、八仙过海、巴结、芭蕉、把戏、白痴、白发苍苍、白费心机、白鹭、白头偕老、白眼、白杨、百般、百倍、百花争艳、百科、百年、

百思不得其解、百姓、摆弄、败坏、扳手、班机、斑、斑斑、搬运、半径、半晌、绊、绊脚石、绑票、傍、饱含、饱经风霜、宝玉、保健操、保温、堡、报导、报价、报效、报站、悲愤、悲凉、悲壮、北斗星、北国、北极星、北极熊、备份、倍数、奔走、笨拙、崩、迸、彼、彼岸、笔法、笔迹、笔尖、笔墨、毕、毕生、陛下、毙、碧蓝、臂膀、鞭、鞭子、贬、贬义、变脸、遍体鳞伤、辨、别处、别开生面、别样、别字、宾客、冰雹、冰天雪地、兵马俑、柄、并肩、并排、病号、病痛、播音、伯乐、勃勃、勃勃生机、搏、搏击、捕捞、捕杀、捕食、哺乳、不卑不亢、不倒翁、不法、不甘示弱、不公、不顾一切、不及、不计其数、不堪回首、不堪一击、不可磨灭、不可收拾、不快、不劳而获、不屈不挠、不忍、不是……而是……、不是……就是……、不务正业、不屑一顾、不朽、不厌其烦、不择手段、不知所措、不只、布告、布料、部落、擦肩而过、才干、材、财、财主、采摘、菜花、蔡、参、餐车、残暴、仓、苍、苍天、沧海、草稿、草率、草书、草药、策、层层叠叠、曾几何时、茶馆、茶话会、察、岔、刹、姹紫嫣红、柴油、搀扶、忏悔、长安、长江后浪推前浪、长生不老、长叹、厂房、畅快、朝廷、嘲讽、潮水、车库、车水马龙、彻、臣、尘埃、尘世、沉静、沉醉、晨光、衬、成名、成心、呈、诚、承、乘风破浪、乘务员、吃苦耐劳、痴、驰、齿、齿轮、耻、赤道、赤裸裸、冲淡、冲锋、冲破、充饥、重重、重逢、重阳节、抽空、出产、出海、出奇、出神、出世、初春、初恋、初夏、锄、锄头、楚楚动人、处事、畜生、穿行、传单、船夫、疮、床铺、创造性、吹拂、炊烟、锤炼、春联、春意、春意盎然、纯真、纯正、唇、词句、词义、慈、雌、雌雄、此地、次品、次序、凑热闹、粗粮、粗细、蹿、村落、存储、答题、打盹、打鼓、大漠、大气压、大千世界、大全、大洋、大作、呆滞、代词、代数、带劲、袋鼠、担架、单单、单杠、旦、淡忘、弹药、当家、导、到……为止、倒流、倒退、道别、道谢、德语、灯塔、低矮、低沉、嘀嗒、滴答、滴水、敌对、敌视、抵、底价、底片、地盘、地平线、地势、地主、帝、帝王、第三者、颠、颠簸、癫、点题、电缆、电流、电子游戏、店铺、店员、吊灯、调头、跌落、碟、碟子、丁香、顶天立地、顶嘴、订货、定格、定理、定律、丢三落四、冬泳、冬至、洞穴、陡峭、豆荚、痘、独到、读物、杜、杜鹃、度假村、端午、短跑、短小精悍、断绝、堆积、对门、对牛弹琴、对头、多才多艺、多愁善感、多情、多时、夺得、踱、婀娜、噩梦、恩爱、恩师、而后、而今、耳环、发达国家、发奋、发笑、乏味、伐、罚球、法郎、法老、法子、翻山越岭、翻新、翻阅、繁、繁花、繁花似锦、反之、犯病、饭厅、范、方才、方程、方位、房贷、访、放飞、放射、放行、飞镖、飞禽走兽、飞天、非……不可、匪徒、费力、纷纷扬扬、粉红色、奋、奋发图强、奋发向上、奋进、奋战、丰、风吹雨打、风帆、风平浪静、风声、风霜、冯、奉、缝隙、否、扶手、芙蓉、拂、浮雕、浮云、府、俯、负伤、妇人、复活节、副词、赋、富贵、富商、腹、覆、改过自新、改签、改写、盖章、甘、甘愿、甘蔗、秆、赶路、感知、干涸、干枯、干劲、冈、钢筋、钢丝、杠杆、高高在上、高歌、高举、高耸、高远、糕、稿、稿纸、格言、格子、个头、耕、羹、工匠、公尺、公德、公婆、攻打、恭、恭敬、钩心斗角、咕、孤岛、古都、古往今来、古文、谷子、骨肉、骨子里、固、固体、故宫、呱呱、刮目相看、关节炎、关切、观后感、灌木、光彩照人、光棍、光景、光阴、光照、归于、规、硅、鬼子、滚烫、棍棒、锅巴、锅炉、国度、国人、过客、过人、哈哈镜、蛤蟆、海港、海龟、海燕、含笑、含辛茹苦、寒气、寒意、喊叫、汉子、杭、航船、航线、毫、好些、浩、浩荡、呵斥、合金、合算、何不、何尝、何等、和睦相处、河道、河山、荷塘、褐色、黑洞、黑猩猩、狠心、恒、恒心、恒星、衡、轰轰烈烈、轰鸣、烘、红尘、红楼梦、红娘、后方、后会有期、后记、后卫、厚重、呼呼、忽而、狐朋狗友、胡乱、户口、户型、花茶、花灯、花花绿绿、花季、花木、哗哗、华美、华夏、滑雪板、化工、化学、画报、画布、画眉、欢送、欢欣、环顾、环视、幻化、换乘、荒地、荒漠、荒唐、皇冠、黄花、黄牛、黄土、黄油、灰暗、灰飞烟灭、诙谐、回眸、回声、回味无穷、回旋、悔、汇总、会心、绘、慧、昏黄、浑、浑浊、活生生、活像、火光、火种、伙计、叽、机车、积分、激、激流、吉普车、急促、急切、急速、急躁、疾、集市、籍、几何、几时、几许、记事、记性、记叙、记忆力、技、迹、济、寄语、寂、加倍、加急、佳作、枷锁、家常、颊、甲板、甲鱼、贾、假若、尖子、奸、坚、坚定不移、坚强不屈、坚韧不拔、肩头、艰难险阻、监考、茧、剪彩、见闻、健儿、健美操、健身房、舰艇、涧、践踏、江东、江湖、江山、浆、僵硬、讲演、讲义、奖赏、匠、交点、娇小、娇艳、骄阳、胶、胶卷、教书、绞尽脑汁、矫健、脚底、脚踏实地、叫唤、叫早、觉察、较为、教官、教诲、阶、接风、节拍、杰作、结伴、解说员、斤斤计较、今朝、今生、筋骨、锦、锦上添花、谨、尽收眼底、进军、近乎、近似、近在咫尺、晋、京城、荆、惊异、精巧、精选、鲸鱼、井井有条、井然有序、颈、警卫、径、净土、竞、竞走、境、久而久之、酒会、救护、就是……也……、舅母、举人、巨浪、句式、拒、俱、惧、惧怕、锯子、涓涓、倦、绝顶、军训、军营、军用、军装、菌、郡、咔嚓、开饭、开户、开卷、开课、开门见山、开明、开眼、楷书、堪、坎坷、看透、炕、考取、烤箱、颗粒、可喜、渴求、刻骨铭心、刻画、课时、铿锵、空话、空心、空运、恐、空缺、空闲、控、口是心非、口吻、叩、哭诉、苦闷、苦涩、苦痛、酷热、酷暑、快感、宽大、款、款待、狂奔、旷、矿物、亏待、葵花、拉扯、喇叭花、腊、腊肠、来客、来去、廊、朗朗、浪潮、劳、劳作、老成、老弟、老爹、老茧、老爷、老者、老子、烙、乐此不疲、乐于助人、勒索、累累、全、蕾、泪痕、泪眼、棱、冷风、冷却、犁、篱笆、鲤、历、历代、历尽、历历在目、历险、立正、立志、吏、例、连年、连同、怜悯、莲蓬、联、联欢会、脸谱、脸型、练兵、恋人、链、链子、良久、良师益友、粮、两极、量词、撩、疗、嘹亮、劣、烈、猎、猎豹、猎物、邻、磷、鳞、吝啬、灵气、玲珑、羚羊、零碎、零星、领子、令人神往、流连忘返、硫酸、榴莲、柳暗花明、柳絮、隆隆、漏斗、庐、鲁、陆陆续续、录音带、碌碌无为、露台、露营、伦、论点、啰、罗列、锣、锣鼓、箩筐、骡子、螺、螺丝钉、落成、驴子、虑、绿荫、掠、麻袋、玛瑙、埋葬、麦秸、麦子、卖力、脉、满不在乎、满目、满腔、满心、满眼、满载而归、漫不经心、漫山遍野、慢悠悠、忙忙碌碌、忙于、盲、茫茫、猫头鹰、毛线、毛主席、茂、冒号、没准、美感、美酒、美貌、媚、门牌、门卫、朦朦胧胧、弥、迷津、迷茫、猕猴桃、米酒、勉励、面颊、面膜、面目、面庞、面纱、描、抿、名词、名列前茅、名落孙山、名胜古迹、明朝、明净、明镜、明了、明知、摩、摩天、摩天轮、摩托艇、魔力、沫、莫大、蓦地、默、默念、眸子、谋、母语、牡蛎、目不暇接、目送、拿……来说、纳闷、奶酪、耐力、难民、恼、脑力、闹别扭、内服、内脏、内战、嫩黄、能歌善舞、霓虹灯、腻、年华、年轮、年青、年少、年头、碾、念叨、酿、蹑、柠檬、凝、牛顿、农田、浓密、奴、挪动、诺、糯米、女神、女王、欧、藕、爬山虎、拍子、叛变、旁人、袍、炮弹、炮火、佩戴、配料、喷嚏、盆地、棚、蓬、碰碰车、披肩、噼里啪啦、皮革、皮影戏、偏爱、篇章、飘浮、飘洒、飘散、飘舞、瓢、贫、贫民、品格、品学兼优、平安夜、平生、平行、评比、评语、屏、破费、破涕为笑、破折号、魄、扑灭、扑腾、铺天盖地、仆人、瀑、妻、柒、欺、奇形怪状、崎岖、岂、启、起立、起头、起先、起义、气冲冲、气喘吁吁、气力、气压、弃、泣、恰、千古、千金、千里马、千难万险、千辛万苦、谦让、签收、前列、前人、前世、潜入、嵌、蔷薇、悄无声息、跷跷板、锹、瞧见、巧夺天工、窍、窃窃私语、侵、芹菜、秦始皇、禽、勤勤恳恳、沁人心脾、青翠、青椒、青苔、青天、青铜、轻风、轻快、轻狂、轻描淡写、轻视、清冷、晴天霹雳、穷苦、囚、求得、求知、区区、驱、躯、躯体、蛐蛐、渠、全神贯注、全职、拳击、瘸、雀、确、群岛、群星、扰、热火朝天、热血沸腾、人海、人世、人世间、人心、人缘、仁、忍俊不禁、任性、日光、日积月累、日渐、日月如梭、容貌、容器、溶、溶化、溶液、熔、柔情、柔弱、肉体、如痴如醉、乳、辱、入境单、若无其事、若隐若现、若有所思、腮、赛事、三五成群、散落、桑树、嗓音、丧、扫描仪、僧、沙哑、刹、傻笑、傻子、厦、霎时间、筛子、山地、山河、山峦、山头、山崖、山腰、山野、衫、珊瑚礁、闪光点、闪亮、闪现、扇动、善解人意、伤疤、伤风、商、商家、赏脸、上等、上进、上扬、烧饼、梢、少时、哨、哨兵、舌、舍弃、涉、伸展、身姿、深山、深渊、神父、神色、神州、升华、升降机、生根、生灵、生人、生肖、生锈、牲口、绳索、省会、省略号、圣火、圣洁、盛夏、失掉、失学、失意、诗词、诗篇、诗情画意、诗意、十全十美、石灰、时差、时日、时钟、实实在在、示、世间、世人、世事、世俗、式样、似懂非懂、似笑非笑、侍、饰、试想、视而不见、拭、逝、誓、誓言、手把手、手背、手风琴、手链、手榴弹、手推车、手下、手足无措、守望、守卫、守信、首领、首长、寿、受凉、售后服务、瘦身、书生、书香、书页、抒发、殊不知、淑女、疏、孰、熟食、束手无策、树丛、恕、衰、水波、水缸、水牛、水土、水仙、水乡、水蒸气、税金、睡意、说笑、硕大、硕果累累、丝绸之路、私、嘶、死刑、肆无忌惮、耸、颂、诉、速、速递、酸痛、算数、随笔、遂、穗、琐事、他乡、踏青、太子、态、昙花、昙花一现、谈天、谈天说地、谈笑风生、谈心、糖葫芦、倘、滔滔、逃离、逃脱、桃花源、陶、特快专递、腾飞、梯田、提包、题海、蹄、天高云淡、天国、天河、天际、天幕、天真烂漫、天子、田间、田园、甜品、条纹、调味、帖、铁道、铁饭碗、亭亭玉立、庭、庭院、停息、艇、同班、同窗、同仁、童心、痛恨、偷窃、头巾、头领、头颅、头子、透亮、图钉、徒、屠、推来推去、退步、退换、褪、褪色、吞没、驼、椭圆、唾沫、挖空心思、瓦特、外宾、外力、外人、外甥、外孙、外向、湾、豌豆、玩意、宛如、挽留、万年、万水千山、万紫千红、王朝、忘我、威、威武、威严、微薄、微波、微小、为首、惟、伟、伟人、委、卫、卫士、未曾、畏、谓、魏、温带、文笔、文采、文静、文体、文言、问答、乌贼、污垢、污浊、无耻、无从、无动于衷、无悔、无际、无拘无束、无名、无视、无所畏惧、无味、无畏、无言以对、无垠、无与伦比、无怨无悔、梧桐、午、午后、武侠、舞弊、舞姿、物理、物种、悟、雾气、夕、兮、悉、稀疏、犀牛、蜥蜴、膝、蟋蟀、习习、习以为常、隙、峡、辖、霞光、下榻、夏至、仙人、先辈、纤、贤、衔、显露、显微镜、现今、现钱、献身、乡间、乡里、乡镇、相逢、相隔、相间、相交、相亲、相思、香樟、祥、享用、想必、想得到、想象力、向日葵、巷、相册、相公、相貌、消防员、消散、萧萧、小调、小鬼、小脚、小跑、小票、小巧、校徽、笑颜、啸、携、写生、屑、谢幕、心潮澎湃、心地、心烦、心房、心怀、心境、心旷神怡、心满意足、心血来潮、心眼、心醉、辛、欣、欣喜若狂、锌、新绿、薪酬、薪资、信号灯、星辰、刑、行程单、行进、行书、行文、行星、杏、杏仁、幸、幸会、幸灾乐祸、性感、兄、匈奴、汹涌澎湃、胸口、胸脯、休、休止、修好、羞涩、宿、秀才、袖、嗅、须知、虚度、虚荣心、嘘、许愿、栩栩如生、叙、续写、絮、悬崖峭壁、选定、绚丽多彩、穴、雪橇、血汗、血红、血迹、血色、血腥、巡警、循、逊、鸦片、哑巴、哑口无言、烟草、烟消云散、烟雨、焉、严冬、严严实实、炎、炎黄子孙、奄奄一息、掩、掩耳盗铃、掩埋、眼力、宴、宴请、宴席、杨梅、仰慕、仰天、养分、养料、养育、样式、漾、吆喝、遥望、也罢、野马、业主、夜景、夜色、夜深人静、一端、一哄而散、一见钟情、一览、一面……一面……、一年之计在于春、一瞬、一言为定、衣襟、衣衫、衣物、依偎、依稀、依依、宜、宜人、遗、遗失、疑心、以小见大、以至、亿万、艺、艺术家、艺术品、异乡、异样、役、益、逸、意犹未尽、因小失大、阴沉、阴沉沉、阴冷、阴凉、阴雨、阴云、荫、音调、银河、银装素裹、银子、引号、英里、英明、盈、应答、应接不暇、映照、佣金、庸、永存、蛹、幽灵、幽香、尤、邮包、邮筒、油菜、油漆、油然而生、油田、油炸、游记、游子、有感而发、有如、有心人、有余、幼年、淤泥、余年、愚昧、予、宇宙飞船、雨季、雨露、雨丝、语调、语句、郁、郁金香、浴、预祝、鸳鸯、元帅、园子、袁、原野、原油、原子、原子弹、圆滚滚、猿、猿人、远大、远古、远航、远行、月色、月食、月夜、乐谱、乐章、岳、岳飞、阅览、跃跃欲试、越冬、云层、云海、云霄、韵、杂乱、杂文、杂质、栽种、在座、赞歌、赞颂、早出晚归、早春、责、责任感、责任心、择、怎么着、憎恨、乍、宅、寨、粘贴、斩钉截铁、辗转、战国、战火、张口结舌、章鱼、长官、长子、掌柜、掌心、杖、帐、朝气、找寻、召、照看、遮风挡雨、哲理、这么着、着呢、侦探、珍、珍宝、真切、真真切切、振、镇静、争辩、征文、怔、蒸发、蒸汽、正经、正气、政、症、知心、知音、执、直截了当、侄子、植、纸张、指明、至极、志向、质、挚友、掷、置

身、置之不理、中心思想、中游、中原、终日、钟点、重担、咒、咒骂、诸、诸
葛、逐、主干、主课、住所、专递、专心致志、砖瓦、转接、妆、庄、装点、壮
烈、壮士、壮志、坠落、缀、捉摸、桌面、灼、浊、自拔、自暴自弃、自大、自
古、自家、自满、自强、自作聪明、字里行间、字条、棕色、踪影、总得、总督、
纵、纵横、阻、祖、罪名、罪行、作案、作主、做工、做主

5.6.2.6 六级纲外词

……来讲、……来看、爱抚、暧昧、安居乐业、安然、案例、黯淡、黯然、
昂扬、盎然、遨游、翱翔、傲骨、傲然、懊恼、捌、跋涉、霸道、白驹过隙、摆
渡、斑驳、斑斓、斑纹、版本、半截、包办、包庇、包涵、饱经沧桑、保洁、报关、
暴动、爆破、卑微、背负、奔放、奔流、奔腾、锛、迸发、闭塞、蔽、弊、边防、
贬低、变故、变幻、辩证、标记、别具一格、别来无恙、濒临、冰清玉洁、并存、
波涛汹涌、驳斥、博爱、博大、博大精深、卜、不当、不乏、不分青红皂白、不
甘、不堪设想、不可或缺、不可开交、不屈、不胜、不言而喻、步履、擦拭、才
智、残余、惨淡、仓促、苍白无力、苍凉、苍茫、苍穹、沧海桑田、操练、嘈杂、
层次分明、查阅、缠绵、潺潺、长空、偿、畅想、畅游、撤退、尘封、沉寂、沉
沦、沉痛、晨曦、称心、称心如意、称职、驰骋、迟缓、炽热、充斥、憧憬、重
生、崇敬、抽泣、惆怅、愁绪、踌躇、橱窗、储藏、处世、触及、触景生情、矗
立、传送、垂涎三尺、垂涎欲滴、春耕、春晖、春暖花开、淳朴、啜泣、从……
看来、促、簇、摧残、璀璨、存根、蹉跎、错落、错落有致、耷拉、打喷嚏、大
无畏、贷、丹心、掸、淡泊、淡然、淡雅、当局、叨唠、捣、倒映、道听途说、
低劣、递增、掂、典雅、电钮、电气、玷污、刁、凋零、雕饰、雕琢、调换、喋
喋不休、叮咛、订阅、定点、定量、定然、动乱、嘟囔、毒性、渡船、渡口、镀、
端详、端庄、短促、对……来说、多元化、舵、跺、讹、额度、恶毒、贰、发奋
图强、发展中国家、法定、法令、法则、翻腾、繁多、繁茂、繁荣昌盛、繁荣富
强、繁衍、反动、反攻、犯法、防线、纺、放生、飞溅、非……才、分辨、分队、
分批、分期、奋笔疾书、愤恨、风华正茂、风土人情、风韵、风姿、敷衍、浮动、
浮想联翩、抚慰、抚育、俯视、富饶、改建、感化、感伤、感悟、感应、刚强、纲、
高产、高洁、稿件、疙瘩、隔绝、各抒己见、各行各业、给以、根据地、亘古、
亘古不变、耕耘、耕种、哽咽、梗、公分、功绩、攻克、汞、共产党、勾勒、孤

寂、孤僻、姑且、固有、故人、顾名思义、瑰丽、鬼斧神工、桂冠、国务院、过问、海阔天空、憨态可掬、函数、寒暄、航道、豪放、豪迈、豪情、浩瀚、浩浩荡荡、合身、何曾、何其、何以、和煦、贺词、狠毒、横行、呼啸、户头、花色、花枝招展、怀恋、荒废、荒芜、惶恐、蝗虫、恍惚、挥霍、挥洒、回击、回教、悔改、会同、婚介、浑浑噩噩、浑然一体、豁然开朗、机不可失、积极性、积压、基石、激昂、激荡、汲取、急功近利、急于求成、记述、寂寥、嘉奖、坚忍不拔、坚毅、坚贞不屈、煎熬、检疫、减低、简便、简明、碱、见多识广、交错、交手、交相辉映、浇灌、皎洁、叫嚷、教程、教导、教徒、接风洗尘、街坊、结交、结算、结业、锦绣、进发、浸透、禁锢、惊涛骇浪、精密、精辟、颈椎、景致、警戒、径直、竞聘、敬畏、敬仰、靖、静谧、静默、纠结、玖、居室、鞠躬尽瘁、咀嚼、举足轻重、眷顾、眷恋、撅、决口、决战、抉择、掘、隽永、凯旋、抗击、考勤、刻不容缓、空洞、空旷、空灵、空前绝后、控诉、口岸、枯竭、苦尽甘来、库存、酷爱、狂妄、捆绑、困苦、扩充、懒散、烂漫、滥竽充数、牢骚、烙印、冷嘲热讽、冷清、离谱、力图、立意、利弊、栗子、涟漪、良知、良种、靓丽、晾、缭绕、淋漓、淋漓尽致、凛冽、伶俐、灵动、灵性、凌乱、聆听、零落、流连、流年、流逝、聋哑、录用、轮回、论据、落寞、落选、摞、履历、满载、盲从、毛骨悚然、媒介、酶、霉、懵懂、懵懵懂懂、梦寐以求、迷糊、迷离、迷蒙、迷惘、觅、绵延、渺茫、蔑视、民航、名篇、铭记在心、谬论、磨砺、磨炼、磨灭、抹杀、蓦然、暮色、纳、奈何、难能可贵、喃喃自语、呢喃、能手、逆境、溺爱、捻、撵、袅袅、捏造、宁肯、凝结、凝神、凝望、凝重、农贸市场、浓度、浓烈、浓墨重彩、暖意、懦弱、呕心沥血、拍档、排挤、盘旋、叛徒、彷徨、赔款、配方、喷射、烹饪、澎湃、批复、坯、疲乏、偏袒、翩翩、片断、漂泊、飘零、缥缈、飘逸、瞥、瞥见、贫乏、贫瘠、贫苦、平淡无奇、平添、平庸、平整、凭栏、屏障、婆娑、破例、谱写、栖息、凄惨、其乐融融、祈求、旗号、岂不、企盼、启程、起哄、气喘、气概、气色、气势磅礴、泣不成声、器具、恰似、迁徙、牵引、签发、前程、前俯后仰、前功尽弃、潜伏、倩影、强盛、悄然、侨胞、惬意、锲而不舍、侵入、侵蚀、侵袭、亲笔、勤俭、勤恳、噙、沁、青梅竹马、轻便、轻盈、氢、倾倒、倾吐、倾泻、倾注、清纯、清高、清丽、清爽、清秀、清幽、清真、情操、情景交融、情理、情趣、情思、情愫、情同手足、情意、情有独钟、请示、驱散、驱使、屈辱、趋向、全然、诠释、蜷缩、缺憾、雀跃、瓤、惹祸、人声鼎沸、人云亦云、忍让、任劳任怨、任凭、任重道远、荣耀、融为一体、柔美、如释重负、锐利、睿智、偌大、洒脱、塞翁失马、叁、散漫、散心、色彩斑斓、瑟瑟、砂、霎时、潸然泪下、闪耀、商议、赏心悦目、上苍、上层、上进心、稍纵即逝、涉外、摄、身临其境、呻吟、莘莘学子、深沉、深浅、深情厚谊、深邃、深重、神韵、升腾、生机盎然、生疏、生殖、声势、圣人、盛产、盛情、失事、失约、施舍、施展、时光荏苒、实名制、世界观、世外桃源、事理、事由、适得其反、释怀、释然、收成、收割、守法、受益匪浅、受罪、授、书刊、抒怀、舒心、舒展、疏远、述说、爽朗、水产、吮吸、说教、司、思绪、思绪万千、斯文、撕心裂肺、肆、肆虐、肆意、肃穆、肃然起敬、速成、酸楚、随波逐流、随想、所得、琐碎、泰然、坦荡、叹为观止、探究、探头探脑、藤萝、提成、提纲、提取、题记、体裁、体味、天高气爽、天籁、天伦之乐、天涯、恬静、挑食、条理、条文、条子、调和、调剂、调理、挑拨、停歇、停滞、童真、痛楚、投递、投放、投掷、突飞猛进、徒劳、涂抹、推拿、退还、蜕变、吞噬、吞咽、拖泥带水、脱俗、瓦解、外事、玩弄、宛、宛若、婉约、婉转、往昔、妄图、忘怀、忘却、威望、巍峨、围攻、唯有、帷幕、惟妙惟肖、蔚蓝、慰藉、温情、温顺、文人墨客、文书、稳当、窝囊、卧薪尝胆、污蔑、诬陷、无病呻吟、无常、无地自容、无的放矢、无赖、无理取闹、无瑕、无暇、物力、物是人非、悉心、淅沥、熄、嬉闹、嬉皮笑脸、嬉戏、嬉笑怒骂、洗涤、洗漱、洗刷、喜闻乐见、喜讯、遐想、瑕疵、下达、先烈、先行、纤细、闲话、闲适、闲暇、贤惠、娴熟、险峻、陷害、献殷勤、乡愁、相符、相知、享福、享乐、逍遥、消磨、消逝、萧瑟、哮喘、笑靥、些许、歇息、谢绝、心扉、心弦、心绪、欣然、新近、馨香、信用证、兴办、兴隆、刑场、行贿、行囊、行尸走肉、行云流水、胸怀、胸襟、雄浑、雄壮、修辞、修饰、修筑、羞耻、羞辱、虚荣、虚无、序言、叙事、蓄、喧嚣、漩涡、选取、绚烂、绚丽、绚丽多姿、渲染、削减、学识、学制、训斥、讯、迅雷不及掩耳、压榨、押韵、掩映、演算、氧化、妖娆、摇曳、咬牙切齿、一举两得、一蹶不振、一鸣惊人、依恋、壹、姨夫、疑难、已然、义无反顾、抑或、易如反掌、意境、意气风发、意味、意味深长、意象、熠熠生辉、阴霾、饮水思源、印记、荧屏、盈盈、萦绕、映衬、永垂不朽、永生、涌动、用具、用心良苦、优厚、优胜、优胜劣汰、呦、幽静、幽幽、悠然、悠然自得、悠闲自在、悠扬、悠悠、悠长、油腻、游荡、游历、有条不紊、有志者事竟成、黝黑、诱、余晖、愉悦、瑜伽、愚、与会、羽翼、语重心长、预警、御、寓、愈……愈……、愈加、渊博、圆润、源远流长、远眺、怨天尤人、阅、匀、匀称、运算、韵律、蕴、蕴含、熨、再接再厉、暂且、糟蹋、轧、栅栏、摘要、沾沾自喜、辗转反侧、战役、战战兢兢、站岗、召唤、兆、照旧、照应、遮挡、遮掩、折服、珍稀、真谛、斟酌、阵地、镇压、征程、征途、正比、支离破碎、支流、知晓、知足常乐、直抒胸臆、质变、炙热、稚嫩、稚气、终年、周折、周转、伫立、助长、注目、注销、驻足、铸、铸就、专科、专区、转念、转入、转瞬即逝、庄重、追查、追悼、追寻、追忆、谆谆教诲、孜孜不倦、滋养、滋长、自驾游、自述、自由行、踪迹、纵身、纵使、走访、诅咒、攥、尊称、作息、做东、做作

5.6.3《国际中文教育中文水平等级标准》独用词语情况

5.6.3.1 一级独用词汇 [37]

不大、好吃、好玩儿、没事儿、面条儿、男孩儿、女孩儿、请坐、是不是、玩儿、小孩儿、一点儿、一下儿、有一些、真的

5.6.3.2 二级独用词汇

不少、不一会儿、多久、干活儿、画儿、快点儿、那会儿、挺好、笑话儿、一点点、有点儿、有空儿、有人、有一点儿、早就

5.6.3.3 三级独用词汇

不断、当中、短裤、好好、……极了、空儿、老头儿、能不能

5.6.3.4 四级独用词汇

多次、多年、多种、而是、感兴趣、没法儿、名牌儿、模特儿、上个月、通知书、微信、味儿、下个月、有劲儿

---

37 指出现在《国际中文教育中文水平等级标准》一级词汇表中，但《华文词汇等级大纲》中未收的词语。下同。

5.6.3.5 五级独用词汇

博客、不耐烦、不易、差点儿、差一点儿、大伙儿、豆制品、二维码、幅度、个儿、胡同儿、回信、或是、剪子、决不、配备、全世界、视为、微博、为主、消费者、小偷儿、研究所、一句话、意味着、由此、有害、再也、增产、之下、之中

5.6.3.6 六级独用词汇

罢工、办事处、本期、编制、便是、不见、不成、不通、不怎么、不值、参展、测定、拆迁、车号、车展、重组、出访、初等、处长、船员、此处、此次、此事、从没、待会儿、道教、调研、多方面、发言人、峰会、更是、工商、好容易、很难说、监测、教育部、酒水、开夜车、看得见、看作、科研、蓝领、聊天儿、民意、券、却是、乳制品、审查、升值、试点、双打、司长、为此、文娱、修车、研发、一路上、议题、有没有、有事、增值、这就是说、政党、之类、指着、种种

5.6.3.7 七至九级独用词汇

阿拉伯语、便饭、辨、标示、别提了、滨海、冰棍儿、秉承、并购、拨款、驳回、不定、不利于、不算、不正之风、不景气、不难、不如说、不由得、不知、部件、部署、财政、裁定、裁决、参谋、惨痛、藏品、草案、差额、茶道、茶馆儿、查处、禅杖、产值、长达、长效、长足、车轴、撤换、成问题、成型、乘人之危、惩处、逞能、赤字、筹办、筹备、筹措、筹划、筹集、出厂、出主意、揣测、穿小鞋、串门、吹了、辞呈、磁卡、磁盘、刺绣、赐教、从来不、从未、从业、磋商、答辩、打岔、打盹儿、大包大揽、大笔、大面积、大棚、大数据、大腕儿、大选、大有可为、大宗、带头人、怠工、单边、倒卖、得意扬扬、低碳、帝国主义、点击率、电铃、电讯、吊销、调度、订立、定论、定为、定向、董事会、兜儿、兜售、对弈、敦促、敦厚、多边、多功能、多劳多得、多年来、遏制、耳闻目睹、二手车、发起人、翻番、返还、防火墙、防卫、防汛、防疫、妨害、访谈、分化、分赃、份额、风尚、封顶、缝合、俘获、抚恤、抚养费、腐化、负有、改版、概况、概论、敢情、纲领、纲要、高新技术、搁置、个案、个头儿、各奔前程、跟不上、工会、工科、工商界、工作量、公费、公函、公积金、公开信、公仆、公示、公益性、公职、供暖、供求、沽名钓誉、股民、雇佣、雇员、雇主、挂失、

观感、官僚、官僚主义、管理费、贯通、光缆、国徽、国情、国有、酣畅、函授、涵义、航运、毫不、浩劫、合作社、贺电、贺信、宏观、忽高忽低、互访、互信、哗变、哗然、化纤、划时代、怀着、槐树、还款、回扣、回馈、会晤、活儿、火暴、获悉、霍乱、机舱、基层、基准、及其、极少数、即可、集资、忌口、家政、嘉年华、假定、价值观、嫁妆、监察、监管、兼任、兼容、检察、见仁见智、建交、僵化、叫板、教条、阶级、接济、劫持、解雇、解析、津贴、经度、经贸、精简、拘留、举措、剧团、剧组、据悉、决议、诀窍、开销、勘探、侃大山、考量、可歌可泣、客流、客运、空难、控告、抠、口径、扣押、窟窿、宽泛、矿藏、扩建、括弧、阔绰、拉锁、啦啦队、劳务、老伴儿、冷门、冷战、离谱儿、离职、理科、理事、联邦、廉正、廉政、邻国、领军、聋人、芦花、卤味、买不起、没说的、没辙、没准儿、门当户对、门路、盟友、免职、磨合、默读、谋求、沐浴露、哪知道、纳闷儿、纳税人、难以想象、闹着玩儿、内阁、内需、能耗、年限、农民工、牌照、派别、跑龙套、配偶、配送、烹调、鹏程万里、碰钉子、披露、聘任、评定、评论员、评审、凭证、瓶颈、普通人、其后、卡子、牵涉、牵制、前任、强占、敲边鼓、乔装、侵权、勤工俭学、轻型、倾销、清真寺、趋于、取缔、燃油、绕行、热潮、热衷、人工智能、人缘儿、任期、儒家、儒学、软实力、瑞雪、砂糖、晒太阳、膳食、赡养、商贾、上限、尚未、稍候、少有、社论、涉嫌、谁知道、申办、申领、伸张、深受、审定、圣贤、盛气凌人、失业率、施压、时隔、食宿、世界级、世袭、市场经济、势不可当、事态、事务所、试行、试用期、收视率、收支、首府、首批、枢纽、数据库、衰减、衰竭、双边、水货、水利、水涨船高、税务、顺差、说白了、说干就干、说老实话、司法、私营、私有、俗话说、随大溜、遂心、泰斗、贪玩儿、探测、特例、特邀、藤椅、提名、提速、体制、调控、停车位、停业、通缉、同盟、同年、同人、统筹、偷窥、团伙、推断、外援、玩意儿、万古长青、忘不了、威慑、微观、微型、未经、无可奉告、物流、物证、吸纳、下功夫、下决心、下期、下调、下乡、宪法、馅儿、详尽、小辛、协定、协同、协作、挟持、泄漏、泄密、心眼儿、信贷、刑法、性价比、修订、絮叨、选民、血栓、沿线、演播室、演艺圈、秧歌、杨树、养老金、一概而论、一个劲儿、移交、遗愿、一长一短、一锅粥、一卡通、一揽子、疫苗、引擎、隐情、隐性、印刷术、永不、用人、有待、有口无心、有所、诱发、余额、逾期、与否、与时俱进、预售、预算、渊源、原型、原装、院士、运营、赞叹不已、造价、造纸术、增收、渣子、斩草除根、展览会、帐子、招标、招待会、招揽、招募、朝三暮四、肇事、折合、这会儿、阵营、征集、正能量、芝士、直奔、职权、职业病、旨在、制裁、治学、致富、滞后、中庸、仲裁、重创、重型、重中之重、朱红、主编、贮藏、专制、专著、追溯、酌情、资本主义、纵深、走过场、钻空子、座谈、做证

5.6.4《华语词汇等级大纲》与《国际中文教育中文水平等级标准》的等级背离

5.6.4.1《华语词汇等级大纲》中为高级、《国际中文教育中文水平等级标准》中为低级的背离

在《国际中文教育中文水平等级标准》中有些词语被列为低级（一至三级）或中级（四至六级）较低等级词语，但是在《华语词汇等级大纲》中则被列为六级最高等级词语。

比如，《华语词汇等级大纲》六级词汇中，为《国际中文教育中文水平等级标准》初级（三级，未出现一、二级词汇）的词汇如下：

报道、标准、程度、持续、传播、创新、创业、创作、从事、分配、风险、改造、概念、观念、规范、价值、交易、进展、经营、就业、评价、普及、确保、声明、实行、谈判、推广、完善、相关、消费、形式、宣传、优势、预计、制度、状况

再如，《华语词汇等级大纲》六级词汇中，为《国际中文教育中文水平等级标准》中级的词汇如下。

四级词汇：

安置、保守、诚信、承受、程序、促使、促销、措施、待遇、担保、导致、典型、反映、方针、……分之……、封闭、概括、供应、构造、官方、缓解、汇率、获取、机构、极其、检测、简历、阶段、结构、具备、考察、会计、扩展、类型、利息、疗养、描述、培训、破产、期限、趋势、商务、设施、设置、失业、实施、收益、数码、特征、投诉、投资、推销、维护、维修、系列、系统、细致、鲜明、显著、项目、销售、效率、形势、型、性质、学术、延续、研究生、研制、引导、引进、预测、圆满、赞助、征服、征求、政府、政治、中介、装置、资源、综合

五级词汇：

保养、编辑、博览会、薄弱、补偿、补贴、产业、倡导、成本、成效、承办、

出版、代理、贷款、得以、调动、动机、动态、动员、对应、发行、法规、法制、
防治、风度、福利、辅助、负责人、附件、改革、干预、共享、顾问、广泛、规划、
合并、划分、环节、回避、回顾、机制、基金、集团、继承、驾照、检验、健全、
经费、局面、剧本、考核、客户、课题、困扰、利润、联络、流通、逻辑、落实、
贸易、敏感、模范、模式、配套、频道、频繁、评估、齐全、签订、签约、前景、
清理、区域、确立、群体、商标、实惠、收购、手法、输出、硕士、思维、特性、
提倡、调解、推行、脱离、为期、委托、慰问、现状、线索、相应、象征、协议、
协议书、信念、形态、性能、修复、许可、业务、意识、意志、预期、约束、运行、
诊断、争议、正规、执行、职位、指标、制约、治安、治理、终止、周期、主导、
主观、主管、主体、助理、注重、专利、转化、转换、转让、资本、资产、资助、
总裁、阻碍

六级词汇：

保健、必将、变更、补助、操纵、策划、策略、层面、长远、昌盛、常规、厂商、
场景、畅通、撤销、成品、出入、传媒、传输、创意、搭档、打造、诞生、档案、
繁殖、反响、防范、分裂、复苏、改装、干涉、革新、供给、构建、古典、股东、
股票、故障、关联、国会、过渡、和谐、衡量、宏大、互动、化解、极端、嘉宾、
监督、鉴定、揭、截至、借鉴、金融、纠纷、捐赠、决策、觉悟、开设、栏目、
理财、联盟、配置、聘请、评选、起诉、强化、强势、切实、侵犯、倾向、渠道、
人权、认同、融合、涉及、深化、盛行、实践、首脑、首席、首相、探索、探讨、
提升、听取、通报、通行、通讯、同期、途径、外资、无效、吸毒、先锋、消耗、
协会、协商、协调、协助、新兴、信仰、信用、兴旺、循环、要素、依赖、一贯、
仪式、意愿、因素、隐私、应对、预约、运作、遭受、扎实、战略、战术、障碍、
招聘、整顿、整治、政策、政权、指定、指数、诸位、主流、专用、追究、咨询、
宗教、走私、足以

5.6.4.2 《华语词汇等级大纲》中为低级、《国际中文教育中文水平等级标准》中为高级的背离

在《国际中文教育中文水平等级标准》中有些词语被列为高级（七至九级）或中级较高等级词语，但是在《华语词汇等级大纲》中则被列为一、二级较低等

级词语。

比如，《华语词汇等级大纲》一级词汇中，为《国际中文教育中文水平等级标准》中高级（四至九级）的词汇如下。

四级词汇：

巴士、宝宝、迟到、窗户、窗子、电灯、寄、开花、叔叔、袜子、咸、箱子、些、牙

五级词汇：

耳朵、颗、可、戏

六级词汇：

厕所、啦、铅笔、踢、田

七至九级词汇：

刮风、哦

再如，《华语词汇等级大纲》二级词汇中，为《国际中文教育中文水平等级标准》中高级的词汇如下。

四级词汇：

阿姨、矮、爱护、摆、宝、宝贝、抱、倍、笨、表扬、冰、不要紧、不管、擦、操场、尺、冲、充电器、虫子、处、刺、从此、粗、打扫、大巴、大楼、袋、戴、担心、得意、地面、地下、灯光、登、登记、底、顶、动画片、肚子、儿童、而、发烧、翻、纷纷、风景、盖、根、怪、寒假、寒冷、呼吸、划、黄瓜、伙伴、获得、急忙、季节、既、假如、渐渐、江、奖、结、镜子、局、巨大、卷、开水、棵、苦、快递、垃圾、老公、力气、历史、俩、两边、了解、落、毛巾、帽子、摸、脑袋、闹、闹钟、盘、盘子、气球、汽水、浅、巧克力、切、亲爱、轻松、圈、却、热闹、日记、伞、扫、色、森林、晒、闪、上楼、烧、失望、诗、湿、食堂、使劲、试卷、手里、首、暑假、树林、刷、刷牙、松、酸、躺、天真、挑、调皮、贴、停、下、童话、投、脱、弯、王、微笑、尾巴、无、五颜六色、西瓜、吸、喜爱、细、下楼、鲜花、新鲜、兴奋、醒、寻找、牙刷、呀、盐、眼镜、眼泪、眼里、阳台、腰、摇、叶子、影子、勇敢、优美、邮局、有趣、幼儿园、于是、玉米、圆、运动会、运动员、着急、折、针、阵、之后、植物、自、字母、嘴巴

五级词汇：

拔、白酒、棒、鼻子、必需、宾馆、玻璃、餐馆、插、乘、厨房、传真、聪

明、呆、蛋糕、到来、地震、丢、洞、堆、朵、躲、丰收、扶、幅、钢琴、高大、搞、鼓、滚、锅、害、汗、盒、盒子、猴、后悔、胡子、虎、滑、活泼、机器人、挤、夹、价、剪、剪刀、将、脚步、可怜、可惜、客气、肯定、空中、劳动、梨、礼拜、厉害、邻居、铃、骂、冒、迷人、秒、明亮、目光、耐心、年龄、旁、陪、喷、盆、披、葡萄、枪、抢、悄悄、敲、瞧、琴、青、清晨、晴朗、绕、扔、洒、杀、扇、扇子、蛇、舍不得、射、伸、神、升高、声、瘦、摔、双手、四周、宿舍、抬、抬头、弹、逃、桃、偷、偷偷、土豆、吐、兔、握、屋、舞、吓、鲜艳、向上、辛苦、熊、鸭子、咬、一路、一口气、硬、羽毛球、雨水、愿、运、仔细、摘、珍珠、指甲、终点、竹子、撞、紫

六级词汇：

傍晚、奔跑、闭、扁、便、不禁、踩、藏、炒、串、醋、大街、当作、岛、滴、电力、端、队伍、蹲、副、歌唱、公鸡、姑姑、股、刮、国旗、国王、果树、海底、海洋、尖、捡、骄傲、觉、尽、井、救命、肯、快车、蓝天、两手、另、嘛、猛、内衣、泡、皮球、扑、铺、清、热水、如、入、山坡、舌头、踏、同、拖、挖、娃娃、哇、顽皮、王子、乌云、舞蹈、笑脸、笑容、学会、样、一代、游玩、于、与、园、扎、炸、掌声、枝、煮、捉、自来水、祖国、钻、作

七至九级词汇：

哎、哎呀、唉、贝壳、奔、蹦、剥、伯伯、脖子、采、彩虹、灿烂、草坪、池塘、翅膀、大地、大片、大雁、瞪、地毯、点心、盯、懂事、逗、顿时、鹅、飞翔、粉、风筝、缝、鸽子、挂号、拐弯、龟、果园、害虫、荷花、花瓣、灰、机灵、舅舅、菊花、烤、壳、坑、恐龙、口水、夸、蜡烛、狼、浪、姥姥、乐园、粒、淋、鹿、萝卜、眉毛、蜜、蜜蜂、棉花、蘑菇、南瓜、嫩、泥土、捏、趴、盼、喷泉、捧、飘、拼命、乒乓球、翘、青蛙、惹、撒、沙滩、山顶、身子、绳子、狮子、树木、甩、水面、丝、探、淘气、听话、桶、外公、外婆、玩耍、望、文、蚊子、窝、雾、细心、虾、下山、仙女、羡慕、橡皮、小路、小区、牙齿、牙膏、芽、燕子、痒、夜晚、姨、以、一旁、一头、迎、用力、粘、爪子、之、庄稼

5.6.5 词语词长情况

表 17 是一到六级词表中词汇的词长分布情况。

表 17 词语词长情况

词长	一级词表	二级词表	三级词表	四级词表	五级词表	六级词表	全部词语	
	词数	词数	词数	词数	词数	词数	词数	比例(%)[38]
1	315	462	559	497	508	106	2447	15.72
2	211	846	1922	2686	3224	2206	11,095	71.27
3	21	63	229	344	205	37	899	5.77
4	1	24	91	364	371	259	1110	7.13
5	0	1	0	3	0	1	5	0.03
6	0	0	2	3	1	3	9	0.06
7	0	0	0	1	2	0	3	0.02

5.6.6 词语的汉字使用情况

5.6.6.1 一到六级汇总词语用字情况

一到六级共使用汉字次数 31,344 次，字种数 3490 字。平均每个词语由 2.01 个汉字组成，平均每个汉字使用次数为 8.98 次，平均每个汉字在 4.46 个词语中出现。

高频词语用字降序排列（仅列举构词数 43 以上的用字，共 108 个，全部用字参看附录五）：

不 /289、子 /218、人 /199、一 /185、心 /175、大 /170、无 /134、上 /117、生 /110、气 /109、出、天 /106、手 /105、动 /102、头 /98、发、小 /97、水 /96、地 /95、意 /90、来 /88、下 /85、风、力 /84、面 /83、花 /81、自 /79、行、开 /78、车、有 /77、外 /75、得、时 /73、好 /72、分、长 /71、高、成、学 /70、然 /69、情 /68、机、事 /67、年 /66、后、家 /65、会、相 /64、打 /63、重 /62、日、理、口、说 /61、山、点、中 /60、用、体、老、海 /59、过、光、实 /58、公、起 /56、明、可、电、作 /55、身、前、流、方 /54、于 /52、文、火、定、到、平 /51、名、而、眼 /50、交、国、见 /49、道、同 /48、主 /47、期、当、笑 /46、物、色、美、合、

---

38 指所有词长为 1 的词语在全部词语中所占的比例，即 2447/15,568=15.72%。

感、放、为 /45、空、话、转 /44、星、路、红、法、场

5.6.6.2 一级词语用字情况

一级词语共使用汉字次数 791 次，字种数 440 字，平均每个词语由 1.44 个汉字组成，平均每个汉字使用次数 1.80 次，平均每个汉字在 1.25 个词语中出现。

高频词语用字降序排列（构词数 2 以上，共 67 个，全部用字参看附录五）：

子 /14、天 /13、一 /10、星 /9、期、学 /8、上、儿、车、小 /4、们、么、电、中 /6、下、大、这 /5、有、年、机、不、为 /4、生、起、那、明、里、课、开、间、会、话、花、国、干、饭、的、做 /3、自、早、在、以、些、午、书、手、时、什、人、球、请、你、能、哪、可、看、姐、见、好、个、刚、店、地、打、常、本、白

5.6.6.3 二级词语用字情况

二级词语共使用汉字次数 2393 次，字种数 1065 字，平均每个词语由 1.71 个汉字组成，平均每个汉字使用次数 2.25 次，平均每个汉字在 1.31 个词语中出现。

高频词语用字降序排列（构词数 4 以上，共 105 个，全部用字参看附录五）：

子 /47、上 /25、大 /22、小 /21、下 /18、边 /17、一 /16、到、国 /15、不、来 /14、面 /13、花 /12、生 /11、色、老、好、车、时 /10、人、地、出、学 /9、心、山、球、家、孩、公、得、园 /8、天、水、后、过、发、动、有 /7、要、外、手、是、日、全、去、气、路、里、快、开、进、电、白、作 /6、意、样、文、头、然、皮、年、南、乐、节、记、机、候、行、海、果、周 /5、这、雨、游、眼、笑、西、乌、晚、玩、听、树、事、声、身、沙、清、门、楼、力、可、加、会、回、话、风、儿、多、道、打、场、步、本、安、爱

5.6.6.4 三级词语用字情况

三级词语共使用汉字次数 5339 次，字种数 1687 字，平均每个词语由 1.90 个汉字组成，平均每个汉字使用次数 3.16 次，平均每个汉字在 1.66 个词语中出现。

高频词语用字降序排列（构词数 8 以上，共 107 个，全部用字参看附录五）：
大 /56、不、子 /54、人 /46、一 /40、水 /30、花 /29、上 /28、心 /27、小、
好 /23、点 /22、中 /21、手、头 /20、生、来、动、出、气 /19、红、车、下 /18、起、
面、口、得、到、球 /17、看、光、方、电、长 /16、学、开、打、有 /15、说、年、
老、家、机、地、自 /14、外、同、天、台、时、山、美、语 /13、火、于 /12、眼、
无、数、实、然、前、高、风、意 /11、话、后、海、场、彩、表、半、用 /10、音、
星、笑、香、物、书、身、女、力、金、法、多、对、成、走 /9、月、员、石、色、
日、平、明、流、理、惊、会、过、国、公、感、服、放、发、部、白

5.6.6.5 四级词语用字情况

四级词语共使用汉字次数 8208 次，字种数 2116 字，平均每个词语由 2.15
个汉字组成，平均每个汉字使用次数 3.97 次，平均每个汉字在 1.84 个词语中
出现。

高频词语用字降序排列（构词数 13 以上，共 98 个，全部用字参看附录五）：
不 /89、一 /61、人 /58、心 /53、大 /48、子 /46、无 /45、气 /43、手 /35、出、
动 /34、天 /32、发、头 /31、车、力 /28、来、风、小 /27、上、外 /26、火、好、高、地、
水 /25、生、意 /24、说、打、下 /23、面、分、日 /22、后、海、得、口 /21、体
/20、开、过、着 /19、时、平、明、家、当、成、长 /18、于、万、事、情、话、
点、重 /17、名、流、老、机、工、单、有 /16、文、实、山、入、热、清、品、节、
会、行、方、而、作 /15、自、中、正、用、眼、身、起、年、理、可、光、电、
在 /14、星、新、通、神、美、路、号、道、比

5.6.6.6 五级词语用字情况

五级词语共使用汉字次数 8957 次，字种数 2380 字，平均每个词语由 2.08
个汉字组成，平均每个汉字使用次数 3.76 次，平均每个汉字在 1.81 个词语中
出现。

高频词语用字降序排列（构词数 13 以上，共 105 个，全部用字参看附录五）：
不 /85、心 /62、人 /59、无 /55、子 /52、一 /43、头 /36、出 /34、生 /33、手
/32、地、发 /30、自 /28、天、气、大 /27、水 /26、行、成、力 /25、长 /24、有、
意、相、事、定、重 /23、年 /22、名、面、学 /21、时、花、高、风、用 /20、外、

山、见、公、分、身 /19、前、开、而、动、作 /18、主、言、文、上、平、立、会、眼 /17、下、物、体、日、明、来、解、家、后、光、理 /16、口、可、交、机、回、合、海、过、感、得、以 /15、小、为、同、世、实、然、求、情、期、目、老、苦、空、度、道、代、于 /14、笑、说、失、如、强、民、落、接、化、号、工

5.6.6.7 六级词语用字情况

六级词语共使用汉字次数 5656 次，字种数 1995 字，平均每个词语由 2.16 个汉字组成，平均每个汉字使用次数 2.84 次，平均每个汉字在 1.31 个词语中出现。

高频词语用字降序排列（构词数 8 以上，共 104 个，全部用字参看附录五）：

不 /39、然 /28、情 /26、意 /24、行、心 /23、人、无 /21、理 /20、动、转 /19、相、生 /17、流、风、分、发、自 /16、力、一 /15、性、体、实、重 /14、事、深、交、化、合、制 /13、应、效、结、会、定、用 /12、推、收、清、利、开、成、资 /11、主、致、务、通、调、天、上、大、程、作 /10、长、造、约、有、业、信、想、述、气、落、可、局、境、进、解、教、见、和、顾、感、放、得、纵 /9、证、展、预、引、议、以、思、视、失、任、全、前、念、精、简、机、改、反、法、而、地、传、出、称、畅、别、变、保

5.6.7 成语使用情况

《华语词汇等级大纲》的所有词语中，成语总体情况见表 18。

表 18 成语情况

比较项目	一级成语	二级成语	三级成语	四级成语	五级成语	六级成语	总计
数量	0	2	52	238	294	219	805
比例（%）	0.00	0.14	1.86	6.11	6.82	8.36	5.18

5.6.7.1 二级成语

人山人海、五颜六色

5.6.7.2 三级成语

不知不觉、川流不息、垂头丧气、从天而降、大吃一惊、得意扬扬、丰富多彩、和蔼可亲、恍然大悟、活蹦乱跳、火冒三丈、家家户户、津津有味、九牛二虎之力、哭笑不得、狼吞虎咽、恋恋不舍、密密麻麻、目不转睛、鸟语花香、迫不及待、千变万化、千千万万、千姿百态、青山绿水、轻手轻脚、倾盆大雨、三三两两、生机勃勃、手舞足蹈、数一数二、四面八方、无可奈何、无影无踪、无忧无虑、五彩缤纷、五光十色、稀奇古怪、小巧玲珑、小心翼翼、兴高采烈、兴致勃勃、眼花缭乱、一动不动、一望无际、一丝一毫、异口同声、应有尽有、有气无力、与众不同、争先恐后、自言自语

5.6.7.3 四级成语

唉声叹气、挨家挨户、爱不释手、拔地而起、拔苗助长、百花齐放、百折不挠、半途而废、半信半疑、变化多端、不速之客、不翼而飞、不耻下问、不得而知、不管三七二十一、不慌不忙、不了了之、不由自主、不约而同、不折不扣、惨不忍睹、成千上万、成群结队、愁眉苦脸、出乎意料、出口成章、出人意料、春光明媚、聪明才智、粗心大意、大错特错、大发雷霆、大功告成、大汗淋漓、大街小巷、大惊小怪、大名鼎鼎、大模大样、大显身手、大摇大摆、胆战心惊、得意忘形、灯红酒绿、东倒西歪、东张西望、独一无二、夺眶而出、耳目一新、翻来覆去、翻天覆地、粉身碎骨、奋不顾身、风风火火、风风雨雨、风和日丽、风雨交加、风雨无阻、富丽堂皇、感慨万千、高山流水、更上一层楼、古色古香、光彩夺目、光阴似箭、含苞待放、汗流浃背、横冲直撞、哄堂大笑、后悔莫及、狐假虎威、胡说八道、胡思乱想、欢呼雀跃、欢天喜地、焕然一新、灰心丧气、挥汗如雨、昏昏沉沉、昏昏欲睡、活灵活现、火眼金睛、货真价实、急中生智、家常便饭、价廉物美、骄傲自满、接二连三、金碧辉煌、筋疲力尽、尽职尽责、惊天动地、精神抖擞、炯炯有神、九霄云外、举手之劳、聚精会神、可想而知、空空如也、口干舌燥、苦口婆心、狂风暴雨、来来往往、来之不易、理所当然、力所能及、连绵不断、琳琅满目、灵机一动、乱七八糟、落花流水、马不停蹄、马马虎虎、漫无目的、眉飞色舞、美不胜收、闷闷不乐、名不虚传、名副其实、冥思苦想、摩拳擦掌、莫名其妙、默默无闻、目瞪口呆、能说会道、蹑手蹑脚、排山倒海、庞然大物、平易近人、婆婆妈妈、七上八下、七嘴八舌、齐心协力、起

早贪黑、气急败坏、气势汹汹、千方百计、千军万马、千奇百怪、千山万水、千言万语、秋高气爽、热泪盈眶、人来人往、忍无可忍、日复一日、荣华富贵、如饥似渴、弱不禁风、山清水秀、山珍海味、舍己为人、神采飞扬、神采奕奕、生龙活虎、实话实说、手忙脚乱、数不胜数、水泄不通、死气沉沉、酸甜苦辣、所剩无几、忐忑不安、滔滔不绝、逃之夭夭、提心吊胆、天昏地暗、天女散花、天壤之别、天涯海角、挺身而出、突如其来、吞吞吐吐、脱口而出、完好无损、万里长城、万事如意、望子成龙、威风凛凛、微不足道、纹丝不动、问心无愧、无边无际、无家可归、无精打采、无论如何、无穷无尽、无声无息、无时无刻、无缘无故、五花八门、五体投地、物美价廉、嘻嘻哈哈、喜怒哀乐、喜气洋洋、心不在焉、心烦意乱、心甘情愿、心花怒放、心灰意冷、心惊胆战、心平气和、鸦雀无声、扬长而去、洋洋得意、摇头晃脑、一五一十、依依不舍、一落千丈、一本正经、一草一木、一尘不染、一帆风顺、一干二净、一举一动、一模一样、一清二楚、一扫而光、一丝不苟、一无所获、议论纷纷、意想不到、引人注目、英雄所见略同、勇往直前、郁郁葱葱、晕头转向、载歌载舞、张牙舞爪、真情实感、震耳欲聋、争奇斗艳、支支吾吾、至高无上、终身大事、助人为乐、自告奋勇、自由自在

5.6.7.4 五级成语

安然无恙、八仙过海、白发苍苍、白头偕老、饱经风霜、悲欢离合、比比皆是、遍体鳞伤、别开生面、彬彬有礼、冰天雪地、不计其数、不务正业、不屑一顾、不厌其烦、不亦乐乎、不卑不亢、不甘示弱、不假思索、不堪回首、不堪一击、不可磨灭、不可收拾、不可思议、不劳而获、不屈不挠、不以为然、不择手段、不知所措、曾几何时、姹紫嫣红、长生不老、车水马龙、诚心诚意、乘风破浪、吃苦耐劳、持之以恒、楚楚动人、触目惊心、春意盎然、此起彼伏、措手不及、错综复杂、大公无私、大千世界、大同小异、当之无愧、得不偿失、顶天立地、丢三落四、东奔西走、东道主、短小精悍、对牛弹琴、多才多艺、多愁善感、翻山越岭、繁花似锦、飞禽走兽、纷纷扬扬、奋发图强、风吹雨打、风平浪静、改过自新、高高在上、供不应求、钩心斗角、古往今来、刮目相看、光彩照人、骇人听闻、含辛茹苦、鹤立鸡群、横七竖八、轰轰烈烈、后会有期、呼风唤雨、狐朋狗友、花花绿绿、画龙点睛、画蛇添足、灰飞烟灭、回味无穷、绘声绘色、记

忆犹新、坚持不懈、坚定不移、坚强不屈、坚韧不拔、艰苦奋斗、艰难险阻、见
钱眼开、交头接耳、脚踏实地、节衣缩食、截然不同、斤斤计较、锦上添花、近
在咫尺、经久不息、惊慌失措、惊心动魄、井井有条、井然有序、久而久之、居
高临下、举世闻名、举世无双、举一反三、开门见山、可乘之机、刻骨铭心、刻
舟求剑、口是心非、扣人心弦、夸夸其谈、来龙去脉、乐此不疲、理直气壮、力
不从心、历历在目、良师益友、寥寥无几、令人神往、流连忘返、柳暗花明、碌
碌无为、满不在乎、满载而归、漫不经心、漫山遍野、眉开眼笑、美中不足、面
红耳赤、面目全非、名列前茅、名落孙山、目不暇接、目中无人、耐人寻味、难
以置信、恼羞成怒、念念不忘、品学兼优、破涕为笑、铺天盖地、奇花异草、奇
形怪状、气喘吁吁、千难万险、千辛万苦、前所未有、前无古人、前仰后合、巧
夺天工、窃窃私语、沁人心脾、轻而易举、轻描淡写、倾家荡产、情不自禁、晴
天霹雳、取而代之、全神贯注、热火朝天、热血沸腾、忍俊不禁、日积月累、日
新月异、日月如梭、如痴如醉、如愿以偿、若无其事、若隐若现、若有所思、三
番五次、三五成群、身不由己、深入人心、诗情画意、十全十美、史无前例、似
曾相识、似懂非懂、视而不见、手足无措、守株待兔、束手无策、水落石出、司
空见惯、肆无忌惮、所作所为、昙花一现、谈天说地、谈笑风生、讨价还价、天
长地久、天真烂漫、亭亭玉立、头头是道、土生土长、挖空心思、万水千山、万
无一失、万紫千红、亡羊补牢、无动于衷、无关紧要、无济于事、无拘无束、无
能为力、无情无义、无所事事、无所畏惧、无微不至、无言以对、无与伦比、无
足轻重、熙熙攘攘、习以为常、喜出望外、想方设法、心安理得、心潮澎湃、心
急如焚、心灵手巧、心满意足、心血来潮、欣喜若狂、欣欣向荣、新陈代谢、形
形色色、形影不离、幸灾乐祸、汹涌澎湃、胸有成竹、袖手旁观、栩栩如生、悬
崖峭壁、绚丽多彩、哑口无言、烟消云散、奄奄一息、掩耳盗铃、摇摇欲坠、夜
深人静、一见钟情、一塌糊涂、一成不变、一鼓作气、一哄而散、一毛不拔、一
如既往、一事无成、一无所有、一无所知、一心一意、一言不发、一言为定、衣
食住行、因人而异、因小失大、引人入胜、应接不暇、犹豫不决、油然而生、有
的放矢、有朝一日、愚公移山、跃跃欲试、赞不绝口、早出晚归、斩钉截铁、朝
气蓬勃、张口结舌、争分夺秒、直截了当、置之不理、众志成城、专心致志、自
暴自弃、自强不息、自然而然、自始至终、自私自利、自相矛盾、自以为是、自
作聪明、字里行间、总而言之、走投无路、足智多谋、左顾右盼

5.6.7.5 六级成语

安居乐业、白驹过隙、饱经沧桑、暴风骤雨、变幻莫测、别具匠心、别具一格、别来无恙、冰清玉洁、博大精深、不辞而别、不分青红皂白、不堪设想、不可或缺、不可开交、不相上下、不言而喻、沧海桑田、层出不穷、层次分明、称心如意、触景生情、垂涎三尺、垂涎欲滴、春暖花开、从容不迫、错落有致、当务之急、道听途说、得天独厚、喋喋不休、独立自主、耳熟能详、发奋图强、发扬光大、繁荣昌盛、繁荣富强、废寝忘食、沸沸扬扬、风餐露宿、风华正茂、风土人情、峰回路转、浮想联翩、改邪归正、格格不入、各抒己见、根深蒂固、孤陋寡闻、顾名思义、顾全大局、光明磊落、归根到底、海阔天空、憨态可掬、浩浩荡荡、合情合理、后顾之忧、花枝招展、化险为夷、浑浑噩噩、浑然一体、豁然开朗、机不可失、急功近利、急于求成、家喻户晓、坚贞不屈、见多识广、见义勇为、交相辉映、接风洗尘、竭尽全力、惊涛骇浪、兢兢业业、精打细算、精疲力竭、精益求精、敬而远之、鞠躬尽瘁、举世瞩目、举足轻重、开天辟地、刻不容缓、空前绝后、苦尽甘来、滥竽充数、冷嘲热讽、淋漓尽致、络绎不绝、毛骨悚然、梦寐以求、面面俱到、难能可贵、喃喃自语、浓墨重彩、弄虚作假、呕心沥血、平淡无奇、萍水相逢、岂有此理、气势磅礴、泣不成声、恰到好处、恰如其分、千钧一发、前赴后继、前功尽弃、潜移默化、锲而不舍、青梅竹马、情同手足、全力以赴、全心全意、人声鼎沸、人云亦云、任劳任怨、任重道远、容光焕发、如释重负、如醉如痴、塞翁失马、潸然泪下、赏心悦目、稍纵即逝、身临其境、深情厚谊、实事求是、世外桃源、似是而非、适得其反、顺理成章、思前想后、思绪万千、死心塌地、肃然起敬、素不相识、随波逐流、随时随地、随心所欲、叹为观止、探头探脑、天经地义、天伦之乐、同舟共济、突飞猛进、拖泥带水、脱颖而出、惟妙惟肖、卧薪尝胆、无病呻吟、无地自容、无的放矢、无恶不作、无可厚非、无理取闹、无所作为、物是人非、息息相关、嬉皮笑脸、嬉笑怒骂、喜闻乐见、显而易见、相辅相成、相提并论、相依为命、行尸走肉、行云流水、雪上加霜、循序渐进、迅雷不及掩耳、咬牙切齿、夜以继日、一技之长、一目了然、怡然自得、以身作则、一筹莫展、一举两得、一蹶不振、一鸣惊人、一应俱全、义无反顾、异想天开、抑扬顿挫、易如反掌、意气风发、意味深长、引经据典、饮水思源、永垂不朽、用心良苦、悠然自得、悠闲自在、有声有色、有条不紊、有志者事竟成、与日俱增、语重心长、愈演愈烈、源源不断、源远流长、怨天尤人、约定俗成、杂乱无章、再接再厉、沾沾自喜、辗转反侧、战战兢兢、张灯结彩、针锋相对、支离破碎、指手画脚、众所周知、诸如此类、孜孜不倦、自力更生、纵横交错、罪魁祸首

5.7 小结

本大纲主要基于东南亚华语教育特点和东南亚华语教材建设，主要面向东南亚华语教学。鉴于东南亚在全球华语教育中的代表性，本大纲也可以为其他国家和地区借鉴使用。

《华语词汇等级大纲》关系到华语教育的根本，意义重大，因此，词汇大纲的制定需要谨慎处理。其中，华语等级标准的确立、各等级与中国学生语文能力标准的对应关系、各等级字词数量的确定、各等级词语的选择，仍需仔细斟酌、科学论证。

大纲初步制定后，仍需要交给华语教育的专家和一线华语教师试用，由他们提出宝贵建议，再反复修改。

6 结语

  词汇在语言学习中有着举足轻重的地位：词汇是语言的"建筑材料"，语言系统中的其他单位如语法、语义等都必须通过具体的词汇才能体现出来。

  分级词表、词汇等级大纲是语言教学中关于词汇的基础性资源，是指导教材编写、词典编撰、课堂教学和语言测试的纲领性资源。

  但是，长期以来，华语教学都被汉语作为第二语言的词汇大纲统领着，其本身的"华语"特色并没有得到很好的重视和体现。

  鉴于华语教学与华语测试的特殊性，不同的目标群体使用同一种大纲体系的做法肯定存在一定的盲目性。因此，研制面向海外华裔汉语学习者的华语词汇等级大纲是十分必要的。

  同时，与汉语作为二语教学的对象主要是成年人不同，华语教育的主要对象是青少年，带有母语教学的性质，少儿（6—12 岁）华语教学是整个华语教学的基础。

  目前，尚未建立科学的华语词汇等级大纲和少儿华语教学词表。

  我们围绕华语教育用词语的分类、分级问题进行探讨，具体研究并建设了"华语作为第一语言教学的常用分级词表""少儿华语教学主题分类词表"和《华语词汇等级大纲》。

  总体上，这些华语教育用词表或大纲具有如下理论创新和学术价值。

  第一，华语词表的建设突破了原有 HSK 词表的领域限制，充分体现了华语教育的特色，填补了华语教育无词汇大纲的空白，是海外华人地区编写华语教材、编撰华语词典、开展华语课堂教学与华语水平测试的重要依据。

  分级词表、词汇等级大纲是指导教材编写、词典编撰、课堂教学和水平测试的纲领性资源。

  华语词表的建设脱离了现有词表的基础，采用了不同于面向汉语教学词表的构建方法，充分体现了华语教学区别于对外汉语教学的特点。

  第二，创新了词语分级和词表建设的方法，构建词汇时空分布模型，基于母语者、华语学习者的书面语和口语语料库，计算词语常用度，构建华语教学用基本词表及等级大纲。

已有词表建设存在如下缺点：基础语料多为国内母语者语料，面向华语学习者的词汇大纲建设应该同时考虑华裔学习者语料库；多为书面语语料库，口语化语料严重不足，应该多加入口语化语料，特别是日常生活的口语语料；词语常用度计算和大纲分级的方法不科学，多基于简单的词频统计，或者多词表的合成，理据不充足；针对专门领域汉语教学的主题词表（如少儿华语分类词表）严重不足，领域词语抽取与分级方法不科学。

词语分级的实质是词语的常用度计算，与词语的时间、空间分布均匀性密切相关。时间体现词语在历时发展中的恒定情况，空间则体现使用人群和使用领域的分布均匀性。常用词语就是最广泛领域的最广泛人群在一段时间内最常用的词语。

本研究创新了词语分级和词表建设方法，利用数学中的分布均匀性参数（如方差、TFIDF）来构建词汇时空分布模型，基于母语者、华语学习者的书面语和口语语料库，计算词语常用度，构建华语教学基本词表以及华语教育词汇等级大纲。

第三，运用计算语言学技术实现了主题词语聚类，筛选出那些与主题密切相关、使用频率高、难度较低的词语，按相关度、常用度排序，创新了词语领域分类和主题词表建设的方法。

词汇时空分布模型中，各领域分布均匀的是常用词语，与此相对，各领域分布不均匀的则是领域词语。例如，功能性词语（如"的、在"）在不同类别语料中的频率几乎一样，分布均匀；而词语"市场、银行、买、人民币"在"商务"语料中的频率会远高于在其他类（如"旅游、体育"等）语料中的频率，它们是商务汉语中的领域词语。

本研究创新了词语聚类方法，进行词语按教学领域（类别、话题、百科、功能）自动分类聚类。同时，利用词语常用度分级方法，对领域词表进行分级定纲，最终，建设了华语教学用分类分级的词汇等级大纲。

第四，该方法可扩展到其他专门领域汉语教学，例如，建设旅游汉语、商务汉语、中医汉语、电子商务汉语、汉语口语等分领域、分用途的按话题分类分级的常用词表和等级大纲。

参考文献

[1] 蔡丽.海外华语教材词汇分析研究.暨南大学硕士学位论文，2002.

[2] 蔡丽.海外华语教材选词特点分析研究.暨南大学华文学院学报，2003（3）.

[3] 蔡丽.印尼正规小学华文教材使用及本土华文教材编写现状研究.华文教学与研究，2011（3）.

[4] 蔡丽，贾益民.海外华语教材选词共性分析.暨南学报（人文科学与社会科学版），2004（2）.

[5] 蔡雅薰.华语文教材分级研制原理之建构.台北：正中书局股份有限公司，2009.

[6] 陈波.小学语文教材词汇构成及常用词使用状况研究.武汉大学硕士学位论文，2004.

[7] 陈宏.关于考生团体异质程度对HSK（初、中等）信度的影响.见：谢小庆.中国汉语水平考试（HSK）研究报告精选.北京：北京语言大学出版社，2005.

[8] 陈克利.大规模平衡语料的收集分析及文本分类方法研究.中国科学院自动化研究所硕士学位论文，2004.

[9] 陈小红.华文教材课文研究.暨南大学硕士学位论文，2003.

[10] 程曾厚.计量词汇学及其他.南京：江苏教育出版社，1987.

[11] 傅建明.我国小学语文教科书价值取向研究.华东师范大学博士学位论文，2002.

[12] 甘瑞瑗.国别化"对外汉语教学用词表"制定的研究：以韩国为例.北京语言大学博士学位论文，2004.

[13] 郭楚江.华文教材汉字研究——以《中文》、《汉语》、《标准中文》为例.暨南大学硕士学位论文，2004.

[14] 郭熙.海外华人社会中汉语（华语）教学的若干问题——以新加坡为例.世界汉语教学，2004（3）.

[15] 郭熙.海外华人的母语教育给我们的启示.长江学术，2007（1）.

[16] 国家对外汉语教学领导小组办公室汉语水平考试部，北京语言大学汉语水平考试中心.汉语水平词汇与汉字等级大纲.北京：北京语言学院出版社，1992.

[17] 国家汉办/孔子学院总部.国际汉语教学通用课程大纲.北京：外语教学与研究出版社，2008.

[18] 国家汉办/孔子学院总部.新中小学生汉语考试大纲.北京：商务印书馆，2009.

[19] 国家汉办，教育部社科司《汉语国际教育用音节汉字词汇等级划分》课题组.汉语

国际教育用音节汉字词汇等级划分（国家标准·应用解读本）. 北京：北京语言大学出版社，2010.

[20] 国家语言资源监测与研究中心. 中国语言生活状况报告（2006）（下编）. 北京：商务印书馆，2007.

[21] 国家语言资源监测与研究中心. 中国语言生活状况报告（2007）（下编）. 北京：商务印书馆，2008.

[22] 国家语言资源监测与研究中心. 中国语言生活状况报告（2009）（下编）. 北京：商务印书馆，2010.

[23] 海外华语研究中心. 全球华语网. http://huayu.jnu.edu.cn.

[24] 何慧宜. 六套海外华文教材中国知识文化内容项目研究. 暨南大学硕士学位论文，2007.

[25] 洪丽芬，庄惠善. 马来西亚华文教育问题：华小学生写作水平低的原因. 八桂侨刊，2011（2）.

[26] 洪荣丰. 基于语料库的词语搭配研究评述. 四川教育学院学报，2009（1）.

[27] 黄年丰. 印度尼西亚华语平面媒体特色词语初探. 暨南大学硕士学位论文，2006.

[28] 黄少如. 基于语料库的少儿汉语话题及话题词表构建. 暨南大学硕士学位论文，2012.

[29] 汲传波. 对外汉语口语教材的话题选择. 云南师范大学学报，2005（6）.

[30] 季瑾. 基于语料库的商务汉语学习词典的编写设想. 语言教学与研究，2007（5）.

[31] 姜德梧. 关于《汉语水平词汇与汉字等级大纲》的思考. 世界汉语教学，2004（1）.

[32] 姜蕾. 基于教材分析的"中学交际话题表"编写设想. 语言教学与研究，2013（2）.

[33] 教育部中外语言交流合作中心. 国际中文教育中文水平等级标准. 北京：北京语言大学出版社，2021.

[34] 黎景光. 东南亚主流小学华文教材课文用词调查. 暨南大学硕士学位论文，2012.

[35] 李清华.《汉语水平词汇与汉字等级大纲》的词汇量问题. 语言教学与研究，1999（1）.

[36] 李泉. 对外汉语教材研究. 北京：商务印书馆，2006.

[37] 李润新. 谈谈少儿汉语教学的定位和分期. 见：李润新. 世界少儿汉语教学与研究. 北京：北京语言大学出版社，2006.

[38] 李镗. 中小学语文课文字词分布统计及应用价值. 语言文字应用，2000（3）.

[39] 李晓琪. 体验汉语图解学习词典. 北京：高等教育出版社，2012.

[40] 李行健.《现代汉语通用词表》（国家标准）的研制工作. 语言文字应用，2000（2）.

[41] 李英. 关于《汉语水平词汇与汉字等级大纲》的几个问题. 中山大学学报论丛，1997（4）.

[42] 李宇明. 语言学习异同论. 语言教学与研究，1993（1）.

[43] 李宇明. 全球华语词典. 北京：商务印书馆，2010.

[44] 廖崇阳.试论少儿学习汉语的优势.见：李润新.世界少儿汉语教学与研究.北京：北京语言大学出版社，2006.

[45] 林建才，董艳，郭巧云.思维导图在新加坡小学华文教学中的实验研究.教学研究，2007（10）.

[46] 刘长征，张普.对外汉语教学用词表的多元化与动态更新.语言文字应用，2008（2）.

[47] 刘电芝.儿童发展与教育心理学.北京：人民教育出版社，2006.

[48] 刘华.基于语料库的对外汉语教学用分类词表的研制——以商务为例.http://www.doc88.com/p-318735182842.html，2010.

[49] 刘华.基于文本分类中特征提取的领域词语聚类.语言文字应用，2007（1）.

[50] 刘华.面向对外汉语教学的话题聚类研究.外语研究，2008（5）.

[51] 刘华.词语计算与应用.广州：暨南大学出版社，2010.

[52] 刘华，于艳群.华语作为第一语言教学的常用分级词表研制.海外华文教育，2016（5）.

[53] 刘华，郑婷.少儿华语教学主题分类词表构建.华文教学与研究，2017（1）.

[54] 刘华，周建设.《华文水平词汇大纲》研制.华文学刊（新加坡），2016.

[55] 刘慧，贾益民.多媒体华文教材练习设计研究.暨南大学华文学院学报，2009（1）.

[56] 刘文辉，宗世海.印度尼西亚华语区域词语初探.暨南大学华文学院学报，2006（1）.

[57] 刘潇潇.海外华文教材语法点的选用与编排研究——以《中文》、《汉语》、《标准中文》为例.暨南大学硕士学位论文，2005.

[58] 刘晓梅.《全球华语词典》处理区域异同的成功与不足.辞书研究，2013（1）.

[59] 刘珣.对外汉语教育学引论.北京：北京语言大学出版社，2000.

[60] 刘英林，马箭飞.研制《音节和汉字词汇等级划分》探寻汉语国际教育新思维.世界汉语教学，2010（1）.

[61] 罗庆铭.教材语料库在小学华文教学中的运用：新加坡的实践.对外汉语研究，2012（0）.

[62] 吕荣兰.基于语料库的对外汉语口语话题及话题词表构建.暨南大学硕士学位论文，2011.

[63] 吕玉兰.话题汉语.北京：外语教学与研究出版社，2007.

[64] 马清华.唯频率标准的不自足性——论面向汉语国际教育的词汇大纲设计标准.世界汉语教学，2008（2）.

[65] 彭俊.华文教育研究.上海师范大学博士学位论文，2004.

[66] 朴点熙.七种汉语教材选词分析.北京语言文化大学硕士学位论文，2000.

[67] 邵洪亮.名量组配的典型性与量词教学的系统性问题——以新加坡小学华文教材为

例 . 汉语学习，2011（5）.

[68] 史有为 . 对外汉语教学最低量基础词汇试探 . 语言教学与研究，2008（1）.

[69] 苏新春 . 文化词语词典的收词与释义 . 辞书研究，1995（5）.

[70] 苏新春，唐师瑶，周娟等 . 话题分析模块及七套海外汉语教材的话题分析 . 江西科技师范学院学报，2011（6）.

[71] 苏焰 . 谈谈外国留学生中高级口语教学 . 武汉大学学报（哲学社会科学版），1995（3）.

[72] 孙红 . 面向泰国汉语教学"国别化"词表的研制 . 暨南大学硕士学位论文，2009.

[73] 田小琳 . 香港社区词词典 . 北京：商务印书馆，2009.

[74] 万日升 . 对泰汉语初级阶段教学词表研究 . 厦门大学硕士学位论文，2008.

[75] 汪惠迪 . 时代新加坡特有词语词典 . 新加坡：联邦出版社，1999.

[76] 王德春 . 国俗语义学和《汉语国俗词典》. 辞书研究，1991（6）.

[77] 王汉卫 . 论词汇大纲研制原则 . 暨南大学华文学院学报，2007（3）.

[78] 王汉卫 . 论"华语测试"的三个基石 . 暨南大学华文学院学报，2009（2）.

[79] 王汉卫，凡细珍，邵明明等 . 华文水平测试总体设计再认识——基于印尼、菲律宾、新加坡的调查分析 . 华文教学与研究，2014（3）.

[80] 王汉卫，黄海峰，杨万兵 . 华文水平测试的总体设计 . 华文教学与研究，2013（4）.

[81] 王洪君 .《信息处理用现代汉语分词词表》的内部构造和汉语的结构特点 . 语言文字应用，2001（4）.

[82] 王若江 . 对汉语口语课的反思 . 汉语学习，1999（2）.

[83] 王小曼 . 论汉语本科专业高级口语教材的编写原则——从口语教学实际谈起 . 云南师范大学学报，2005（5）.

[84] 王衍军 . 谈对外汉语"文化词汇"的类聚性及教学策略 . 华文教学与研究，2013（3）.

[85] 王燕燕，罗庆铭 . 新加坡小学华文教材汉语拼音注音的历史演变 . 北华大学学报（社会科学版），2010（5）.

[86] 吴晓露 . 说汉语 谈文化 . 北京：北京语言大学出版社，2007.

[87]《现代汉语常用词表》课题组 . 现代汉语常用词表（草案）. 北京：商务印书馆，2008.

[88] 肖菲 . 海外华文教材练习设计与编排分析研究 . 暨南大学硕士学位论文，2003.

[89] 谢泽文 . 教学与测试 . 新加坡华文教师总会，2003.

[90] 信世昌，邓守信，李明懿 . 华语教学基础词库 1.0 版 . 台北：文鹤出版有限公司，2010.

[91] 许琨 . 新加坡"差异教学"理念下的小学华文教材浅析——以定向阶段教材为例 . 暨南大学硕士学位论文，2011.

[92] 焉德才 . 论对外汉语词汇教学过程中的"有度放射"策略 . 语言文字应用，2006（2）.

[93] 杨寄洲 . 对外汉语教学初级阶段教学大纲 . 北京：北京语言文化大学出版社，1999.

[94] 杨丽姣，王宏丽 . 国际汉语教材编写：话题的选择与处理 . 见：国际汉语教学理念

与模式创新——第七届对外汉语国际学术研讨会论文集，2011.

[95] 杨艳，柯丽芸.对外汉语初级口语教材话题研究——以《汉语 900 句》和《汉语会话 301 句》为例.齐齐哈尔师范高等专科学校学报，2008（4）.

[96] 姚靓.少儿对外汉语教材话题选择与课文内容编排研究.上海师范大学硕士学位论文，2013.

[97] 尹斌庸，方世增.词频统计的新概念和新方法.语言文字应用，1994（2）.

[98] 于艳群.面向华文教学的中小学语文教材课文常用词分级词表的研制.暨南大学硕士学位论文，2014.

[99] 余千华，樊葳葳，陈琴.汉语学习者话题兴趣及其与对外汉语教材话题匹配情况调查研究.语言教学与研究，2012（1）.

[100] 喻雪玲.基于语料库的商务汉语话题库及话题词表构建.暨南大学硕士学位论文，2013.

[101] 曾天.试评《中级汉语口语》课文的话题选择.见：第五届北京地区对外汉语教学研究生学术论坛论文集，2012.

[102] 曾晓舸.论泰华语书面语的变异.云南师范大学学报，2004（4）.

[103] 曾毅平.论两岸对外汉语教学融通词表的研制.江汉学术，2013（4）.

[104] 翟颖华.对外汉语词表研制的新进展——简评《音节和汉字词汇等级划分》的词汇部分.江汉大学学报（人文科学版），2011（6）.

[105] 翟颖华.谈谈初级阶段华文教学词表的研制.华文教学与研究，2012（3）.

[106] 张高翔.对外汉语教学中的文化词语.云南师范大学学报，2003（3）.

[107] 张拱贵，吴晓露.常用词表编制中的若干问题.辞书研究，1989（6）.

[108] 张莉萍.华语文能力测验理论与实务.台北：师大书苑，2002.

[109] 张莉萍，陈凤仪.华语词汇分级初探.见：第六届汉语词汇语义学研讨会论文集，2006.

[110] 张淑娟.泰国华语书面词汇变异研究.河北师范大学硕士学位论文，2003.

[111] 章黎平，解海江.汉语文化词典收词的科学性原则.辞书研究，2008（4）.

[112] 章纪孝.高级汉语口语——话题交际.北京：北京语言大学出版社，1993.

[113] 赵建华.对外汉语教学中高级阶段功能大纲.北京：北京语言文化大学出版社，1999.

[114] 赵金铭，张博，程娟.关于修订《（汉语水平）词汇等级大纲》的若干意见.世界汉语教学，2003（3）.

[115] 赵明.试论汉语教材中文化词语的释义问题.汉语教学学刊，2011（7）.

[116] 郑婷.少儿华文话题库及话题词表构建.暨南大学硕士学位论文，2014.

[117] 周健，李海霞.对《汉语水平词汇与汉字等级大纲》甲级词的修订意见.暨南大学华文学院学报，2008（3）.

[118] 周清海．新加坡华语变异概说．中国语文，2002（6）．

[119] 周清海．新加坡华语和普通话的差异与处理差异的对策．新加坡：联合早报，2006-03-21．

[120] 朱绍禹．语言教材文化的建设和理论研究．课程．教材．教法，1995（6）．

[121] 朱遂平．菲律宾小学华语教材文化内容对比分析．复旦大学硕士学位论文，2012．

[122] 朱小明．论新加坡小学的华文成语教学．暨南大学硕士学位论文，2006．

[123] 祝晓宏．新加坡《好儿童华文》教材的语言变异及其成因——多重认同视野下的观察．暨南大学华文学院学报，2008（1）．

[124] 邹嘉彦，游汝杰．21 世纪华语新词语词典．上海：复旦大学出版社，2007．

[125] Carter, R. Is there a core vocabulary? Some implications for language teaching. *Applied Linguistics*, 1987(8).

[126] Miyake, A. Working memory: The past, the present, and the future. In: Osaka, N. *The Brain and Working Memory*. Kyoto: Kyoto University Press, 2000.

[127] Moskowitz, B. A. The acquisition of language. *Scientific American*, 1987(5).

[128] Nation, P. & Waring, R. Vocabulary size, text coverage and word list. In: Schmitt, N. & McCarthy. *Vocabulary Description, Acquisition and Pedagogy.* Cambridge: Cambridge University Press, 1997.

附录

附录一
华语作为第一语言教学的常用分级词表

一级词语表

的、了、一、年、是、在、我、不、着、上、有、他、就、地、个、这、也、人、说、里、到、你、把、和、都、来、又、那、去、小、得、还、我们、要、大、中、看、没有、从、它、能、过、很、天、下、而、只、会、两、出、走、像、多、对、用、自己、好、他们、几、什么、想、起来、给、她、之、向、十、为、呢、三、时、种、叫、被、再、起、时候、们、却、这样、让、才、头、可、可以、做、最、知道、但、手、水、长、次、这个、家、问、没、吧、孩子、吃、每、与、声、更、便、二、出来、已经、成、啊、听、因为、条、吗、前、见、使、真、位、后、当、可是、树、四、人们、住、将、进、坐、看见、下来、等、事、开、站、道、高、并、五、一样、点、拿、月、谁、现在、许多、带、往、飞、回、地方、这些、山、它们、怎么、些、笑、东西、片、正、比、还是、花、日、死、眼睛、世界、你们、呀、望、已、打、满、百、妈妈、那么、觉得、但是、跟、话、脸、快、发现、太、过去、这里、一定、新、连、母亲、块、老、于是、跑、张、一起、间、如果、大家、写、开始、远、找、千、生活、您、边、好像、心、红、请、白、变、放、终于、同、钱、似的、先生、这么、书、风、声音、父亲、座、那些、岁、然后、以后、太阳、告诉、穿、非常、先、跳、第、突然、件、门、为了、高兴、为什么、只有、所以、回来、一下、眼、全、落、那个、完、行、时间、感到、船、知、中国、爱、原来、那里、后来、送、爸爸、老师、只是、有的、第一、美丽、雨、

六、一直、朋友、半、口、绿、少、生、停、光、草、倒、忽然、万、画、心里、那样、怕、过来、喜欢、工作、虽然、今天、吹、不过、七、深、总、嘴、干、敢、脚、黑、买、路、外、句、一会儿、多么、极、美、轻、一边、下去、希望、别、哪、字、所有、王、拉、总是、名、黄、根、直、本、米、有些、马、动、啦、刚、朝、也许、爬、九、十分、经过、常常、应该、流、夜、响、身上、鸟、只要、受、分、身、喊、双、读、早、信、数、面、回答、背、慢、别人、该、鱼、云、越、多少、唱、另、挂、海、接着、步、棵、留、天空、讲、入、永远、阳光、掉、国、男、事情、上面、特别、学、尽、离开、靠、转、回家、正在、上去、怎样、人类、晚上、明白、色、颗、重、每天、河、可能、儿子、顶、得到、听见、屋、石、久、喝、需要、近、冲、面前、气、哭、清、有时、这儿、要是、春天、指、哪里、低、故事、睡、里面、出去、能够、狗、活、提、段、既、渐渐、破、车、问题、出现、发出、成为、抱、紧、子、衣服、样子、叶、未、准备、群、腿、火、西、整个、身子、以前、愿意、难、支、照、说话、只好、阵、当然、办法、内、躺、前面、祖国、记、随、名字、亮、毛、天上、早晨、立刻、神、伸、欲、闻、林、枝、快乐、算、或者、土、周围、戴、不要、周、日子、身体、同学、样、管、雪、东、盖、弄、立、那儿、继续、牛、充满、李、肯、别的、跟着、后面、旁边、场、桥、游、北京、必须、乱、进去、绿色、钻、纸、遍、病、身边、取、木、成功、床、大地、洞、教、层、颜色、下面、忙、举、漂亮、从此、青、注意、细、长大、微笑、动物、圆、研究、翻、眼前、抬、石头、接、装、冷、玩、不断、包、忘、一点儿、歌、香、学习、马上、收、哪儿、烟、蓝、从来、飘、显得、不见、仔细、赶、春、翅膀、笔、墙、草地、扑、瞧、梦、空、窗、森林、抓、越来越、借、冬天、树林、够、封、房子、进来、中间、地球、打开、帮、学校、咬、冒、称、伟大、到处、夏天、奇怪、帮助、直到、幸福、急、科学、学生、楼、难道、门口、外面、惊、洗、天气、藏、重要、不久、断、读书、坏、爷爷、吓、江、容易、更加、腰、可爱、挑、派、空中、尾巴、北、角、同志、目光、休息、敌人、手指、村、错、幅、摘、挺、股、月亮、静、捉、晚、哇、台、姑娘、摸、堆、悄悄、英雄、树木、著名、除了、上来、头发、围、铺、短、躲、结、岸、房、登、水面、线、寻找、南、下午、醒、升、湖、闪、方向、立即、无数、待、竹、经常、乐、果然、朵、食、摆、明天、科学家、小心、哦、皮、大人、自由、捧、刚才、到底、猫、院子、俩、意思、鸡、懂、尖、贴、丝、拍、左、脑袋、赶紧、加、参加、累、汽车、圈、底下、秋天、鼻子、听说、挖、温暖、地面、鸟儿、射、大自然、创造、摇、路上、的话、叶子、白色、咱们、拖、灯、附近、乘、碰、追、父母、鼓、傍晚、睡觉、睁、星星、红色、蹲、羊、孔、推、聪明、将来、退、道理、肚子、夜里、丢、命令、一下子、理想、端、小姑娘、饿、战士、地下、知识、夜晚、医生、涌、阴、匹、要求、有趣、故乡、好看、植物、纷纷、骑、滴、英国、奶奶、最好、划、偷、烧、迎、不管、生气、救、亲爱、旧、寒、海洋、黄河、紫、喂、夹、鲜花、撞、厚、影子、撒、披、田野、观察、智慧、捡、沉、教室、右、跺、甜、歌唱、兴奋、泥土、昨天、田、泥、枪、浮、等待、歌声、不行、刻、缝、绕、弯、飞机、宽、法国、连忙、主席、屋子、出门、砍、一口气、争、力气、雾、粗、套、认真、脖子、穷、叫作、怎么样、敲、不幸、害怕、狼、盘、折、清晨、眼泪、唱歌、家乡、一路、造、虫、热、学会、玻璃、食物、年纪、全身、哥哥、压、活动、不用、满意、保护、洒、点头、仰、从前、妹妹、采、搬、准、刺、稍、栽、感谢、互相、怎么办、井、晒、青蛙、山坡、鹿、滚、古代、花朵、刮、斜、浑身、岛、擦、草原、暗、抬头、株、四周、千万、村庄、骄傲、种子、冬、修、白天、摔、谢谢、呆、硬、早上、抽、明亮、村子、吸、代表、伞、瀑布、顿时、熟、湿、叔叔、上学、瘦、猪、小朋友、小时候、灿烂、使劲、球、辆、邻居、蝴蝶、黄色、谢、桌子、口袋、浅、至今、时刻、含、医院、急忙、寄、勇敢、快活、整整、皱、脚下、盯、扎、象、动作、映、春风、等到、散步、花园、松鼠、热闹、向上、醉、趴、操、曹、遮、难过、踢、胳膊、衣裳、燕子、向着、蜜蜂、遥远、惊奇、亲切、叹、发明、干净、陪、神奇、使用、公园、健康、形状、从小、撑、拾、弟弟、拼命、大门、移、饱、国王、欢呼、欢喜、活泼、走路、思、吐、闹、改、伤心、粒、窝、疼、正好、羽毛、金色、漂、鹅、蚂蚁、喜爱、跟前、闪闪、舞、汗、舒服、依、故意、欢迎、注视、啼、不由得、雪白、游戏、广场、比赛、脏、密、传说、表演、狮子、吸引、溅、猴子、啄、月光、开放、动人、花儿、奔跑、坑、景象、思考、家伙、惊讶、巨人、嗓子、风筝、报纸、太空、滑、笑容、快要、本领、霜、各种各样、飞翔、好多、桃、鸣、季节、赶快、呼唤、泉水、洁白、成熟、嘴巴、煮、葡萄、乡下、矮、飞快、南方、盛开、嫩、方便、碧绿、姐姐、花瓣、画家、下雨、口气、枚、虫子、电话、疲倦、告别、贝壳、风雨、青草、熊、伙伴、透明、走向、割、苹果、荷、猴、弓、着急、掌声、艘、砸、清澈、肥、要不、花草、乌鸦、杆、暖和、天边、低头、好奇、总算、镜子、晶莹、温和、浪花、池塘、一同、玉、耐心、鲜艳、玩耍、雨水、大雨、过后、自豪、欢快、茂密、放学、慌、娃娃、时时、甩、草丛、酸、宣布、议论、傻、盼、天鹅、庄稼、游泳、上课、秋风、结实、面包、兔、解放、图画、眨、节日、成长、豆、洪水、神气、自言自语、处处、苗、珍珠、小伙伴、光芒、一旁、担、虾、进步、年龄、拨、浇、凉、开心、狐狸、疑、拂、通红、郑重、赛、蜻蜓、好听、江南、窗口、沙沙、光滑、窜、聚集、眉头、大象、用力、官员、舍不得、果子、领导、荷花、带领、生病、堵、鸭子、胖、散发、糟糕、无声、拳头、啪、四面八方、用心、柱子、树梢、国旗、淹没、路过、摇头、发射、篮子、欢、追赶、检查、食品、春雨、钉、消灭、纱、称赞、明年、车子、自信、两旁、心爱、一阵风、犹豫、不好意思、参观、灯笼、茂盛、大雪、麻雀、跳舞、想念、大王、啥、愣、枝叶、梅花、桶、叼、往常、夜空、响亮、迷人、笑脸、痛快、鹰、雪花、兔子、爪子、连连、发芽、困、裤子、慈祥、来不及、对岸、练习、裁、洗澡、田地、缸、五彩、小家伙、木板、上衣、嘿、淋、水珠、楼房、被子、时光、鲜红、爱护、催、飞船、重量、往日、手术、鸽子、棉花、北风、白白、乌龟、专心、大雁、嘱咐、蜜、雨点、白兔、树苗、分成、山脚、神仙、石子、油灯、杨柳、广播、大熊猫、瓶子、扇子、阿姨、倒映、祝贺、低下、飘落、心思、施、委屈、眨眼、展现、花丛、五颜六色、竹子、批评、带路、胆子、过日子、挑选、屋檐、银河、伯伯、农夫、嫩绿、飘浮、阳台、裙子、喜鹊、墙角、起床、中外、蘑菇、金鱼、自行车、摆动、肚皮、环绕、看望、禾苗、柄、火红、害虫、沉甸甸、敬爱、梨、梳、得救、欺负、五光十色、幢、金子、杜鹃、削、窗帘、身高、顺利、山腰、老乡、赛跑、杏、公公、秀丽、假山、叽叽喳喳、脸红、你好、朝霞、扫荡、桃子、哎、约定、皮毛、童话、车厢、红领巾、天安门广场、成天、菜园、茄子、乘凉、稻子、秤、做客、踮、灌溉、宰、黄莺、傣族、孵、丰满、乐得、足球、懒洋洋、宝藏、眼圈、船舷、跟头、撅、胖乎乎、黄鹂、暴躁、宇宙飞船、灾害、冬瓜、云朵、敬礼、水淋淋、冬眠、月牙、山口、施肥、顺从、过冬、细毛、春眠不觉晓、赤脚、秤杆、更上一层楼、做伴

二级词语表

以、所、于、无、如、其、或、一切、而且、最后、八、处、此、各、则、由、自、生命、仿佛、发、然而、似乎、以为、一般、曾、自然、常、精神、令、离、竟、

之后、完全、发生、人民、何、甚至、酒、人家、至、因此、首、当时、如此、
任何、历史、卖、老人、几乎、者、由于、其中、诗、决定、认为、同时、其他、因、
相、传、进行、女、其实、回去、虽、相信、城、国家、年轻、美国、非、感觉、
露、一面、并且、旁、饭、金、仍然、实在、结果、明、清楚、仍、方、肉、公、影、
巨大、遇、碗、副、铁、杀、曾经、情况、齐、无法、土地、定、记得、初、无论、
力量、小时、经、大概、似、左右、怪、卷、全部、认识、替、空气、应、余、今、
作为、底、念、时代、耳朵、痛苦、换、城市、古、布、即使、号、失去、说道、归、
绝、交、女儿、分钟、伤、排、真正、隔、可怜、青年、主人、如今、忘记、天下、
简直、激动、篇、街、按、元、谈、横、机会、平、努力、军、变化、人物、整、野、
奔、鸣、众、插、以及、音乐、苦、前进、建筑、钟、同样、社会、男孩、尽管、
不仅、世纪、挤、生长、陈、踏、产生、依然、剩、大约、关、沙、顿、兵、约、
不但、将军、一些、团、透、早已、方法、困难、胜利、平静、合、强、类、技术、
文、重新、大小、足、沿、原、差、本来、扔、塞、关系、往往、耳、猛、通过、
一生、消失、客、须、消息、银、妻子、表示、结束、难以、形成、代、人生、肩、
丈、闲、血、少年、可怕、一半、美好、欢乐、刚刚、骂、部分、搭、之前、柳、
龙、具有、担心、松、比较、回头、日本、习惯、差不多、秋、报、至于、她们、
架、托、班、中国人、获得、拨、心情、紧张、可惜、灰、店、君、了解、垂、曲、
劳动、散、厉害、报告、引、桌、不错、一齐、番、工人、达、保持、危险、力、
孙、安静、脚步、心灵、一阵、进入、简单、掏、哩、养、呼、完成、中心、浪、
坚持、究竟、作品、黑暗、经历、印、属于、色彩、情、吃饭、环境、生物、淡、
冰、设计、箭、存在、反、不得、语言、默默、办、人员、转身、系、决心、母、
人间、逐渐、长江、是否、份、方面、欣赏、劝、解释、队、逃、微微、蛇、既然、
客人、道路、唉、选择、表现、感动、零、甲、刀、战斗、泪、迅速、解、假如、
首先、感受、农民、尺、碎、高大、扇、据说、肯定、独、某、的确、项、兄弟、课、
记忆、菜、严肃、舟、勇气、答、汤、宇宙、影响、埋、引起、嘴唇、脱、泪水、任、
扶、不必、理解、抢、始终、背后、想象、新鲜、儿、妈、共、亲、茶、丛、丰
富、神情、收拾、通、大学、上下、改变、人群、接受、杯、不得不、居然、愉快、
天地、眼光、尤其、模样、出发、两岸、亲自、身后、偏、停止、女孩、嘛、板、
领、来自、夫人、诗人、倍、较、盛、另外、薄、光明、浓、至少、如同、飞行、夺、
挣扎、确实、起身、根据、投、微、专、普通、戏、事业、德国、丁、守、熟悉、

增加、热情、院、探、胡子、忍不住、全都、肩膀、皇帝、文化、展开、情景、主、
无比、以来、伸手、显然、按照、递、味、妇女、小学、实现、扫、恢复、火车、
逼、染、园、房间、海面、速度、沉重、安全、法、当年、添、说明、地点、脸
色、一时、宋、户、不如、奇迹、大量、理、观众、有着、个人、扯、竟然、开
花、仅、原因、错误、罢了、挨、黄昏、实、兴趣、姓、回忆、茫茫、未来、值得、
波、作用、强烈、不时、仅仅、侧、儿童、眼看、加上、谷、盆、学问、岩石、串、
格外、事实、袋、棒、宁静、缺、轮、捏、得意、试、痛、迎接、优美、不许、沾、
对面、放心、纪念、哪个、潭、运动、宝、年级、无限、贵、卧、止、随后、利
用、同伴、中午、工夫、家庭、星期、表、条件、时期、父、抹、壳、相互、里
边、不论、中央、童年、战争、形象、象征、热烈、抛、去年、此时、药、今年、
冻、费、特殊、士兵、闪烁、嗅、唯一、牵、造成、略、满足、相同、台阶、请求、
意见、群众、磨、能力、亲人、沙漠、梦想、鞋、国际、礼物、介绍、孤、两边、
牙、一旦、今日、主意、儿女、公里、生存、灰色、图、年代、文字、来回、持、
随便、不足、灯光、剪、古老、瞪、尾、劈、流水、算是、害、油、有关、绳子、
内心、愿望、安慰、外国、墙壁、小伙子、幕、轻松、缠、再说、调、庄严、奇、
招、握、旅行、行动、当地、远方、搞、乐曲、璧、到达、批、上午、盏、毕竟、
开口、超过、香港、饮、距离、再次、山顶、跨、因而、摇晃、吩咐、厨房、实验、
偶然、情形、军队、同意、扭、黎明、表达、破坏、以上、镇、分别、滚滚、震、
镜、对方、呈、犹如、蝉、中华民族、享受、有力、异常、牙齿、裹、恐怕、偷
偷、有点儿、现代、指挥、上空、跳跃、抖、轮船、繁殖、秘密、盼望、聚、取
得、软、倒是、终、蛋、一带、山谷、补、反复、寒冷、屈、池、帮忙、后边、蹦、
笼罩、死亡、用来、陌生、瓶、灰尘、雄伟、粉、治、前来、锅、假、证明、大
陆、商人、拣、爪、帆、构成、景色、一动不动、虎、独自、剑、塔、抚摸、搂、
贡献、趟、钩、一一、汗水、清脆、无边、仍旧、高度、想法、匆匆、舌头、百
姓、翠、竖、挡、四处、同情、商量、提醒、珍贵、胜、显示、北方、右手、堂、
覆盖、先是、跌、街道、随时、拥抱、树干、海鸥、火焰、拥有、皮肤、跪、到
来、脑子、比如、安排、占、组织、现象、园林、反而、巢、手掌、窗子、对不
起、歌、降、专家、混、赞叹、焦急、成绩、飞舞、去世、克、胸、本身、扩大、
内容、病人、提高、金黄、柴、沙滩、发亮、即将、烂、歪、老是、渴、灭、干活、
东方、唤、课文、军官、归来、庙、判断、世上、时而、好久、位置、捕、大片、

泛、砖、触、试验、攀、平时、微风、允许、光辉、模糊、犯、降临、联系、商店、晚饭、演奏、毁、骆驼、咳嗽、悬崖、见面、自从、建、除、各自、眉、家门、忍、界、昆虫、好处、讨、嗯、考察、不然、滋味、打扮、动手、哼、伤害、深夜、无力、坚强、险、目标、当作、美妙、波涛、叫喊、分明、角落、起伏、身躯、有名、扬、亿、富有、编、表面、顽强、祖先、伴、苍白、高低、声响、叠、照顾、吼、史、葫芦、奔腾、减少、空地、喷、天真、钓、坚定、失望、信心、一向、正确、颤抖、光线、建立、掌握、航行、承认、建造、驾、精力、生动、记者、了不起、正当、灌、首都、叉、亡、文明、辛苦、日夜、反正、不够、当中、泡、严厉、老百姓、明明、讨厌、火柴、暖、工具、身材、现实、小心翼翼、此刻、寂静、漫长、深刻、壮观、乌云、深情、大多、工厂、裂、探索、嘲笑、若是、芦苇、代替、挣、座位、整齐、弥漫、起初、热爱、全体、移动、足够、家人、涨、束、神色、云雾、狂风、锁、服、罩、台湾、流动、念头、无穷、羡慕、喘、关心、发抖、上升、行人、后代、滩、山水、黑夜、盘旋、一刻、战胜、左手、功课、哈、中华、估计、所在、化、悲伤、一共、漏、河流、怀念、粮食、陷、痕迹、福、悲哀、水果、摇篮、再见、陆地、碧、清晰、势、轮到、夫妇、乡村、响声、抵、观赏、身影、体会、一连、付、观看、坚硬、书籍、缘故、臂、彩色、拴、讨论、瓦、否则、撕、区、鸡蛋、外边、壮丽、行为、波浪、照耀、咆哮、马路、水流、增添、老虎、揪、书包、宽阔、惊喜、描绘、神话、应当、或许、花纹、玩具、一手、脾气、奇异、倾听、惹、威胁、姿态、教师、练、烤、颤动、饥饿、一块儿、罐、相似、形容、游人、长城、趁、大半、流淌、晴朗、神秘、投入、忙碌、期间、采用、打听、山路、枝条、吊、忍受、行走、上山、保存、苍蝇、亩、林子、宝贵、尘、吃惊、偶尔、省、稳、燃烧、随即、同一、赶忙、王子、培育、骗、依旧、打仗、手臂、秒钟、吵、光彩、万分、尽头、缺少、善良、抄、境界、气息、翅、嫌、人口、山峰、再三、丝毫、电、节奏、挽、愤怒、乘客、思念、疼痛、草坪、膝盖、献、结构、隆、汹涌、生命力、不止、东北、木头、完整、重大、面积、翻身、右边、原谅、责备、奖、从中、咽、专门、宝贝、各个、脚印、无情、等候、郭、敏捷、潮、使得、下头、悬、味道、细雨、灾难、华、培养、开门、山林、天才、填、嵌、海岸、成立、捞、玩意儿、姿势、呼喊、过年、奶、浸、欢笑、坡、额头、人心、迎面、鲜、女子、牌、凑、电影、同胞、哭泣、子弹、厘米、辨、当天、噢、思索、耀眼、朦胧、疑惑、患、建议、微弱、熄灭、图案、捕捉、桂花、中学、成千上万、好心、精心、居住、开玩笑、飘荡、漆黑、舒适、凶猛、气候、邀请、自动、闪耀、掌、讲台、期待、涂、猜、月球、惊醒、久久、随意、别处、好些、合适、挺拔、重复、筑、自在、成群、大胆、建设、午饭、尖叫、避、边缘、笼子、翻滚、疾病、脸颊、得知、尽情、舞蹈、地图、弦、怀抱、蚊子、搏斗、地板、痕、治疗、滋润、罪、下令、翅、配合、中华人民共和国、惩罚、谈论、炎热、远近、这般、反抗、绣、左边、外地、栏杆、原野、王国、震惊、摊、完毕、英勇、公路、皇、闷、窄、绑、拜访、火烧、捆、清凉、讲话、老人家、今后、轻盈、生怕、痛哭、站立、大风、疾、考试、乐趣、庭院、大道、气味、啃、泼、猛然、稍微、腾、好似、佩服、机器、精美、强大、亮光、出口、模仿、清香、高原、蒲公英、本事、高空、进攻、露珠、嬉戏、意外、颤、对付、来信、毛病、难得、仰望、做事、小人、蹬、巨浪、气势、写作、舀、板凳、游客、灌木、营养、原先、错过、峡谷、宝石、落日、恐龙、石榴、大夫、表明、交谈、大吃一惊、动听、清新、收获、索性、以下、抱怨、博物馆、坚固、喇叭、凶恶、粉红、旅游、簇、黑板、老头、舅舅、猎人、材料、建筑物、完了、袤、截、辽阔、留心、庞大、往事、一心、月色、堤、半空、丛林、轻快、弱、脱离、肩头、活儿、哄、盘子、天堂、华丽、溪流、翠绿、画面、紧急、连声、乃至、脑海、细心、相连、难忘、遍地、粗糙、动静、尽量、平衡、清早、情不自禁、嗒、器官、爱好、布置、凉爽、农村、信息、城墙、架子、剪刀、勤劳、资料、兜、吸收、整理、化石、大衣、半截、打猎、夜幕、游览、惨、鸣叫、逃跑、鲜血、延伸、震动、震撼、消、压力、资源、灯火、露水、受伤、体重、自身、逼、作、慈爱、糊涂、浪费、随手、顽皮、新奇、一模一样、陈列、军事、人才、向导、铲、娶、笔直、飞奔、客厅、曲折、题、桨、没关系、适应、舔、统一、蹦跳、腾空、形态、珍惜、整体、浩浩荡荡、奇特、气温、外衣、昔日、笑嘻嘻、镇静、唎、海滩、耐、衣袋、父子、热量、麦子、大炮、大都、沸腾、孤零零、茅、气喘吁吁、卫星、骏马、狂、蹄、严寒、鼻孔、偏偏、铃铛、转移、蔬菜、西方、严、耕、四季、为止、围绕、位于、优雅、远古、闪光、觅、区别、上路、暑假、暗暗、抖动、激烈、觉察、开辟、投向、心地、阻挡、宝库、灵活、拍打、破碎、茁壮、煤、家园、推动、小学生、赢得、攒、校园、云层、浑、恰好、恰恰、自由自在、祝福、碎片、尘土、姐妹、凌晨、扇动、原始、驻、沙子、尊重、牧场、持续、剧烈、轻声、兴高采烈、崭新、恍然大悟、电脑、男子、沉睡、大红、烦恼、降落、四肢、闻名、行驶、血液、众多、剥、上边、礼貌、箱子、永久、外祖母、五星红旗、分开、路线、补充、不平、家具、宽广、婉转、幼小、招手、庄重、用处、春光、后退、起飞、晚霞、优良、钥匙、转眼、肌肉、绸、搅、摄氏度、忧郁、桥洞、呜、卫士、驶、饱满、含笑、接连、前往、衣着、逼近、地形、分手、奋力、景观、连接、领悟、满怀、书本、耕种、山河、外出、乌黑、野兽、绘画、气象、作业、徒弟、衬衫、奉献、倦、连同、西边、掩、遥望、要不是、制服、自古、愣住、暮色、深山、烫、土壤、一行、争辩、大伯、城楼、杂草、伤口、脑勺、喘气、各式各样、固然、过夜、话语、娇、经受、面容、启发、启示、水花、淘气、悦耳、无影无踪、炒、珠宝、餐、东边、家家户户、泥泞、视线、心疼、隐藏、夏日、水滴、乐园、清亮、枕头、洲、本子、褐、辈子、倒影、丰收、功夫、嫉妒、轻柔、情愿、水波、心跳、衣襟、镇定、转向、一声不响、秆、辫子、吃力、画卷、下降、具体、相间、野生、争先恐后、苔藓、泰山、同事、蒙、步行、充足、聚精会神、漫天、目不转睛、起头、驱赶、恬静、纹、心事、一本正经、翩翩起舞、催促、解除、适宜、丰、没事、珊瑚、湾、喧闹、原理、种类、治理、璧、赢、伴随、吹拂、垂头丧气、浮现、平稳、奇观、午后、脸蛋、常见、受不了、木船、漂流、死神、威武、挂、波纹、春节、大拇指、蜗牛、费用、缝隙、旱、事后、熟练、外形、镶嵌、拥挤、笨重、光秃秃、撩、领袖、沐浴、生根、诉说、外公、过往、行礼、移植、手表、并排、风浪、试探、透亮、眼眶、重地、主动、哎哟、打扫、农家、清泉、名贵、亿万、大叔、垂柳、繁花、喊叫、机灵、浓郁、轻蔑、线条、音符、隐隐、张望、七嘴八舌、成群结队、憋、对话、黑白、居民、密切、屈服、踪影、播、发言、绒毛、眼珠、车门、锋利、水土、烟囱、本能、查看、花坛、劳累、明镜、难看、牲畜、小雨、郁郁葱葱、窟窿、外婆、岛屿、滚动、太平、桥墩、遍布、穿行、陡峭、关注、节省、均匀、密密麻麻、上游、有数、兴致勃勃、体育、翡翠、好人、迷路、鲜嫩、莺、失明、轰鸣、钻石、救援、搜索、噪音、花苞、挥动、乐意、扑通、眼皮、静寂、爱心、关闭、捎、树种、坦克、云霞、新娘、漂浮、嘻、霎时、老婆婆、必定、不光、缠绕、赶集、假装、郊外、拎、难免、迫不及待、潜入、深度、瘦小、微波、唯有、眼珠子、斩钉截铁、争夺、会长、半边、捕食、稠、夫妻、改正、料、猫头鹰、枪口、青苔、乳汁、山岭、饲养、长方形、届、开会、轮子、调皮、合拢、回顾、敬佩、汪汪、心愿、正巧、聊天、成年、加油、头巾、湛蓝、装置、编织、混合、结伴、千姿百态、水分、搜寻、贪婪、逃脱、显露、下场、相约、余地、栩栩如生、语文、采集、丢掉、港、毛茸茸、围观、渔民、涟漪、河床、脚掌、常年、吃苦、电线、凝结、平整、山涧、硝烟、形体、阴云、人流、石油、受苦、疼爱、唾沫、挖掘、触角、裸露、顾、长度、分布、俯冲、高峰、排除、谦虚、轻而易举、洒落、水井、万紫千红、眼角、赞赏、稻田、纳闷、诱人、地址、丢失、节约、抗击、抢救、物品、现场、上等、报酬、不一、疙瘩、空隙、能手、爬行、锐利、天神、一晃、毛驴、新型、皮球、出场、光洁、假日、鞠躬、铺天盖地、取暖、随从、信使、蕴藏、蕴含、骤然、嶙峋、没完没了、吵架、逛、嗨、山冈、痒、展出、花瓶、流失、图书、发热、跨越、入睡、散落、宿舍、霞光、显微镜、用途、白费、水势、炸弹、白银、笔记本、道谢、干粮、旱灾、缰绳、看作、狂奔、理睬、目瞪口呆、丘陵、腾云驾雾、细腻、询问、沿途、艳丽、异乡、雨露、外壳、翠鸟、金灿灿、贫瘠、港湾、丝线、海鸟、白茫茫、丰年、骨肉、海湾、画眉、完好、缤纷、多种多样、走街串巷、长处、鱼饵、渔翁、知了、呗、彩带、葱绿、辉映、禁止、困境、漫山遍野、品尝、平息、破裂、生息、守护、索取、阻力、煤炭、万里长城、星座、鬼脸、明丽、清理、重任、电池、废气、水蒸气、诚心诚意、倒塌、堤坝、橄榄、话题、警报、确认、事故、受益、物产、小巧玲珑、赞许、山崩地裂、悠然自得、软禁、输血、赶车、海狮、龙虾、千奇百怪、病魔、度假、海参、木料、农活、诵读、细碎、小辫儿、小型、药材、圆溜溜、淡水、歉意、提取、考证、琳琅满目、气馁、性能、极目远眺、放飞、嫩黄、损伤、血型、预防、转告

三级词语表

若、对于、新加坡、华人、愿、及、衣、如何、言、皆、即、且、发展、必、民族、般、乃、溪、许、求、故、答应、复、部、刘、罢、艺术、物、感情、女人、根本、顺、命、呼吸、懂得、意、凡、杨、觉、上帝、所谓、丈夫、汉、临、老爷、不安、鬼、莫、凭、缓、意义、不禁、地区、部队、星期、愈、遂、思想、文章、显、载、夫、娘、善、解决、票、帽子、过程、勒、众人、灵魂、地位、级、寺庙、梁、关于、罗、居、命运、谓、只得、主要、沉默、政府、计划、任务、据、积、郎、巴黎、印象、存、作者、严重、追求、失败、唐、传统、打算、平常、供、上海、弹、告、泉、队伍、织、小孩、渐、方式、男人、异、利、教育、雷、愁、伏、寸、

椅子、温、怒、语、渴望、前后、小说、复杂、呵、集、叹息、鬼子、态度、奇妙、倚、风景、放弃、春联、节、选、峰、备、景、尝、事物、夏、理由、文学、经验、银子、岁月、窗户、牺牲、马来西亚、幻想、糖、拜、长期、集中、鼓励、工程、作家、针、单、呼啸、直接、仙、溜、精、出生、杂、汉字、习俗、达到、爷、极其、最近、不已、蜡烛、赵、钟头、恨、价值、老板、共同、华语、艰难、哪怕、老太太、考虑、礼、以外、目的、斗争、表情、容、拒绝、最初、支持、拥、导游、感激、迟、提供、劲、温柔、运、吞、妙、斤、责任、谈话、空间、骨、怀疑、寂寞、州、笼、权、暂时、教授、颇、最终、西北、诸、雄、心头、属、掠、易、遭、果、学者、藤、物质、缩、炸、枯、规定、扛、始、在于、疯、柔和、时常、提起、沉思、仪式、生产、相当、艰苦、灵、片刻、做工、铁路、保证、百万、将要、嚼、环、宫、购物、不耐烦、先前、喜悦、值、真理、刷、岂、泰国、阅读、悲、谋、往来、用品、琴、诞生、性格、孤独、校、启事、访问、意志、形、奏、岭、号码、郑、例如、麻、上天、族、喉咙、皱纹、义、只顾、计算、实际、此后、龟、价钱、功、网、讲究、麻烦、梢、素、南瓜、半夜、难受、氏、人工、总理、不知不觉、接近、漫、细胞、必要、柔软、效果、辞、扁、古人、尸体、认、也好、船长、赞美、风光、实际上、接触、准确、果实、答案、梅、车站、渡、发表、奋斗、恩、幼、返回、有如、瞬间、成就、配、攻、潮湿、网络、勉强、此外、夜间、祖父、大事、光荣、拼、老鼠、哎呀、秒、气氛、负责、控制、明显、翼、击、里头、免得、耍、拐、格、反应、前边、羚羊、吆喝、平原、程度、夕阳、晓得、演出、独特、给予、特点、记录、目前、驴、欧洲、优秀、反映、描述、烟花、凶、科技、马车、凡是、极为、深沉、无不、后悔、基础、爆炸、燕、伙计、砌、帽、平日、祝、装饰、武器、服务员、四面、精彩、瓜、总之、呈现、交通、举办、小姐、页、神圣、温度、碟、逃走、一致、惊异、跳动、呻吟、程、筒、制造、曲子、独立、向往、范围、青春、善于、倘若、特征、正常、铃、经理、会馆、可见、陷入、共产党、战场、来往、冰冷、教训、凝视、夏季、大师、绝望、其间、书桌、雕、惊人、椰树、橡胶、生日、量、彻底、进一步、纯洁、亲手、眼神、指点、船只、盒、新闻、合作、骨头、方才、旋转、爱国、产、意味着、炮、无论如何、由此、不顾、观点、疲劳、请柬、笛、避免、出色、指头、总统、抚、点燃、佛教、衣物、崖、中秋、队员、分析、支撑、工程师、裁判、关键、屁股、越过、西瓜、万物、粘、诚实、个子、拳、童、可笑、天色、广阔、辉煌、弃、蘸、发觉、内外、拦、包围、闪电、汉语、利益、卡、水手、靠近、烟雾、朴素、越发、发起、猛烈、少女、说法、茎、国人、手机、使者、沟、描写、正月、运用、教堂、代价、点缀、讲述、特地、从而、打发、租、电车、办公室、必然、风格、圣诞、瞎、胡须、生机、鲜明、半天、人体、熬、打量、旦、广大、勿、足迹、桥梁、大厅、朗读、权利、额、回想、亚洲、设备、隐约、预备、固定、禁不住、况且、真实、悲惨、尽力、请教、认得、站住、做人、毁灭、柱、俯、排列、仗、仙女、番茄、节目、石板、攀登、迁、他人、舞台、终日、悲痛、开阔、繁衍、放声、高尚、破旧、角度、护士、慌忙、课堂、时分、体现、膝、揉、友好、创作、执行、理论、吨、宽大、详细、过于、刹那、舒展、相反、悠悠、缘、遭遇、折磨、学堂、保、担任、魅力、企图、世人、课本、傻瓜、赖、确定、泻、转动、新疆、会议、保留、端详、单位、宣告、感叹、集体、眼镜、制作、火箭、几时、送行、大气、均、天使、伯父、好汉、记载、耸立、幸运、训练、依靠、魔、大伙儿、明日、巧妙、鞭、从容、返、交流、杰出、来得及、豆腐、粮、炮火、强盗、肚、真诚、云彩、不要紧、胸脯、野菜、动身、开头、弯曲、修建、员、不得了、穿梭、轻易、掀起、有限、逮、爆发、处理、付出、笑话、性、徘徊、燃、下班、申请、场面、赴、该死、天然、道德、设想、毕业、名著、充分、泪珠、漫步、肿、保佑、打破、芳香、广泛、深入、心底、在场、隧道、柜、干吗、活跃、激情、陪伴、突出、杖、师傅、大军、炉子、淹、悲剧、赤、索、拽、牛奶、金属、椰子、粽子、地铁、宝宝、完美、明朝、管理、面临、宛如、无垠、寻常、仰面、基本、精致、齐声、胸膛、一辈子、子孙、楼梯、倒霉、规模、甲虫、储蓄、列车、气力、天安门、火把、研制、村民、火炉、嫁、火星、败、粗壮、夸、落地、重重、瞒、凝望、西南、毅力、际、餐桌、糊、前线、旁人、患者、菊花、渔夫、鼓掌、句子、熟识、外语、哎、公元、坠、酒店、崇高、打动、动弹、轮流、手脚、无奈、笑眯眯、颜、风度、加快、老实、气概、说不定、陶醉、一身、丑、咱、海风、主张、特、问候、孙子、信封、刀子、工业、后院、现、性命、战友、沉寂、沉浸、轰动、简陋、杰作、明媚、顺手、同行、一早、跃、苦难、柔、手下、统统、遨游、背景、抽屉、公开、坚决、列、扒、男女老少、多数、率领、召唤、最为、航天、山羊、暴雨、精灵、联、数量、风暴、甲板、拧、信任、校服、弱小、饼、风沙、面孔、滔滔、招待、数学、疯狂、拢、手背、水源、牛郎、织女、终点、犀牛、学好、协会、诊所、匾、俄国、腹、官兵、民间、墨、凄凉、衫、公斤、星球、圣诞节、玫瑰、迈、承受、懂事、分外、将近、惊叹、流露、试图、辛勤、行进、招呼、照射、修筑、筐、残酷、敞开、刚好、规律、留学、庆祝、适合、哑、指导、稀、咳、每每、生意、信念、育、忠实、题目、球场、元宵节、雕像、手榴弹、攻击、中文、船舱、鼓舞、何不、驾驶、埋头、湿漉漉、塌、无私、奔流、非凡、惊恐、口子、普遍、敲打、威力、心血、屹立、接待、厉声、荣誉、遭受、搂、掀、捐、秘书、火灾、齐全、发育、嫦娥、摆脱、绷、出奇、得以、东南、急切、累累、陆续、莫名其妙、苇、辛亏、羞愧、徐徐、尴尬、冷笑、灵巧、首次、要命、置身、祖、侦察、防、稳定、雪山、黄瓜、烛、挺立、请假、放假、流域、伟人、勤、姥姥、苍茫、冬季、分散、好比、慷慨、连续、湿润、眼帘、洋溢、主持、阻止、五彩缤纷、尝试、橱窗、戳、防止、裤、旗帜、婴儿、正面、杯子、手枪、小提琴、打招呼、友人、敬意、帐篷、昂首、不堪、不由自主、簇拥、发挥、法子、个性、回荡、见识、克服、麻木、淌、甜蜜、细小、狭窄、享、艳、摇曳、展示、此时此刻、感、劳作、背诵、不可思议、冒险、贫穷、事先、手势、巍峨、相对、人世、保姆、激流、平方米、隔壁、武、一气、映照、着呢、自家、小腿、商场、发呆、学期、怒放、富翁、手舞足蹈、午餐、洗衣机、性别、学业、印尼、牧童、百分之、鞭子、穗、车祸、赠送、餐馆、门铃、按时、旋律、巴掌、猜想、大批、恶劣、海外、吼叫、加入、挎、绚丽、追逐、纵横、机场、出版、促进、隆重、怒吼、企盼、深渊、未免、旋风、檐、蝙蝠、待遇、动员、饶、收音机、匣子、证实、碑、炮弹、天河、野兔、粥、戈壁、红旗、小吃、秦始皇、斑斓、衬、充实、出神、全面、腮、失声、维持、喜出望外、引得、震耳欲聋、终身、保卫、不至于、惭愧、春秋、打扰、大漠、吠、良好、抢、命名、起先、听话、絮、业、汇、农业、施工、液体、蹭、苦恼、乐队、联想、体力、杭州、艇、保安、环保、端午节、报名、海军、堂屋、种植、呐喊、火山、包裹、叮嘱、交织、美观、明晃晃、天际、团结、终生、宝玉、减轻、烈、手套、相传、纵、作战、舞狮、叫好、寿、办公、主持人、柜子、茶叶、剧场、摔跤、押、制度、字形、机械、烛台、锋、谷子、蚕、打败、科、勤奋、沙土、出世、惊动、流传、拍手、热泪、身份、树荫、随身、挑战、纵身、东张西望、来来往往、比喻、改善、固执、恨不得、伙、瞄准、渺小、碰见、伤痕、物体、循、高潮、埋葬、应用、珍藏、一阵子、听众、水浒传、俘虏、植物园、即日、岔、傲然、凤、火光、艰巨、铅笔、谜语、尘埃、赶路、好容易、宏伟、玲珑、梦幻、霹雳、前途、热血、虽说、甜美、血迹、女娲、宇航员、不在乎、出身、雕刻、干涸、积累、集合、旅途、山峦、卧室、音响、故宫、标本、衬托、绳索、正中、管家、病房、草帽、把握、摆弄、矗立、促使、发誓、花花绿绿、教诲、绝妙、明了、难怪、怒号、若干、伸展、生前、睡梦、天涯、眺望、熏、一律、有意、装点、年头、菜肴、吉隆坡、贺卡、上班、收集、画笔、用意、感冒、相机、天文学、起居、俗语、少不了、汤圆、炒菜、久而久之、卧房、饺子、沉醉、捶、粉笔、国文、火花、惊心动魄、警告、蜡、描、倾斜、杀害、上书、毅然、走廊、伦敦、大街、马蹄、修改、种地、远征、葬礼、籽、慈悲、盾、警官、拜年、表格、暴露、不朽、跟随、怪不得、挥舞、激励、孔雀、烈火、绵延、面貌、畔、气愤、苏醒、探望、熄、严格、照看、直至、不慌不忙、军士、北面、喝道、图书馆、北国、弟兄、昏暗、万万、威风、文物、原本、昏迷、开凿、逝世、瞻仰、助手、冲锋、笔尖、工地、矮小、暴、沉着、纯净、大作、发动、繁华、关怀、何况、技艺、僵硬、娇嫩、锲而不舍、十足、想象力、炫耀、衣衫、萦绕、指望、璀璨、自古以来、懊悔、鼻尖、鞭炮、憧憬、果园、脊背、疲惫、峭壁、曲线、实地、危急、下地、小脚、应声、孕育、师生、翱翔、飞天、干旱、篝火、皇家、眯、清白、撒腿、缩短、看台、教师节、球员、摇摆、船员、泥鳅、阵地、除夕、梅花鹿、县城、宣读、老奶奶、雨伞、庆典、提炼、步枪、大会、到手、稻草、国土、过问、罕见、交错、脚尖、警惕、历尽、烈日、名人、凝聚、期望、全神贯注、勺、收成、胸怀、总数、做生意、办事、撮、怒火、沙发、依恋、游历、包袱、壁画、桂林、祷告、花边、领域、情节、测量、驼、挨近、不知所措、嘈杂、长途、触动、搓、耽误、调节、动摇、奉命、过度、回味、机智、激发、急速、论文、迷惑、瞥见、平安、平地、朴实、柔嫩、若无其事、相继、掩映、迎风、忧虑、源、在意、造福、真切、争执、值钱、西游记、磅礴、口哨、悲壮、哺育、出海、胶、锯、路灯、迷失、他乡、毯、呜咽、席子、悠然、圆圈、亲友、厕所、雨季、孙女、蛋糕、刺刀、嘶、中尉、气体、鞋匠、顶峰、胚胎、寡妇、坏事、仆人、山势、圣诞树、线路、别墅、不满、察看、潮水、奔拉、端庄、钢笔、喝彩、较量、可贵、快速、南面、澎湃、瘦弱、推辞、下达、阴暗、无穷无尽、明代、航天员、搏击、放羊、光溜溜、神像、腰带、幽香、运输、清朝、总部、铺子、店员、鳄鱼、住宅区、王母娘娘、马戏、西藏、攻打、大街小巷、电视机、公共、灵机一动、国庆、打瞌睡、解答、背面、星斗、整洁、老弟、慢条斯理、赞不绝口、万事如意、爱戴、变幻、穿越、感染、构思、关头、艰辛、进发、考验、哭哭啼啼、蹑手蹑脚、晌午、危害、侮辱、行列、雄浑、宣传、眼界、在世、增强、这会儿、自如、彬彬有礼、宾馆、围巾、伴奏、哺乳动物、痴、从容不迫、富饶、孤儿、号称、抿、明珠、天花板、听从、喧哗、开斋节、球迷、饮料、毛衣、望远镜、熊猫、尺寸、展览会、下马、垮、渗、炎黄子孙、鼻涕、捐献、不容、不惜、耻辱、冲刷、传递、传奇、当即、航海、欢腾、回报、将领、洁净、密集、起码、糖果、特色、危机、休养、叶片、昼夜、丰富多彩、源源不断、大婶、老伯伯、矛、依依、科研、乐谱、饱含、不懈、残疾、差点儿、出卖、带头、带子、颠簸、翻来覆去、风平浪静、故土、关切、好客、祸、简短、脚跟、敬仰、夸张、魁梧、雷鸣、气魄、千古、亲吻、倾注、圈子、硕大、天底下、团聚、违抗、小半、旬、烟尘、一系列、赞扬、依依不舍、椭圆、词句、封面、拐杖、悔恨、劳苦、品味、倾诉、容纳、维护、约莫、雷电、喷泉、铁匠、屋脊、野马、医疗、旅行社、看病、产量、货物、饮食、摆放、妒忌、凉快、车票、榜、废物、坏人、住院、理发、团圆、早季、红豆、兄长、漩涡、散射、数、爱抚、安定、步伐、抽噎、殿堂、分头、封锁、改进、后头、慌乱、火热、歼灭、进出、酷爱、浪漫、毛皮、泥浆、黏、蜷、忍心、任命、尸首、搜集、下课、险恶、抑、诈、振奋、执着、专心致志、自制、猝然、抗战、里屋、去处、搜查、学徒、源泉、海岛、艺人、崇山峻岭、洞穴、过节、花样、灰白、静谧、泪花、冷汗、历代、脸庞、流落、留神、绿油油、迈进、腻、人山人海、闪现、顺序、威严、迹象、险些、心胸、秀气、锈、有幸、玉带、远客、秩序、醉醺醺、忐忑不安、举世闻名、意想不到、成百上千、松脂、出土、刚毅、过道、家境、拼搏、山脉、受难、铁索、挽救、修理、幽默、渔家、震荡、怔、知己、铸、米粉、新郎、月饼、讲课、基金、绿豆、牙刷、老者、墨水、战车、宝岛、绘图、濒临、出差、存活、概括、歌剧、公认、华北、吉祥、交替、来历、联结、莫不是、深奥、生态环境、坦然、推测、围裙、严峻、一窝蜂、岛国、水龙头、游园会、录音、大汉、电影院、电子、排队、展翅、注意力、农田、王位、米饭、花木兰、信用、赚钱、出力、提问、开幕、拍照、运动场、螃蟹、记忆力、破损、手工、付款、摊位、国籍、上网、营业、晚辈、衣橱、写字台、礁石、绝迹、晚安、在座、稚气、拉萨、勘测、斑白、碧空、长龙、等闲、动工、踩、富裕、勾勒、过错、寒意、黄鼠狼、佳肴、戒指、尽快、竣工、扩展、礼拜、浏览、露天、马虎、目睹、难度、农历、蓬松、片段、崎岖、人声鼎沸、上演、渗透、徒劳、问世、效率、雪亮、职位、致敬、捉弄、不声不响、惊慌失措、踉踉跄跄、埋怨、后果、机枪、空白、天性、武士、物理学、阴森森、相伴、烤鸭、皮影戏、清迈、美化、敬酒、装饰品、笔画、中餐、少校、宝座、陡坡、美餐、缝纫机、遗像、爱惜、别致、苍穹、沉没、打响、断言、飞驰、分配、歌手、鼓点、激荡、流向、飘拂、启迪、青铜、缺口、岩层、业绩、异国、周游、战袍、肝脏、小偷、帐子、脸谱、空想、稿子、钩子、礼堂、遗体、情报、介意、出使、斑斑、悲观、奔赴、不折不扣、采摘、侧耳、炽热、创建、搭救、灯塔、抵御、顶天立地、飞腾、岗位、狠心、呼号、华夏、晃荡、火苗、基地、金碧辉煌、路人、芒、渺茫、皮带、庆贺、求助、群星、热乎乎、噪音、少爷、生态平衡、熟睡、睡眼、围拢、五谷、醒目、压倒、眼见、要道、依次、引进、迂回、云端、再现、周密、周末、壮阔、井然有序、和蔼可亲、悬崖峭壁、意味深长、耻笑、讥笑、缝补、纺织、稿、惊天动地、橘红、牛皮、天宫、推算、外宾、琴弦、点菜、师父、醋、毛笔、市区、便条、互联网、温习、演变、新人、菲律宾、设施、大奖、操劳、担忧、定睛、刚强、工艺、华侨、开采、矿物、立时、埋藏、民族英雄、末年、塑像、造就、照管、马灯、陶瓷、绷带、笔记、花圈、一贯、邮筒、正视、清明节、洋娃娃、跑步、土豆、斑马、太极拳、安闲、彼岸、苍劲、掺和、绸子、打搅、定点、发愣、防备、飞扬、胡桃、荒无人烟、脚底、解说、惧怕、开山、捆绑、落空、马马虎虎、迷恋、眯缝、勉励、念叨、篇章、腔调、蜷缩、热腾腾、身姿、审理、瘦削、肆虐、挺进、退让、万国、万水千山、文豪、嬉笑、心声、音韵、邮差、有声有色、张牙舞爪、助威、汹涌澎湃、接连不断、宿营、财物、奖金、锦绣、荆条、亲昵、移居、西红柿、留客、北上、唱戏、点火、经纬仪、免除、铭记、欺凌、海关、寺院、体态、天穹、绚烂、硬是、扎根、张罗、来生、水电站、轧、救生艇、碰壁、锤、不堪设想、处死、钓竿、敦厚、奋发、构图、黑洞洞、记性、奖励、焦点、娇小、浸没、精密、礼炮、裸、藐视、名师、眸子、那会儿、撵、侵犯、倾吐、如饥似渴、洒脱、纱布、湿淋淋、提早、体格、心急如焚、心惊肉跳、修好、冶炼、阴冷、阴森、焦灼、载歌载舞、啧啧、支吾、中国话、阻挠、坚持不懈、狂风暴雨、威风凛凛、惊恐万状、巍然屹立、发麻、各色各样、欢声笑语、相聚、史学、鼻烟、毫毛、矿产、流苏、青龙、褪色、无所不能、服侍、高昂、高僧、见习、滥用、气壮山河、文献、研读、老板娘、挽联、邮车、责骂、小崽子、婆、饱经风霜、标杆、殡仪馆、不可开交、城郊、吊唁、钓钩、断后、风琴、复苏、干线、刚劲、工期、公事、何须、囫囵吞枣、回击、货轮、叽里呱啦、降生、交付、九州、就位、课余、枯瘦、乐团、乐章、冷冰冰、梅子、内涵、坡度、清苦、全速、声望、孩童、守夜、弯度、万事、戏耍、要挟、野外工作、银白、云崖、芸芸众生、争持、正规、锥、自作自受、做礼拜、大吃大喝、地堡、板子、惨祸、痴迷、冲锋陷阵、盗匪、道口、低微、调遣、发愤、工作面、顾惜、活该、活见鬼、祸患、基督、家庭妇女、苦战、镊子、情义、全线、神机妙算、烟叶、遗嘱、张冠李戴、招展、重活儿、追悼、迎风招展、深思熟虑、震天动地、狂轰滥炸

四级词语表

亦、决、甚、怀、毫、革命、乙、吴、乡、广、包括、词、闲、视、官、室、和平、毛泽东、度、组、民、敬、士、俱、邓、市、鹤、逢、章、哟、反对、惟、意识、切、不曾、舍、恶、兴、太太、照片、致、尚、彼此、公司、职业、狠、旗、南京、置、休、叔、妻、亲眼、核、来临、经济、欠、南极、忧、贼、克隆、舱、贤、弟、法律、当初、输、益、负、从事、赏、状态、长久、荡漾、和谐、吟、通常、论、考、不料、扣、隐、恐惧、手心、电视、寺、而已、晕、盒子、爱情、情感、遗憾、高贵、拱、否、牢、早晚、演、倾、顾客、制、裙、党、毕、情绪、挥、昏、荡、心脏、穷人、宗、斩、等于、绝对、美元、其余、对待、头脑、赚、途、博士、弟子、足以、媳妇、为难、自我、疏、背影、疑心、良、丙、和尚、书房、激、水平、质、闻、服务、陛下、壮、行李、遇见、笨、单调、颈、时节、执、府、脑、枕、柏、对象、汉子、营、重视、规矩、忘却、洋、白杨、干部、报道、双方、宜、雁、末、录、莲、缺乏、确、屠户、宫殿、绳、损失、热气、鼠、平等、花生、法官、祖母、有益、吻、永恒、畜生、暴风雨、魔鬼、竭力、标志、念书、男女、苏州、纯、作文、忠、塘、屏、调查、许久、打击、理会、以便、槽、无边无际、良心、犬、世间、欣然、护、大哥、大厦、期、机、厂、地毯、杂志、细菌、警卫、眠、增、候、磅、成果、过分、只管、奴隶、加以、亲戚、富、形式、客气、宽敞、顺便、殿、尊敬、帘、下边、天子、规则、赋、磕、码头、艺术家、晓、好奇心、愚蠢、陛、读者、趣味、指甲、屠、衔、僵、咸、奔驰、芬芳、罚、路程、果树、伯、瓢、毒、私、不免、兼、迟疑、姐、医学、沉静、宿、猿、贝、秀才、肺、品质、箱、怨、蜘蛛、邮票、可谓、侵略、反射、植、园子、学术、照样、冲破、先进、正直、嘴角、朝廷、壶、地带、仁、刺猬、警察、军

人、无聊、自然界、卵、联合、柜台、僧、彩虹、不胜、敌、可靠、习、盐、残、青天、栅栏、占领、照例、粪、门槛、忌、玉米、浩瀚、缓慢、钞票、哥、藤萝、绽、掌柜、棚、少数、化学、恭喜、荒、惊慌、要紧、体、多半、唤醒、巧、水泥、席、心理、橘子、查、窃、尤、互、结婚、文件、做梦、万岁、阔、卒、诗词、成人、蓬勃、邀、肥胖、日光、养活、骗子、地平线、棺材、北边、无知、女婿、萤火虫、思维、高粱、忽而、新年、蒸、乞丐、娃、雌、虚、傍、除非、荒凉、举动、飘扬、无可奈何、尚未、电灯、演员、感人、冠、难题、注、木匠、便宜、勾、何以、炉、兰、馆、掘、握手、以免、山沟、硬币、住宅、看法、骑兵、平凡、鞋子、齿、就算、领略、留恋、天亮、邪、星光、祈祷、诗句、县、遗、棍、匆忙、融、不及、拆、而后、徒、潜、牲口、唇、游行、凝、不忍、晨、敢于、静悄悄、恐怖、袭击、干脆、晃动、偶、山川、压迫、有效、正式、状况、胎、佳、市场、著作、烦、坟墓、棍子、劳、南北、蓬、叹气、增长、悟、捂、钢琴、蚯蚓、商议、哀、东风、急促、恳求、叩、清醒、先后、信号、以至、早饭、躲避、粉碎、乖乖、花白、及时、阶、生平、盈、在望、争论、美术、数字、预定、册、踌躇、次日、好事、教导、具备、性质、种田、原子弹、打倒、拭、照料、何等、匠、诸位、银行、栏、本人、潺潺、当成、景物、稍稍、天生、新生、安详、标准、雇、江山、口吻、敏感、挪、瞧见、躯体、诗歌、适当、寻求、忆、有意思、财主、涉、光亮、贫、其次、数目、体面、统治、悬挂、摇动、赠、助、哆嗦、尿、蝌蚪、人道、筛、报答、矛盾、乳、司机、尊严、不屑、蹿、伐、甘心、和蔼、腔、亲热、融化、微不足道、无意、走动、婴、市民、采取、发愁、公共汽车、郡、流血、率、绅士、水草、向来、隐蔽、结结巴巴、胖子、含义、帖、香烟、主顾、车辆、减、窥、星期日、幸而、噎、游玩、帐、吉、季、崩、光景、救命、谜、却说、征服、动物园、河道、抵抗、出手、当面、读书人、风声、后人、类似、轮廓、生涯、尸、需、一体、黑人、大喜、结论、篱笆、四下里、停留、晚年、小子、旋、在乎、分子、君子、垃圾、栗、贫困、屏障、菩萨、实践、胃、主义、设、奖章、雀、窗台、牡丹、博、创造性、灭绝、捕获、层次、参天、测、诧异、对手、发笑、腐烂、前天、亲近、人为、并肩、大理石、低沉、花木、滑稽、皎洁、老家、冷静、流行、眉毛、密布、诗意、无非、姓名、袖子、一刹那、伫立、地震、亚、笋、担子、高级、物理、店铺、健壮、纠正、仁慈、厅、掷、琢磨、财产、公道、公寓、罐子、孟子、风俗、懒、廊、唐朝、大娘、基因、护

理、枣、书记、皇上、手段、典礼、绵羊、毯子、职务、高超、晃、机关、惧、

平坦、栖息、褪、造型、引人注目、母子、播种、臭、此地、访、静默、买卖、

平生、攥、垫、菊、民主、墙头、侍、爽、停泊、搁、废墟、创造力、帝、几何、

失掉、背包、病床、篷、日期、升腾、人民政府、抱歉、处于、大抵、胆怯、破

烂、润、特意、羞、雨衣、财富、费力、忽地、脊梁、抗议、例子、亮晶晶、明

朗、请问、生来、事件、肃穆、枉、未必、无从、惜、选定、依稀、仪器、诱惑、

在内、中原、祝愿、恭敬、技巧、亏、乐器、品格、欺、消化、雄壮、悠扬、争

取、竿、蔚蓝、东京、包扎、手指头、囚、搬家、盗、哪些、神态、枪毙、主任、

悲愤、揣、袋子、分辨、坚实、看待、刻苦、落后、泡沫、强壮、商、与其、栽

种、资格、踪迹、做法、蒋、艺术品、云雀、直线、壮士、建筑师、搬运、部门、

采访、喘息、乖、广告、合理、积极、计较、例、日益、哨、乡间、香炉、用功、

阿、日记、探险、雪人、牡蛎、姑、哄笑、携带、遗产、政治、荔枝、联合国、霞、

芝麻、毛巾、喏、取笑、奔走、传播、垂直、踱、回旋、获、狡猾、揭、筋疲力

尽、筋骨、前人、情趣、软绵绵、设法、搜、同类、惋惜、未尝、下流、消除、

性情、眼色、意味、悠闲、着火、无忧无虑、椅、肠、称呼、发达、繁茂、感慨、

黄金、继而、街头、竞争、明确、抛弃、疲乏、俗、溢、映衬、友谊、语气、愈

加、争吵、忠诚、瓣、蠢、大型、分离、极端、时辰、识字、讨饭、颓唐、外人、

血管、樱桃、延安、铁道、痰、遵守、白桦、布局、差异、炊烟、都市、锻炼、

记号、坚信、交换、名称、昆明、传染、亭子、氧气、笔墨、挽、胆、好在、沮

丧、俊、年月、起劲、寝、穷苦、丧失、香甜、阴凉、占据、照应、住处、虹、

登山、判、管道、课外、平台、手帕、一端、沼泽、正义、叭、瞅、出息、道歉、

顶端、栋、负担、概念、个儿、贵重、坏蛋、货、局、橘、老大、茫然、摸索、瞟、

平均、热带、无所谓、展、正午、准时、导弹、老子、半晌、辩、翻译、歌曲、

公平、酿、声调、宴、账、广州、道士、出席、饭店、撞击、分裂、棉、凝固、

射击、投降、琵琶、粗细、分量、蜂、好笑、活力、寄托、教会、近来、夸奖、

来源、狼狈、理智、芬芳、免、飘动、嚷嚷、入口、深切、诉、心境、心田、以

至于、阴影、幽静、欲望、云霄、匀称、责、夜莺、童子、凹、纯粹、单独、凳

子、点心、断定、繁荣、干枯、何在、灰心、尖锐、结局、进展、精确、老婆、

莲花、梦境、谋生、气质、权威、适、树丛、衰弱、突破、五更、误解、携、野

蛮、一道、应付、余年、注定、傲慢、策、成员、短促、放松、脚板、旗杆、险

峻、夜色、渔船、指示、领导人、唐诗、安息、本家、高中、讲演、委员、卫生、顷刻、金币、航船、回归、雅、英语、才能、耕地、幻觉、计算机、家长、绿地、蔓、掩护、物种、安心、财、承担、导致、发作、反驳、公正、壑、急匆匆、阶段、倔强、浓密、泣、遣、清风、全然、劝告、生死、寿命、捅、希、稀疏、现代化、相识、序、厌恶、一再、有理、藻、自觉、金字塔、宠、仇恨、脆、急流、技、贱、老天爷、落水、譬如、谱、人格、撒谎、视野、塑、统计、虚弱、宰相、证据、致意、方案、客店、扑打、教员、铜板、激光、屠杀、参差、荒原、胯、书信、雾气、显著、因素、扁担、胡琴、骑士、月台、老汉、长官、进化、闲谈、哲学、宾客、地质、女士、砰、生态、数据、水乡、渊博、榜样、不约而同、场所、地步、多时、妨碍、肥大、分享、功能、呼叫、荒唐、叫唤、精通、例外、伶俐、评价、虔诚、亲密、热心、少见、深秋、怨、提议、突兀、外界、无疑、鲜美、挟、阅、知觉、知名、浊、坐落、津津有味、不妨、出没、低矮、反倒、魂、加强、教书、节制、冷风、怜悯、内部、奈何、难为情、乞、肉体、神经、说服、谈天、小麦、也罢、乍、直径、纸张、汉朝、纪念碑、首饰、凳、观念、开发、科学院、灵感、名词、男子汉、宁愿、漆、情怀、山区、蛙、勇士、韵、宅、桩、丁香、大众、纺、浆、背心、不宜、迟到、宽容、生物学、草鞋、风车、本质、乘坐、赐、福气、高耸、公民、光泽、后天、混乱、机构、交叉、筷子、冷酷、临时、满不在乎、密林、牛马、赔、强迫、顷、贴近、通知、协调、忧伤、振、卓越、盈盈、操作、贵族、合唱、花费、饥荒、简洁、经营、枯黄、旅馆、启程、收入、水晶、外科、修剪、妖、优势、幼儿园、怨恨、赞成、造化、拯救、住房、高傲、懒惰、婆婆、权力、睡莲、小贩、部位、取代、酥、系统、相宜、寻思、丫头、淤泥、愚、懊恼、不当、不是、持久、刺激、打滚、独一无二、断绝、堆积、对联、饭菜、放射、害羞、话说、黄土、惶恐、即便、继承、节选、举止、口头、阔绰、聊、淋漓、留意、满载、美感、迷离、庞然大物、趄、全力、劝说、扫兴、实话、使命、私下、思路、宛转、旺盛、为人、陈、宵、新式、抑制、逾、喻、月夜、糟蹋、早点、张嘴、征求、郑重其事、致命、昼、生机勃勃、憔悴、蹒跚、茶房、肖、绰号、婚礼、机遇、蚁、状元、黯淡、产品、充沛、冲击、出产、当儿、调子、光阴、挥手、境地、困惑、喽、女神、恰巧、墙根、撬、任凭、舒畅、术、淘、体验、途径、退化、温情、文艺、午夜、限、小组、营救、诅咒、世世代代、扬州、钉子、贯通、墓、前沿、扮、地狱、惦记、毒蛇、对比、肥皂、肝、胡乱、欺骗、清明、全球、吮吸、翁、学费、有余、正经、质量、蔷薇、讲义、布料、赌、法庭、个体、木柴、壤、作揖、长相、坟、阁、进行曲、可敬、老太婆、莫不、报仇、察觉、粗暴、发脾气、风力、复活、港口、古典、拐弯、后方、灰蒙蒙、活像、即刻、寂寥、江湖、谨慎、浸透、窖、开车、空军、空旷、旅客、卵石、能干、年底、捻、宁可、拍摄、碰撞、瞥、破产、签订、日常、如下、生灵、盛夏、失踪、食用、事务、收割、手法、守卫、衰、态、通道、污染、无形、稀少、限制、消耗、心意、幸好、叙述、预料、预先、运气、赞、葬、中年、中途、著、自称、处罚、国防、美女、本地、必得、带动、对门、愕然、法西斯、禾、画图、健美、景致、咀嚼、剧、锣鼓、盲目、木材、诺言、欺侮、气喘、人性、晌、授、推进、兀自、小弟、行军、蓄、优点、倪享、打折、解剖、摇身一变、同乡、甭、打针、端午、湖泊、郊、连队、路面、噗、项目、芯、形势、原则、子女、钻研、印度、瓷、苍鹰、公顷、烧毁、埃及、报到、鄙视、不便、苍苍、插嘴、吵闹、迟迟、崇拜、惆怅、传授、脆弱、大方、东门、短暂、废、焚、愤愤、高明、隔绝、沟通、构造、古怪、怪物、何必、极度、鉴赏、焦躁、矫健、结晶、举目、看家、客观、烂漫、连夜、怜、临近、略略、脉、明艳、模、难堪、恼、攀谈、赔偿、恰当、惬意、轻风、晴空、上头、舍得、身心、收藏、束缚、述说、树立、庭、突如其来、外来、晚餐、唯、温顺、文雅、纹丝不动、无端、梧桐、稀奇、稀有、细致、现今、相处、相貌、歇息、欣喜、行业、醒悟、袖、训斥、厌、一望无际、依赖、引用、灾、增多、珍奇、汁、质朴、专注、追问、拙、总共、与众不同、不由分说、激动人心、爆、笨拙、变色、辨别、步子、菜花、长短、趁早、触摸、单单、捣、发电、发疯、肥料、分数、豪杰、荒漠、惠、积蓄、加速、家书、家务、精巧、宽恕、老兄、蓦地、挠、谱写、窍、人行道、狮、食堂、送别、提前、天赋、停顿、突起、下落、相关、小儿、砚、以往、运送、责怪、字母、综合、背书、贩、胡同、铜钱、吁、债、障碍、总司令、论语、埋伏、老爹、对称、发动机、本钱、变更、发音、高层、古文、贵人、好意、竞赛、库、贸易、美德、山泉、侍候、税、乡邻、巷、小费、雄性、焰火、自杀、爬山虎、重叠、搔、草莓、悔、叫卖、苦痛、茅草、土匪、习字、宣判、天津、便道、巧克力、穴、山丘、苞、冰箱、剥夺、博学、不合、沧桑、长夜、慈善、摧毁、大致、单纯、得罪、雕塑、订、东面、翻动、霏霏、风帆、风霜、赋予、毁坏、价、尖利、角色、教学、近代、京剧、苦命、狂热、困苦、礼品、料理、凛冽、卖弄、美景、美味、闷热、弥补、起点、热忱、认定、煞、胜地、收回、水灾、吮、瞬息、田间、吞吞吐吐、卸、以致、有利、幼稚、早春、止步、着眼、自告奋勇、鬃、插图、晨曦、抽象、得了、宫室、海峡、荷塘、加倍、监狱、简、崛起、礼服、面对面、沙哑、哨兵、圣人、衰老、外套、五指、细节、屑、眼睁睁、演说、野鸭、咋、核武器、日历、轨道、鸦片、仲、案子、暴风雪、裁缝、祭祀、罗汉、溯、泄、靴、暗中、笔下、不成、不见得、彩霞、惨淡、仓、仓皇、超越、冲天、初冬、吹奏、次序、刺眼、葱茏、丛生、存心、措施、答复、大将、大名、殆、弹性、当真、动情、端坐、繁密、泛滥、府上、干扰、甘、赶不上、感触、个别、孤单、乖巧、寒气、浩浩、忽略、回首、会合、晦、婚、激怒、夹杂、监督、解脱、敬重、鞠躬、看不起、看中、抗拒、冷淡、良久、旅程、缕缕、乱蓬蓬、漫漫、蔓延、敏锐、募、内在、逆、凝神、奇景、悄然、钦佩、青翠、确信、日后、如意、入神、傻子、深厚、实行、说笑、四海、四散、贪、探寻、图像、腿脚、万籁俱寂、万千、为生、无精打采、戏剧、闲话、相称、萧萧、小巧、刑、俨然、要死、异口同声、异样、谐、营生、忧愁、幽幽、择、展览、真挚、直立、忠厚、终年、重担、妆、紫红、罪恶、一干二净、千千万万、奄奄一息、流连忘返、交接、梅雨、上校、哀悼、白地、膀子、参与、残忍、沉淀、多余、服从、孤岛、海棠、豪迈、来访、凉水、路径、没收、明星、磨难、莫非、恰、融合、上台、施舍、时日、授予、缩小、逃学、梯、突、拖鞋、严冬、言语、颜料、演讲、野外、音调、殷勤、游子、早年、着落、大国、敞、及格、猎枪、律师、喜剧、坚强不屈、安乐、悲凉、茶水、诚意、大路、当日、鹅卵石、官司、懒得、晾、茅屋、锁链、伪装、印刷、栽培、斋、珠子、千恩万谢、宋朝、负责人、称职、颁发、救助、书屋、战役、把戏、迁移、腌、古城、蜈蚣、芭蕉、臂膀、辩论、参军、插入、彻夜、沉痛、春色、淳朴、村落、搭乘、盗贼、等级、地表、典型、恶狠狠、翻腾、饭桌、份儿、功臣、光临、过路、过失、呵斥、黑黝黝、肌肤、汲取、急剧、祭、假若、坚韧、煎、菌、了不得、门生、迷蒙、面粉、名目、娘家、女性、劈手、偏僻、平和、七彩、前夕、青菜、轻捷、轻微、舌、示意、式、适用、曙光、颂、湍急、往后、为何、慰劳、西天、先驱、先天、消遣、鞋底、辛酸、胸口、修养、液、战地、折叠、撇、陋室、星宿、婿、步兵、超、赤裸裸、登高、讽刺、糕、骨骼、归还、好歹、朗诵、理性、聘、平面、上进、小鬼、职员、酒家、呼应、开垦、侵蚀、声明、妖怪、专业、黄土高原、会场、丧事、驯、法语、戏台、哀求、包含、暴怒、背地里、比例、边际、波澜、不愧、不只、操心、侧面、差别、彻、冲洗、出名、踹、穿戴、打架、大姐、倒退、登记、底细、第二次世界大战、孵化、抚慰、鸽、功德、拱手、关节、光顾、过意不去、含蓄、何尝、荒山、回响、激昂、激战、假使、简易、交往、解渴、巾、聚会、绝境、军民、堪称、看管、克制、恳切、愧、揽、浪潮、历程、立场、缭绕、流逝、没意思、迷惘、免不了、民歌、浓重、起源、气派、器具、前额、潜在、轻视、轻舟、清爽、去路、确切、人事、任意、儒、入夜、锐、扫帚、伤疤、上门、少时、深浅、时不时、暑、竖立、睡眠、说谎、他日、探测、特制、田园、偷窃、头像、顽固、万一、偎、伟岸、无动于衷、无能、无须、无异、下身、巷子、消逝、小生、斜阳、欣慰、兴冲冲、叙、喧嚣、压抑、涯、延长、严密、一经、依据、引导、咏、愉悦、雨脚、寓、遮蔽、遮掩、哲理、珍稀、斟酌、振作、脂粉、指定、终结、诸如此类、主宰、驻足、总而言之、阻拦、不能自已、局促不安、欣喜若狂、热泪盈眶、悬崖绝壁、得意洋洋、截然不同、豁然开朗、拮据、棉袄、池沼、宝塔、残暴、测验、长工、纯正、大略、帝王、典范、耳语、饭馆、富贵、共和国、和气、黑乎乎、胡闹、黄花、黄牛、机关枪、领结、摹、母爱、牧、女郎、掐、禽兽、权且、让步、忍耐、偌大、生理、生路、唆、推荐、吞没、委托、心绪、学说、殷红、友情、运动员、运行、赞誉、憎恶、折射、真相、支援、转化、着陆、茶馆、大嫂、地主、帝国、手艺、圆规、白人、茶几、储存、地壳、防线、匪、封建、歌词、格子、构想、咕噜、筋斗、咖啡、路途、民众、迁徙、少不得、投资、演唱、仰卧、影像、忧患、字条、宗教、热带雨林、行窃、百科全书、扳、半点、扮演、拌、救护、奔丧、变卖、冰凉、婵娟、诚然、迟钝、丹心、胆量、得胜、得失、发财、烦躁、繁忙、放眼、分担、风烟、高雅、歌颂、格局、寨、国务院、好日子、合成、合同、何苦、滑行、慌张、获取、监视、接见、荆棘、精光、纠纷、可乐、款、盔甲、辣、冷漠、萌发、迷信、面颊、灭亡、藕、迫害、求学、驱使、瘾、日月、丧、涩、上述、少量、生性、十字架、食粮、市镇、思乡、思绪、通报、头皮、往年、文采、污水、无能为力、无缘、稀罕、下手、香喷喷、潇洒、谢意、信仰、星辰、嘘、学位、永别、永生、勇往直前、有心、黝黑、育种、冤、酝酿、真心、支配、制定、住所、准许、自私、自卫、经久不息、红楼梦、残缺、从军、豆浆、改日、拱桥、含羞、社、允、撤退、仇人、恶魔、符、符合、轰炸、华盖、回应、女声、婆婆、区域、缺陷、燃料、柿子、说不上、谈判、项圈、心口、烟灰、胭脂、腰包、政策、足下、一个劲、关公、颧骨、木器、伯乐、电铃、军营、链子、留学生、伦理、研究生、女佣、盎然、拜谢、斑点、伴侣、悲欢离合、辈、鄙夷、碧蓝、辨认、辩护、冰冻、补救、布告、材、餐厅、惨白、搀扶、吃亏、筹划、出路、初春、初秋、初夏、锤炼、词汇、辞退、凑近、摧残、到头来、抵挡、地铺、丢脸、斗志、短篇小说、对照、恩惠、发怒、发扬、反感、分割、焚烧、风味、附和、高洁、怪事、关爱、光华、红润、喉、欢悦、荒地、恢宏、活活、火候、及早、急于、间或、见教、见解、讲解、结亲、借口、惊骇、径直、镜头、就地、就学、局部、君王、课程、口号、枯燥、款待、来客、牢记、历、连天、林木、流连、流星、柳条、露面、履行、乱子、略微、逻辑、玛瑙、埋没、麦浪、卖力、满月、霉、闷闷不乐、名义、纳凉、囊、恼怒、年轮、年少、虐待、判官、漂泊、飘散、平缓、奇丽、气象万千、签字、清秀、情侣、秋收、求知、柔弱、飒飒、散布、山水画、赏赐、尚书、社会主义、深思、圣贤、实用、事迹、守候、受命、帅、诉苦、天明、铁锹、通风、痛恨、投射、妥当、外貌、宛然、晚间、妄想、武力、细微、鲜亮、闲人、相与、享用、心慌、心满意足、性子、凶残、朽、血淋淋、血肉、逊、鸦、鸦雀无声、眼下、厌烦、厌倦、要不然、一瞬、一味、一泻千里、衣食、依偎、移民、优、有朝一日、有为、迁、狱、预测、寓言、早日、战利品、照旧、知识分子、直觉、中断、重点、周年、朱红、逐步、着实、字样、自以为是、总得、昨日、不屈不挠、东奔西走、连绵不断、若有所思、肃然起敬、饥渴、诺贝尔奖、邦、阎王、爱人、本分、编辑、变换、不外、丑陋、出入、处置、党员、电视台、法令、饭碗、共鸣、估量、光照、航空、呵欠、轰响、惑、渐变、惊吓、开水、烙、码、忙于、摩托车、女王、帕、牌子、评论、起誓、俏、囚犯、扫地、石灰、书斋、水域、听讲、推广、屯、往返、为首、唯恐、戏剧性、献身、享有、心肠、兴建、畜、勋章、延续、拥护、远景、遭逢、重伤、重现、转变、桌面、纵然、油然而生、富丽堂皇、部长、初级、蒂、碟子、彗星、流氓、门房、请客、生育、现钱、许可、战略、照相、之乎者也、研究院、图片、外交、敬业、边沿、藏书、操练、长眠、场合、超人、充、冲动、蠢、传达、传人、疮、打雷、单身、当事人、地势、豆子、发泄、风貌、哽咽、公布、姑姑、呵护、红艳艳、荤菜、畸形、驾驭、姜、焦虑、筋、开饭、开学、开张、可悲、宽厚、良种、琉璃、慢悠悠、毛骨悚然、毛孔、貌、美学、描红、名誉、明知、难为、扭转、禽、清冷、求救、扰、蠕动、诵、肃静、琐屑、

体谅、条文、通信、秃、亡国、西洋、犀利、小丑、嗅、血红、一丝不苟、医治、
应酬、游记、寓所、榨、珍宝、知音、致使、主题、捉摸、驾驶员、咖啡馆、标
语、窗棂、干事、廊子、门板、基督徒、报社、地道、定然、废话、咕哝、毛线、
女生、批判、摄、天井、同窗、妥、小雪、压岁钱、侦探、身份证、船家、架空、
贮藏、见鬼、旅伴、判决、儒家、暗地里、白花花、白面、白玉、败仗、别样、
宾主、薄暮、不良、不适、不言而喻、槽、颤巍巍、长叹、肠子、嘲讽、潮汛、
出发点、出外、创举、垂死、纯朴、瓷器、刺耳、当前、当下、当心、得意忘形、
调动、调和、定居、斗笠、嘟囔、炖、多情、额角、恶意、乏味、凡人、烦琐、
方圆、放火、非但、绯红、分泌、风采、俯视、富足、供品、汩汩、观音、滚瓜
烂熟、过半、过不去、寒光、寒暑、好感、好受、好转、横贯、轰轰烈烈、烘托、
呼救、胡说八道、怀孕、荒草、荒村、皇宫、谎、回音、豁、活蹦乱跳、基本上、
记述、加紧、家喻户晓、间断、间隔、简朴、见外、交代、揭示、结账、今朝、
惊愕、精华、静止、旧时、局面、决意、绝顶、空前、恐吓、口才、口令、酷、
夸耀、宽裕、亏空、困乏、老小、乐呵呵、类型、冷气、理所当然、利害、良田、
零乱、零落、镂、没命、美满、门框、名录、铭、莫大、牛毛、农、品行、凭空、
铺设、岂止、牵挂、亲属、侵袭、青筋、清洁、清静、庆幸、秋季、求婚、确乎、
人情、人世间、容颜、入画、软弱、煞白、上流、身长、身世、审美、审判、师
范、式样、熟人、睡意、私心、思量、俟、素质、粟、损、损坏、坦荡、袒、叹
服、叹为观止、堂堂、停息、偷懒、头衔、徒步、推敲、吞噬、无际、无赖、五
官、西风、习以为常、遐想、下巴、下船、厦、先辈、纤细、现成、相隔、想见、
偕、谢绝、信件、兴旺、行事、形容词、序幕、续、血汗、眼巴巴、眼红、眼花
缭乱、野火、夜半、一线、衣料、依傍、遗忘、阴风、应和、勇、优劣、幽深、
有生以来、幼年、予以、娱乐、预感、辗转、辗转反侧、针线、珍品、真谛、斟、
知晓、职责、指引、挚友、中国画、中学生、瞩目、注重、壮胆、字句、总和、
纵使、所作所为、昏昏沉沉、狼狈不堪、落英缤纷、嘀咕、水管、拜佛、拜望、
卑微、比拟、跛、此间、次数、答礼、大学生、大丈夫、电台、电筒、动不动、
跺脚、帆船、犯人、防御、羹、梗、工友、公众、耗费、横渡、混沌、混凝土、
家当、间接、舅、空手、亮点、了结、谋害、平方、葡匐、憩、千金、散场、山
地、上行、设立、世事、死鬼、俗称、坛、探照灯、特权、条幅、稀薄、宪兵、
宴会、译、责任心、指责、转弯、尊称、开恩、行政区、报子、表里、陈述、饭

食、赶趟儿、姑老爷、胡说、马褂、毛竹、年关、少妇、水藻、学年、学生会、周全、宗师、大总统、纳粹、企业、暗淡、必需、标、标记、不足道、参考、掺、长辈、沉闷、雌雄、当家、发烧、乏、分心、感想、膏、糕饼、瓜子、怪异、观望、豪华、耗子、贺喜、欢送、绘、击溃、极限、简称、酱、接班、界限、景仰、酒精、刊物、靠拢、瞭望、吝惜、琉璃瓦、蛮、茅棚、冒犯、馍、蓦然、内行、拟、农作物、浓烈、排斥、枪弹、倾向、区分、商品、上场、剩余、时髦、示威、誓言、暑气、探讨、桃花源、条子、团体、外层、危难、未了、无味、嬉、险峰、咽喉、依附、义务、意境、唷、渔歌、责任感、窒息、智力、风尘仆仆、坚定不移、播出、吸烟、拗、厨师、打工、高等、见于、力求、庙宇、明智、偶像、手杖、特等、特定、西施、消极、行使、绣像、遗民、原料、景况、朴质、自然选择、安置、按捺、暗笑、暗自、熬夜、白酒、半世、半死、卑鄙、奔放、逼真、弊、变形、辩解、标致、别具匠心、不消、才学、彩绘、查明、长寿、常人、朝代、朝服、朝晖、朝见、尘世、称道、成本、抽空、稠密、酬、床铺、创业、祠堂、猝不及防、啐、挫折、错觉、大观、大模大样、大意、怠、倒运、得体、敌情、底子、掂量、颠倒、调解、定神、东家、斗士、抖擞、独处、端正、短工、短期、剁、俄顷、耳熟、烦闷、方正、仿、放晴、费事、分辩、分工、氛围、风餐露宿、风气、风骚、否定、浮沉、浮动、俯仰、赋闲、改造、感伤、高峻、膏药、告知、功劳、狗血喷头、故障、官职、惯例、国度、果断、浩荡、和风、和睦、赫然、洪流、后脚、唬、花花公子、画册、怀恋、恍惚、昏黑、吉利、急迫、假设、奸、减价、剪影、浆液、讲价钱、讲理、交配、捷报、矜持、进见、境况、境遇、久已、旧都、旧制、局促、卷子、开春、揩、可歌可泣、空闲、控、控诉、裤腰、狂妄、眶、葵花、狼藉、牢房、老本、乐不可支、脸面、邻舍、流浪、流利、流沙、流转、率先、慢腾腾、秘诀、民国、默念、拿手、内衣、拟定、年间、年末、驽钝、怕羞、拍卖、旁若无人、缥、婆媳、破灭、期限、齐整、奇形怪状、气恼、牵连、牵引、签署、前年、强调、强劲、瞧不起、情调、眦、饶恕、任性、日用品、茸茸、容许、肉眼、闰月、杀戮、沙鸥、山巅、山岳、商船、商旅、商谈、生硬、省悟、失眠、时空、识破、世面、视察、收看、收缩、漱、栓、水道、水墨画、水田、硕果、丝绒、损害、坦率、桃李、特快、提携、题材、剔、天公、挑剔、凸、颓然、退出、退回、托付、脱身、妥帖、宛若、围攻、温驯、无名、无所事事、无益、务必、西面、洗手、暇、下酒、吓人、先祖、消释、消退、心扉、心窍、心志、行船、行家、性急、需求、掩饰、摇荡、药品、一度、一股脑儿、一鼓作气、一年到头、一席话、以内、异地、抑郁、因地制宜、阴阳、优待、悠长、游逛、与日俱增、原意、圆柱、岳父、灾祸、赞同、早出晚归、皂、占用、战时、找寻、召开、照常、真情、执拗、中饭、重演、周到、咒骂、主妇、嘱托、灼、着数、自然而然、阻碍、阻隔、罪人、樽、左邻右舍、一碧万顷、人迹罕至、无关紧要、今非昔比、当之无愧、似曾相识、抖擞精神、怡然自得、毫无疑义、喜从天降、老年人、呼朋引伴、彷徨、孔夫子、纵队、酬谢、出气、倒挂、叮、辅、改良、衡量、花冠、回身、混蛋、讲堂、轮胎、明儿、平民、契、契约、情人、全文、券、群体、弱点、善意、世家、试管、抬高、题名、吐血、文法、修饰、逸、印花、圆满、云梯、执法、主权、字眼、台北、爹妈、语法、走后门、本性、变迁、不定、不利、拆除、偿还、沉吟、出嫁、粗布、倒置、嘟哝、对头、坊、分隔、风波、福地、附着、古刹、光学、幌、交易、教化、阶层、近景、绝种、礼赞、面相、男生、排行、皮肉、仆、擒、入门、散文诗、商业、失业、瞬、天光、微小、伪、温室、文理、息怒、惜别、想开、协定、型、须发、虚无、宣称、学院、牙床、烟云、在行、造林、重力、荷包、回廊、纪念品、千里马、随员、阖、谣言、元勋、杂种、枣红、站牌、种族、安逸、坳、巴不得、白粉、败笔、败绩、板壁、版、半夜三更、宝地、本心、迸发、比方、驳船、不蔓不枝、不三不四、财宝、残年、惨案、层出不穷、差使、长远、嘲弄、陈旧、称心、澄清、愁容、出榜、初期、辍、惙、错综、大肠、当世、档案、导演、得病、敌国、电光、店面、调教、对抗、咄咄逼人、发昏、发散、发源、法家、分化、粪便、丰功伟绩、丰盛、风流、峰回路转、烽火、奉告、福音书、复出、富丽、干戈、赶热闹、感化、高涨、格言、隔膜、更衣室、公然、公务员、恭维、共产主义、估价、广播电台、归功、归期、刽子手、国门、骇人听闻、旱烟、喝西北风、合身、合用、和亲、核能、横批、后襟、花墙、花枝招展、槐、缓步、皇冠、回路、回请、豁然、活命、活气、活水、祸不单行、跻、急湍、籍、脊、际涯、加之、夹七夹八、家产、家眷、假意、嫁妆、尖酸、尖嘴猴腮、间歇、减弱、践踏、讲学、交头接耳、交椅、焦渴、较为、结交、近似、进而、经纶、惊惶、警醒、久仰、酒食、倦怠、爵士、开裂、慨叹、看护、苛刻、可喜、空荡荡、空乏、空房、哭诉、苦楚、亏得、溃退、困扰、阔别、劳力、老茧、老前辈、乐事、雷同、棱角、冷光、历年、砾、连环、连珠、恋人、两全、寥落、镣铐、了却、猎犬、镂空、乱糟糟、掠夺、论战、迈步、门庭若市、描画、蔑视、名副其实、冥冥、抹杀、漠不关心、谋事、目力、内疚、难能可贵、脑髓、年华、浓眉、怒色、怕生、膨胀、碰巧、屁、品貌、乒乓球、平起平坐、平头百姓、婆、破败、魄力、蒲扇、凄清、齐集、起草、绮丽、器皿、潜意识、浅薄、且慢、亲家、亲家母、倾倒、清冽、清贫、情面、犬牙、群居、热度、忍俊不禁、如其、入学、蕊、桑梓、丧乱、沙场、商酌、上账、生人、声气、失职、诗集、十拿九稳、世兄、事理、侍郎、试用、嗜、手足、受凉、瘦骨嶙峋、水落石出、水牛、死心、台子、抬举、坍塌、坛子、坦白、袒露、叹惋、探究、倘使、特性、体魄、体统、替换、天骄、天宇、挑逗、挑衅、条约、厅堂、同居、痛楚、拖累、拖欠、拖延、驼子、外间、惘然、违反、蔚然、文人、稳当、稳健、问讯、毋、午时、伍、洗劫、喜钱、喜洋洋、下半天、下贱、下属、先世、鲜为人知、闲适、闲暇、现世、相干、相近、相通、想望、萧瑟、萧索、小惠、小心眼儿、斜射、写法、心急、辛辣、行者、雄赳赳、羞怯、虚荣、许诺、轩敞、学科、牙关、烟瘾、严谨、言辞、谚语、仰视、夜工、一并、一丝一毫、抑扬、驿站、引申、庸俗、幽邃、油水、元年、元气、缘由、远谋、阅历、云鬓、暂、燥、窄小、栈桥、折腰、汁水、知悉、直达、值日、炙、质地、智能、中旬、重读、重峦叠嶂、主峰、主观、住户、注射、追踪、准保、自个儿、自然力、自视、一无所知、万贯家私、天无绝人之路、风吹雨打、扬长而去、至亲骨肉、步履蹒跚、君子固穷、迟疑不决、艰难险阻、相安无事、残缺不全、琼楼玉宇、焦躁不安、一年之计在于春、上气不接下气、蜡像、红装素裹、楚辞、百废俱兴、诗经、怡然自乐、驱驰、皲裂、龟裂、不计、丞、单元、风笛、攻占、寒假、号叫、汇合、豁免、建树、女工、囿、区旗、趋势、摄取、受精、预算、紫外线、作怪、女朋友、战果、赐教、挫、红薯、后事、忽闪、交还、阶级、框、离任、媒介、偏离、平庸、凄楚、欺压、审问、收购、殊不知、摊子、完结、相对论、小媳妇、姨娘、中校、自尊、总经理、安适、鞍马、白丁、败军、斑蝥、半岛、帮工、本业、笔录、笔挺、鄙薄、变相、别离、并立、并列、不耻下问、不得已、不乏、不可救药、不亦乐乎、菜畦、参数、侧目、拆散、蝉蜕、产物、阐释、呈报、承载、迟早、崇祯、抽芽、愁云、出访、醇、蠢笨、辞岁、磁、从师、打交道、打主意、大户、大计、呆子、单车、胆识、当归、当家的、低估、低能儿、低温、敌对、典籍、调理、瞽学、独生子、赌钱、躲躲闪闪、发端、防范、防务、非独、分解、分歧、烽烟、甘苦、羔羊、高祖、告终、更换、工细、工艺美术、觥筹交错、巩固、孤苦、孤身、古铜色、故而、灌输、过瘾、寒噤、合法、合算、何其、后辈、厚道、患难、灰土、浑圆、机密、鸡犬不宁、家业、嘉宾、假借、尖端、俭省、减低、见地、僵直、禁闭、旌旗、精微、精子、镜框、就绪、居多、鞠躬尽瘁、拒、觉醒、靠背、客房、空灵、扣人心弦、狂澜、阔气、来宾、酪、礼贤下士、力争上游、历历、立春、恋爱、寥廓、撂、零碎、楼阁、搂抱、率性、乱世、麻木不仁、马桶、眉梢、懵、名牌、名片、名手、明堂、暝、模式、漠漠、闹事、讷讷、排版、牌位、攀附、叛逆、鹏、翩然、凭栏、扑面、气昂昂、切实、窃贼、青豆、倾覆、情思、圈定、确凿、攘除、饶舌、柔情、乳房、若有所失、善心、上品、社稷、神异、声言、师表、施行、世故、侍卫、守寨、兽欲、死乞白赖、死尸、随声附和、随同、损益、缩影、抬秤、太师椅、提倡、条款、铁杆、同上、偷空、屠宰、土气、土著、吐露、团子、臀、拓宽、洼地、外观、万般、妄自菲薄、蚊香、诬蔑、无妨、无怪、无畏、物主、洗手间、戏称、戏谑、显而易见、现时、相声、小人物、晓畅、笑谈、亵渎、心理学、烟鬼、延期、扬帆、佯、一纸空文、姨太太、遗诏、异同、呓语、臃肿、泳、用兵、尤为、游艇、友善、有的是、有感、于今、鱼刺、愚公移山、玉米面、孕、蕴藉、匝、崽、躁、粘连、战犯、阵子、织品、职分、止息、志士、制裁、稚嫩、中道、忠言、珠光宝气、主旋律、属国、铸就、椎、着重、资本、滋长、自述、自私自利、自诩、醉翁之意不在酒、作奸犯科、一扫而空、不求闻达、计日而待、死而后已、身不由己、迥然不同、急不可耐、神采奕奕、高枕而卧、磨刀霍霍、黯然失色、收费、任其自然、墓志铭、不依不饶、岩穴

附录二
少儿华语主题词表示例（按主题分类）

个人信息 — 爱好特长	一级：能、会、看、打、拉、电视、听、喜欢、电影、球、汽车、踢、足球、篮球
	二级：能够、运动、有意思、爱好、比赛、游泳、音乐、弹、跳舞、洗澡、跑步、邮票、乒乓球、好听、钢琴、唱歌、网球、羽毛球、看书、画画
	三级：兴趣、增长、习惯、知识、小说、磁带、骑车、歌曲、歌词、吉他
	四级：收集、流行、欣赏、明星、赛车、乐器、唱片、太极拳、小提琴
	五级：收拾、擅长、用心、休闲、身心、特长
	六级：集邮、陶冶
	纲外：画儿、洗衣、踢球、骑马
家庭 — 家务琐事	一级：自己、应该、开、拿、关、累、房间、干净、桌子、做饭、筷子
	二级：先、事情、帮助、市场、摆、休息、家里、回家、衣服、出门、洗、傍晚、辛苦、垃圾、扔、整齐、擦、打扫、开心、碗、连忙、洗衣机、扫地、厨房、青菜
	三级：放心、任务、称赞、笑声、抹、饭菜、浇、家务、抹布、地板、家务活
	四级：合作、操心、料理、垃圾桶、拖把、扫把、干活
	五级：分工、收拾、挣钱、孝顺
	纲外：拖布、生火、淘米、水桶、炒菜

（续表）

日常生活 — 起居作息	一级：	起来、下午、晚上、上午、分钟、早上、常常、中午、上学、起床、洗脸、每天
	二级：	正好、休息、回家、新鲜、吃饭、空气、醒、躺、睡觉、玩、呼吸、走路、晚饭、午饭、玩耍、洗澡、早饭、点心、放学、刷牙
	三级：	活动、平时、习惯、锻炼、点钟、午睡
	四级：	日常
	五级：	收拾、床铺
	纲外：	早起、喝水
日常生活 — 方位、方向	一级：	上、中、后、下、前、近、里、东、回、远、南、西、中间、北、左、右、旁边、哪儿
	二级：	向、方向、上来、下去、里面、上面、一边、后面、前面、下面、到处、外面、南面、右边、左边
	三级：	准确、附近、北方、向前、西南、前方、东南、指南针
	四级：	东北、指点、西北、上边
	五级：	方位、指明
	纲外：	东南西北
学校生活 — 学校	一级：	做、放、先生、班、学习、教、学生、学校、桌子、上学、椅子、老师、同学、图书馆、年级、厕所、上课、开学、词典、书包、下课、留学生
	二级：	努力、大家、讲、报纸、掌声、电脑、参观、校园、洗手间、食堂、教室、考试、放学、汉字、操场、黑板、语文
	三级：	国际、活动、提高、办公室、优秀、教育、毕业、假期、知识、实验室、餐厅、图书、小说、体育馆、校长、运动场、普通话、书架、学期、班主任、阅览室、班长、医务室
	四级：	杂志、设备、演讲、目录、礼堂、漫画、爱惜、小卖部、连环画
	五级：	注册
	六级：	齐全
	纲外：	足球场、同学们、篮球场、课程表、活动室、白板

(续表)

文学艺术 — 诗词	一级：	春、春天、秋天、秋
	二级：	诗
	三级：	亲人、思念、诗句、瀑布、碧绿、明月、李白
	四级：	作者、何处、温馨、问候、江南、故乡、佳节、学问、诗人、神仙、孤单、诗歌、古诗、唐朝、杜甫
	五级：	流传、京城、异乡、相逢、长安、嫦娥、游子、诗词
	纲外：	欢度、牧童、乡音、登高、吟诵、八仙、朱熹、相见、王维、唐诗、唐代、苏轼、千里、孟浩然、骆宾王、陆游、庐山、刘禹锡、离家、静夜思、江陵、江河、贺知章、杜牧、白居易
文化 — 剪纸	一级：	纸、教、页、画
	二级：	按、红色、贴、挂、夹、形状、剪、剪刀、花草
	三级：	展开、人物、结婚、图案、灯笼
	四级：	气氛、增添、民间、手工、喜庆、剪纸
	五级：	案、婚礼、精细、搭配、纸张、折叠、鸳鸯
	纲外：	窗花、灯花、喜字、染上、鸟兽、龙凤
动物与植物 — 植物	一级：	花、开花、花儿、小草
	二级：	漂亮、鲜花、鲜艳、花园、植物、种子、花朵、菊花、荷花、竹子、叶子、小树
	三级：	玫瑰、莲花、牡丹、兰花、梅花、盛开、桂花、茉莉花
	四级：	树枝、百合、松树、柳树
	五级：	美化、干枯、芭蕉
	纲外：	菩提树、椰树、玫瑰花、浇水、花香
自然与环境 — 日月星辰	一级：	太阳、月亮
	二级：	阳光、圆、地球、明亮、星星
	三级：	金星、流星、北极、火星、月球、星球、水星、土星、木星
	四级：	天亮、宇宙、彗星、海王星、天王星
	五级：	黑洞、卫星、太阳能、银河、航行、北极星、北斗星、月食、闪亮
	纲外：	晒太阳、空间站、太阳系、张衡

（续表）

科学技术 — 科幻	**二级：**突然、忽然、参观、恐龙
	三级：神奇、实验室、自动、飞船、奇特、外星人、火箭、按钮、星球
	四级：控制、研究、设备、免费、电子、记忆、注射、密码、智能、飞碟、 怪兽
	五级：智慧、信号、访问、储存、移植
	六级：提取、休眠
	纲外：原形、特效、分身术、奥特曼

附录三
少儿华语主题词表示例（按《华语词汇等级大纲》分级，级别内再按常用度排列）

一级词语表

在、还、多、一、有、这、上、个、和、中、到、从、对、没有、大、两、就、后、人、年

二级词语表

等、已经、向、第一、一直、每、出现、问题、结果、重要、过去、希望、一样、能够、所以、介绍、时候、清楚、最后、原来

三级词语表

之间、世界、决定、解释、国际、各种、疑问、值得、严重、共同、联系、活动、解决、距离、提高、负责、使用、保护、激烈、消息

四级词语表

提供、态度、选择、控制、内容、配合、接触、合作、研究、对象、角度、实现、丰富、传统、日期、形象、独立、公布、发挥、欧洲

五级词语表

记者、记录、吸引、积极、生存、标志、责任、沟通、经理、规则、设计、主题、科技、独特、违反、指导、案、来源、申请、智慧

六级词语表

协会、价值、标准、仪式、资源、维护、编辑、秩序、是非、检验、传播、侵犯、考察、引导、高涨、频道、探索、联络、洗礼、意愿

纲外词语表

下个月、上个月、华南、相距、南非、原形、华北、交通工具、候补、欧元、信奉、欢度、摊位、回信、防疫、天气预报、华中、黔驴技穷、正门、邮电

附录四
《华语词汇等级大纲》示例（草案，级别内再按常用度排列）

一级词语表

的、在、是、还、多、了、一、有、这、上、也、个、和、中、到、为、从、对、没有、都、大、不、两、就、后、人、年、三、更、一些、位、外、时、下、要、给、几、时间、来、月、出、这个、能、现在、我们、被、最、为了、前

二级词语表

与、以、而、但、将、开始、并、等、其中、只有、而且、已、已经、于、这些、进行、同时、由、成为、其他、内、再、成、还有、这样、向、认为、却、如果、原因、第一、正、还是、一直、当、看到、每、出现、起、该、问题、经过、所、虽然、结果、需要、不是、重要、进入、只是

三级词语表

则、由于、此、就是、及、完全、其、因此、甚至、作为、以及、几乎、无法、者、情况、通过、未、之间、对于、只能、目前、主要、影响、之一、成功、个人、段、包括、如何、世界、准备、直接、因、根本、决定、是否、有关、极、大部分、然而、任何、据、属于、表示、仅、改变、接受、同样、带来、年前

四级词语表

来自、如此、方面、受到、究竟、根据、此外、过程、面对、相当、说法、之所以、

并非、随着、存在、才能、确定、证明、近日、提供、日前、考虑、具有、具体、达到、特殊、造成、将近、以往、专家、态度、资料、类似、均、选择、逐渐、保证、范围、控制、充分、一旦、众多、不得不、其余、看法、原先、最为、即将、出于、实际上

五级词语表

记者、难以、采访、记录、经历、依然、吸引、彻底、参与、有效、针对、公开、自身、手段、普遍、限制、积极、明确、强调、经济、社会、都会、尚、性、时代、生存、表明、考验、标志、统计、世纪、月初、弥补、焦点、内部、花费、责任、相继、期望、公认、其次、宣告、一道、制、有意、单独、而后、在内、即便、除此之外

六级词语表

程度、与其、状况、相关、得以、导致、阶段、意味、所谓、讯、因素、负责人、足以、协会、报道、评价、着手、推荐、价值、实施、相对、极其、可谓、优势、反映、上述、司、涉及、引发、措施、诸多、届时、执行、政府、承受、机构、广泛、局面、从事、具备、持续、争议、标准、系统、继、惯例、仪式、政策、现状

附录词语表

1. 中华文化特色词条

阿凡提、包公、曹操、长安、佛祖、福建、福娃、共工、故宫、广东、广州、花木兰、华佗、黄帝、孔子、嫘祖、李白、梅兰芳、孟子、秦始皇、屈原、三国演义、水浒传、司马光、苏东坡、孙悟空、孙中山、唐僧、天坛、王母娘娘、王羲之、西游记、厦门、香港、颜真卿、玉皇大帝、岳飞、郑和、织女、中山陵

2. 东南亚特色 / 常用词语

O 水准、阿窿、爱之病、按柜金、巴刹、芭堤雅、常任秘书、传召、串谋、搭客、单选区、抵步、店屋、顶限、恫言、嘟嘟车、独立候选人、独立人士、非选区议员、菲律宾、分层地契、甘榜、干案、隔邻、工院、工作准证、购兴、固本、固打、官式访问、国务资政、核试炸、红毛丹、红树林、后座议员、胡姬花、黄姜饭、基层领袖、基督教、集选区、建竣、健力士、脚车、接获、敬师节、酒廊、句钟、捐血、可兰经、客工、空中巴士、控状、来届、乐龄人士、冷气机、联国、亮灯、榴梿、路税、乱象、落力、吕宋岛、妈祖、马来西亚、马尼拉、卖压、曼谷、湄南河、民防部队、拿督、内阁资政、排屋、凭单、婆罗洲、普吉岛、骑劫、签唱会、清迈、惹兰、肉骨茶、入禀、入息、沙斯、善信、上诉庭、烧芭、社理会、射脚、食盒、食水、嗜毒、熟食中心、私会党、宋干节、泰国、泰铢、贪腐、摊还、唐人街、推事、脱售、外府、现金卡、献议、小贩中心、小印度、新加坡、新生水、新血、兴都教、星岛、雅加达、亚细安、椰浆饭、一次过、一路来、一般上、义款、异动、因应、印尼、拥车证、有者、鱼露、羽球、愿景、肇因、执行员、质素、终站、主控官、组屋

附录五
《华语词汇等级大纲》词语用字表

一到六级所有词语用字

不 /289、子 /218、人 /199、一 /185、心 /175、大 /170、无 /134、上 /117、生 /110、气 /109、出、天 /106、手 /105、动 /102、头 /98、发、小 /97、水 /96、地 /95、意 /90、来 /88、下 /85、风、力 /84、面 /83、花 /81、自 /79、行、开 /78、车、有 /77、外 /75、得、时 /73、好 /72、分、长 /71、高、成、学 /70、然 /69、情 /68、机、事 /67、年 /66、后、家 /65、会、相 /64、打 /63、重 /62、日、理、口、说 /61、山、点、中 /60、用、体、老、海 /59、过、光、实 /58、公、起 /56、明、可、电、作 /55、身、前、流、方 /54、于 /52、文、火、定、到、平 /51、名、而、眼 /50、交、国、见 /49、道、同 /48、主 /47、期、当、笑 /46、物、色、美、合、感、放、为 /45、空、话、转 /44、星、路、红、法、场、想 /43、声、如、落、回、对、白、正 /42、通、看、度、着 /41、多、以 /40、性、球、清、目、节、之 /39、入、热、乐、接、间、工、信 /38、新、书、收、是、立、进、化、反、员 /37、语、失、全、难、本、解 /36、结、关、单、处、别、边、安、言 /35、向、所、品、能、数 /34、强、门、金、号、报、爱、知 /33、在、游、思、视、苦、精、经、教、记、飞、表、业 /32、现、万、加、雨 /31、要、望、神、深、马、观、代、传、字 /30、真、照、样、去、取、求、利、画、干、常、保、包、指 /29、应、衣、线、台、民、量、里、服、病、形 /28、调、提、世、千、满、快、惊、价、急、复、程、部、制 /27、月、远、原、音、喜、条、受、容、亲、片、女、料、计、和、带、走 /26、运、夜、西、位、特、迷、领、连、历、近、假、古、春、除、变、比、足 /25、总、早、友、影、演、血、香、务、味、往、算、三、任、其、内、冷、客、就、果、次、沉、半、质 /24、直、养、问、伤、轻、论、了、课、举、尽、活、歌、改、房、从、此、产、彩、步、笔、造 /23、写、先、推、食、奇、破、军、欢、顾、费、儿、倒、草、专 /22、助、致、证、预、油、义、息、舞、温、图、听、随、树、器、念、考、告、灯、冰、战 /21、约、选、消、势、石、毛、灵、境、静、华、

157

黑、何、害、管、非、饭、队、底、的、菜、便、装/20、至、止、争、展、云、
压、修、土、题、首、示、师、少、商、青、南、密、绿、乱、留、礼、具、救、
景、建、黄、功、格、东、导、百、做/19、折、张、异、野、雪、兴、晚、退、
顺、试、士、使、散、区、切、钱、票、闹、没、亮、凉、离、敬、觉、奖、坚、
权、及、激、富、淡、词、冲、称、布、北、资/18、整、源、园、议、扬、效、
细、五、微、投、认、排、母、命、脸、款、刻、科、绝、剧、局、酒、件、集、
怀、共、奋、二、恶、低、达、错、初、餐、标、班、住/17、优、引、虚、乡、
习、王、痛、谈、速、室、似、识、升、弱、木、露、楼、联、劳、今、角、讲、
级、护、户、呼、河、夫、繁、断、存、船、充、朝、办、壮/16、种、终、志、
职、愿、院、阴、依、药、洋、烟、许、型、象、显、停、睡、式、胜、设、赛、
巧、皮、米、么、忙、列、久、紧、脚、简、击、换、官、负、防、独、等、差、
采、补、波、背、备、板、追/15、注、周、支、元、邮、印、疑、严、像、险、
洗、网、透、缩、素、送、私、市、确、缺、请、牌、农、牛、脑、幕、模、漫、
龙、烈、丽、浪、决、警、含、贵、规、骨、个、粉、耳、创、城、才、必、宝、
暗、准/14、众、治、者、责、硬、益、摇、续、休、卫、忘、索、丝、盛、沙、
忍、曲、秋、飘、那、免、轮、录、例、拉、克、界、洁、季、乎、候、厚、归、
怪、故、父、夺、短、端、顶、弹、待、答、暴、巴、智/13、只、这、赞、越、
由、英、易、遗、医、阳、章、鲜、闻、威、完、脱、托、团、跳、态、太、术、
守、适、荣、磨、梦、率、零、临、两、良、迹、基、积、航、馆、固、废、豆、
荡、担、持、超、层、操、藏、奔、座/12、钟、置、珍、招、掌、章、站、再、
杂、育、悠、隐、艺、叶、验、校、响、戏、午、围、玩、途、田、腾、松、四、
述、输、善、扫、勤、签、迫、婆、评、配、拍、男、摩、灭、麻、恋、练、狂、
卷、据、镜、劲、健、技、伙、环、坏、胡、广、根、赶、犯、读、斗、店、典、
胆、触、吃、乘、查、苍、残、材、悲、拔、纵/11、珠、灾、遇、余、营、仰、
序、胸、箱、限、仙、突、讨、堂、探、诉、俗、射、若、肉、群、权、倾、跑、
判、暖、怒、默、卖、略、林、泪、雷、宽、卡、禁、街、叫、降、减、纪、几、
货、汇、灰、孩、各、甘、浮、范、翻、毒、冬、递、辞、诚、尘、测、参、财、
并、编、伴、拜、摆、把、八、祖/10、阻、姿、状、征、针、增、阅、怨、圆、
欲、鱼、勇、映、迎、银、移、寻、醒、夏、吸、误、污、稳、铁、甜、逃、叹、
死、属、售、十、施、省、舍、旗、偏、批、朋、盘、泥、奶、纳、们、冒、慢、

码、令、恐、抗、句、居、净、架、慌、幻、虎、核、毫、瓜、孤、更、福、额、

弟、滴、登、蛋、促、粗、纯、承、潮、畅、茶、播、案、罪 /9、嘴、组、洲、纸、

执、政、占、载、缘、因、掩、延、牙、宣、秀、羞、雄、辛、鞋、些、销、闲、

武、未、桃、损、孙、酸、司、双、刷、熟、诗、社、烧、闪、杀、柔、融、染、

屈、侵、恰、弃、启、齐、普、浓、凝、耐、妙、埋、妈、律、旅、铃、累、类、

朗、巨、继、即、获、悔、挥、皇、荒、糊、汗、汉、鬼、攻、盖、付、封、烦、

恩、段、都、订、掉、抵、村、窗、愁、抽、察、策、博、避、闭、班、岸、尊、

/8、最、租、桌、逐、值、枝、症、诊、跃、郁、玉、与、忧、永、饮、已、也、

爷、炎、旋、欣、谢、协、项、享、献、系、席、稀、畏、维、拖、徒、统、童、

挑、疏、圣、摄、赏、让、趣、穷、庆、潜、牵、扑、贫、疲、旁、娘、拿、莫、

魔、描、苗、绵、闷、每、貌、陆、览、蓝、酷、控、堪、聚、竞、巾、介、将、

检、肩、际、吉、鸡、婚、昏、唤、缓、滑、互、横、恨、寒、还、滚、挂、鼓、

股、构、跟、给、隔、钢、妇、丰、肥、盗、袋、刺、床、穿、虫、唱、兵、被、

饱、败、按、醉 /7、滋、庄、竹、镇、账、怎、则、脏、愈、予、幼、右、犹、幽、

涌、忆、仪、液、艳、亚、雅、训、惜、悟、纹、委、违、弯、吞、贴、替、糖、

坦、踏、碎、爽、束、释、逝、饰、始、伸、软、泉、晴、琴、汽、七、碰、怕、

弄、扭、眠、谜、眉、脉、虑、炉、隆、柳、裂、劣、烂、困、亏、矿、扣、旧、

究、晶、京、借、截、较、胶、娇、江、监、艰、尖、驾、己、浑、晃、划、忽、

轰、豪、哈、柜、谷、姑、附、抚、否、锋、峰、份、纷、丢、雕、第、德、刀、

档、垂、丑、耻、尺、迟、痴、偿、曾、惨、捕、宾、遍、壁、版、傲、昂、哀、

左 /6、族、奏、踪、撞、著、祝、诸、州、汁、震、振、阵、找、炸、躁、韵、域、

拥、盈、抑、宜、耀、遥、羊、厌、颜、沿、咽、哑、悬、需、熊、凶、姓、薪、

泄、陷、屋、乌、卧、慰、尾、亡、偷、厅、添、梯、套、他、锁、搜、肆、舒、

审、什、涉、丧、桑、洒、润、绕、扰、燃、雀、拳、且、墙、欠、谱、朴、铺、

凭、聘、拼、漂、骗、盆、喷、炮、泡、宁、嫩、恼、哪、墓、鸣、秘、蒙、茂、

茫、溜、猎、疗、链、李、牢、懒、栏、阔、扩、愧、况、夸、库、枯、捐、惧、

竞、径、筋、戒、姐、焦、寂、寄、济、祸、或、混、毁、衡、贺、盒、呵、喊、

锅、惯、购、供、宫、革、哥、稿、糕、港、刚、概、访、返、尔、顿、渡、懂、

叮、帝、稻、岛、诞、呆、凑、喘、楚、池、晨、厂、刹、擦、勃、伯、辫、碧、

毕、币、鼻、辈、爆、抱、奥、坐 /5、宗、捉、筑、忠、植、织、遮、召、诈、扎、

糟、遭、暂、蕴、晕、浴、羽、愚、诱、姨、研、绪、须、袖、宿、晓、祥、霞、
陈、嬉、夕、我、伟、惟、危、妥、涂、筒、挺、庭、亭、填、疼、陶、贪、胎、
岁、硕、税、鼠、抒、授、湿、剩、舌、稍、尚、扇、傻、塞、辱、却、驱、窃、
桥、敲、悄、抢、迁、泣、企、棋、频、篇、赔、培、胖、盼、派、爬、偶、鸟、
拟、尼、谋、墨、漠、末、摸、敏、棉、蜜、猛、梅、盲、麦、买、笼、淋、梁、
炼、莲、怜、励、兰、赖、辣、哭、孔、靠、烤、康、均、俱、睛、锦、仅、揭、
阶、鉴、渐、佳、忌、籍、疾、惑、辉、患、湖、恒、狠、痕、荷、棍、灌、冠、
够、勾、耕、割、敢、覆、赴、腐、伏、逢、愤、仿、凡、番、罚、乏、鹅、朵、
抖、洞、钉、丁、碟、敌、挡、搭、措、翠、丛、磁、慈、吹、储、斥、驰、衬、
陈、彻、吵、尝、肠、插、侧、册、裁、搏、弊、贝、碑、杯、绑、紫/4、浊、坠、
舟、衷、址、挣、蒸、障、丈、涨、择、葬、仔、悦、岳、誉、寓、宇、尤、泳、
赢、鹰、翼、毅、页、腰、氧、杨、燕、宴、崖、芽、鸭、押、讯、循、削、绚、
蓄、叙、汕、邪、孝、详、吓、暇、袭、溪、雾、握、窝、吻、谓、唯、旺、汪、
挽、湾、歪、瓦、挖、兔、吐、凸、艇、涛、唐、坛、泰、塌、塑、苏、竿、斯、
瞬、霜、帅、衰、薯、署、瘦、兽、寿、誓、氏、绳、哨、厦、涩、伞、溶、绒、
仁、劝、圈、枪、浅、漆、欺、魄、坡、屏、脾、捧、蓬、佩、陪、庞、叛、诺、
你、挠、抹、铭、媚、妹、煤、媒、茅、猫、迈、骂、络、螺、萝、伦、聋、六、
凌、廉、帘、蕾、篮、腊、旷、块、恳、肯、渴、刊、俊、倦、距、舅、纠、颈、
浸、竭、匠、键、剪、兼、甲、夹、既、剂、挤、饥、豁、惠、绘、谎、哗、狐、
哄、烘、喝、浩、耗、旱、涵、裹、贯、估、钩、恭、搞、岗、该、腹、副、俯、
斧、幅、符、扶、沸、帆、盾、肚、杜、督、叠、跌、吊、颠、悼、但、脆、聪、
匆、川、仇、崇、齿、橙、趁、撤、炒、嘲、缠、柴、沧、猜、卜、泊、拔、饼、
辨、贬、鞭、臂、彼、逼、笨、倍、卑、堡、薄、胞、榜、帮、扮、般、罢、碍、
挨、遵/3、钻、综、砖、抓、铸、柱、嘱、骤、咒、稚、滞、挚、殖、哲、罩、兆、
爪、帐、沾、寨、摘、眨、赠、泽、燥、皂、宰、栽、孕、匀、援、豫、御、喻、
渔、庸、樱、瘾、吟、荫、逸、谊、疫、役、亦、椅、邀、妖、衍、涯、鸦、逊、
迅、询、旬、穴、喧、朽、兄、杏、刑、馨、屑、泻、携、歇、啸、萧、宵、肖、
巷、县、嫌、衔、弦、纤、狭、峡、嘻、熄、悉、翁、蚊、喂、胃、伪、妄、碗、
婉、宛、顽、娃、拓、腿、桶、铜、帖、剔、淘、塘、汤、毯、滩、塔、它、虽、
肃、颂、寺、摔、耍、恕、梳、殊、叔、驶、史、拾、狮、尸、牲、慎、甚、申、

衫、筛、纱、骚、撒、锐、乳、仍、韧、饶、嚷、裙、趋、躯、禽、瞧、腔、歉、

谦、铅、契、岂、乞、妻、泼、瓶、翩、僻、碎、匹、澎、抛、膀、攀、湃、欧、

奴、酿、腻、逆、呢、囊、奈、乃、娜、沫、蔑、庙、渺、弥、昧、贸、矛、履、

裸、罗、碌、鲁、芦、漏、陋、拢、榴、另、岭、龄、咧、聊、谅、粮、粒、沥、

厉、漓、梨、勒、捞、狼、郎、滥、啦、垃、括、眶、跨、裤、咳、砍、慨、菌、

君、掘、拒、九、井、谨、斤、届、捷、杰、缴、搅、椒、骄、郊、酱、僵、箭、

剑、颊、绩、祭、辑、圾、贿、焕、猴、虹、很、鹤、桂、轨、瑰、龟、罐、拐、

乖、刮、咕、狗、沟、躬、搁、咯、杠、缸、纲、杆、赋、辅、佛、奉、讽、缝、

蜂、疯、匪、芳、贩、泛、伐、饿、躲、兑、堆、堵、冻、董、蝶、殿、淀、垫、

凳、捣、叨、党、旦、丹、戴、贷、寸、催、葱、赐、瓷、锤、筹、酬、宠、赤、

臣、扯、抄、倡、颤、叉、槽、舱、仓、驳、剥、蹦、苞、棒、拌、搬、颁、吧、

霸、爸、芭、叭、熬、凹、盎、矮、哎、昨/2、琢、啄、灼、拙、缀、妆、赚、驻、

瞩、烛、猪、株、皱、宙、肿、掷、肢、吱、郑、筝、睁、枕、侦、贞、胀、杖、

仗、辗、斩、粘、债、窄、宅、榨、喳、贼、噪、灶、澡、凿、咱、猿、渊、冤、

狱、愉、又、咏、哟、颖、莹、荧、垠、殷、溢、裔、绎、译、亿、蚁、怡、咬、

谣、漾、恙、痒、央、焰、雁、岩、淹、焉、呀、丫、巡、熏、玄、絮、徐、吁、

嗅、锈、绣、腥、猩、芯、蟹、懈、械、卸、谐、斜、哮、霄、橡、翔、镶、厢、

涎、贤、掀、辖、瑕、侠、虾、膝、浙、昔、希、伍、吾、呜、涡、索、萎、丸、

蛙、哇、唾、驼、褪、屠、秃、廷、眺、嚏、涕、蹄、藤、萄、滔、掏、烫、淌、

倘、碳、炭、潭、昙、瘫、摊、汰、抬、她、琐、嗦、梭、笋、蒜、诵、饲、伺、

撕、竖、柿、拭、侍、矢、蚀、渗、呻、蛇、奢、勺、梢、擅、珊、删、霎、僧、

森、瑟、嫂、嗓、扔、惹、壤、犬、渠、囚、沁、寝、秦、茄、峭、俏、侨、呛、

嵌、遣、洽、砌、迄、骑、祈、歧、凄、栖、瀑、葡、乒、瞥、譬、屁、披、袍、

乓、畔、啪、呕、挪、虐、钮、纽、您、蹑、捏、尿、匿、喃、穆、慕、睦、牧、

牡、某、眸、寞、蓦、陌、茉、膜、谬、秒、瞄、缅、勉、觅、眯、懵、朦、盟、

萌、霉、帽、芒、瞒、蛮、吗、蚂、屡、侣、驴、锣、逻、啰、掠、卵、鹿、胧、

珑、浏、刘、玲、凛、鳞、琳、邻、缭、寥、辆、莉、吏、鲤、愣、棱、仝、烙、

唠、姥、螂、廊、缆、斓、拦、蜡、喇、捆、魁、葵、框、筐、筷、坑、壳、颗、

楷、凯、咖、咔、峻、倔、诀、眷、涓、锯、菊、鞠、拘、疲、鲸、兢、荆、晋、

襟、津、劫、皆、矫、绞、饺、嚼、礁、蕉、跤、浇、桨、浆、溅、践、舰、俭、

柬、茧、煎、奸、嫁、嘉、棘、肌、叽、魂、慧、诲、晖、恍、煌、蝴、瑚、葫、
壶、吼、喉、洪、宏、嘿、赫、禾、杭、憾、罕、韩、骇、寨、呱、幸、亘、葛、
胳、戈、冈、肝、咐、府、拂、敷、肤、凤、枫、粪、焚、坟、氛、芬、肺、纺、
妨、鼍、讹、婀、舵、妒、睹、赌、嘟、逗、陡、栋、咚、鼎、爹、钓、凋、刁、
奠、甸、笛、涤、迪、嘀、堤、瞪、蹬、耽、逮、歹、嗒、挫、摧、簇、雌、蠢、
唇、炊、闯、串、揣、畜、橱、锄、厨、稠、绸、翅、澄、呈、撑、辰、巢、敞、
昌、铲、搀、拆、诧、曹、灿、哺、菠、柄、缤、蔽、毙、鄙、迸、绷、崩、惫、
豹、磅、傍、瓣、绊、扳、坝、疤、懊、袄、黯、艾、蔼、癌、唉、埃、阿、佐、
/1、攥、诅、揍、粽、棕、籽、兹、咨、孜、酌、卓、茁、谆、椎、幢、桩、撰、搜、
仨、煮、拄、蛛、朱、帚、昼、粥、窒、秩、峙、炙、帜、咫、旨、侄、蜘、脂、
芝、拯、怔、圳、斟、蔗、赵、沼、蟑、樟、彰、蘸、湛、绽、斩、盏、瞻、蚱、
栅、乍、闸、轧、憎、喷、藻、枣、攒、哉、咋、砸、熨、酝、陨、允、耘、曰、
袁、鸳、裕、驭、屿、舆、瑜、娱、竽、淤、佑、黝、呦、踊、蛹、俑、佣、蝇、
萦、萤、鹦、婴、蚓、姻、茵、臆、熠、蜴、奕、佚、屹、倚、矣、乙、咦、夷、
漪、壹、伊、屠、曳、冶、椰、耶、钥、匀、窖、宥、吆、夭、鸯、殃、俺、檐、
蜒、阎、盐、嫣、讶、驯、勋、靴、渲、炫、漩、暄、煦、婿、酗、旭、栩、嘘、
墟、匈、衅、锌、偕、胁、渍、罾、潇、硝、逍、腺、羡、馅、娴、咸、遐、暇、
徙、媳、曦、蟋、蜥、熙、锡、犀、晰、牺、析、兮、勿、鹉、捂、侮、妩、梧、
吴、芜、诬、巫、沃、蜗、喔、挝、嗡、瘟、魏、蔚、猬、纬、苇、帷、巍、薇、
偎、惘、枉、腕、惋、豌、蜿、婉、洼、椭、跎、陀、驮、豚、屯、蜕、颓、捅、
桐、彤、霆、婷、蜓、舔、腆、恬、惕、剔、屉、啼、踢、忑、趟、躺、螳、膛、
袒、忐、痰、苔、蹋、榻、娑、邃、穗、隧、遂、髓、悚、酥、嗽、擞、艘、嗖、
宋、讼、悚、祀、嘶、烁、吮、谁、涮、拴、蟀、甩、漱、墅、曙、署、赎、孰、
蔬、淑、匙、噬、屎、甥、肾、婶、葚、绅、绍、捎、裳、晌、潸、煽、晒、
煞、啥、鲨、砂、啬、臊、叁、腮、萨、咯、睿、瑞、蕊、茹、揉、冗、熔、榕、
蓉、茸、妊、刃、苒、娆、攘、瓢、苒、冉、鹊、瘸、券、蜷、诠、娶、蛆、岖、
鳅、蚯、丘、穹、顷、蜻、氢、擒、芹、钦、锲、惬、怯、撬、翘、窍、憔、乔、
橇、锹、跷、蔷、锵、倩、谴、钳、虔、掐、淇、崎、戚、柒、沏、曝、埔、蒲、
脯、菩、仆、剖、颇、萍、苹、坪、撇、瞟、瓢、媲、琵、啤、霹、劈、坯、
膨、蓬、棚、嘭、烹、砰、抨、沛、胚、咆、刨、螃、彷、徘、帕、琶、趴、藕、

鸥、殴、哦、噢、糯、懦、努、泞、拧、柠、咛、袅、碾、攥、捻、黏、溺、霓、

馈、瑙、嚷、呐、暮、慕、沐、姆、拇、亩、蘑、冥、悯、抿、喵、腼、谧、泌、

猕、咪、孟、檬、魅、寐、酶、莓、枚、玫、髦、茅、泯、蔓、曼、馒、霾、嘛、

玛、蟆、滤、缕、铝、摞、骆、骡、箩、沦、抡、李、峦、鹭、漉、赂、虏、颅、

庐、噜、喽、搂、垄、窿、咙、遛、瘤、硫、羚、聆、陵、伶、赁、吝、磷、拎、

冽、潦、嘹、撩、辽、晾、靓、俩、粱、敛、镰、涟、雳、蛎、砺、栗、俐、荔、

隶、哩、篱、黎、璃、喱、犁、狸、厘、磊、酪、涝、琅、榄、揽、澜、娄、籁、

廓、昆、溃、馈、挎、垮、窟、叩、铿、吭、啃、垦、坷、蝌、瞌、磕、棵、苛、

炕、亢、扛、慷、槛、侃、坎、竣、骏、隽、郡、钧、蹶、爵、崛、抉、撅、绢、

鹃、炬、矩、沮、咀、橘、桔、掬、驹、灸、玖、啾、揪、窘、炯、靖、憬、阱、

茎、诫、睫、秸、酵、轿、皎、狡、疆、姜、毽、涧、贱、荐、碱、捡、拣、歼、

稼、贾、荚、浃、枷、暨、脊、藉、瘠、嫉、汲、稽、畸、唧、讥、霍、秒、彗、

讳、卉、徽、恢、诙、蝗、惶、徨、凰、痪、徊、猾、唬、弧、惚、弘、哼、嗨、

褐、涸、阂、瀚、撼、焊、悍、捍、函、憨、酣、蛤、郭、跪、硅、闺、逛、棺、

卦、锢、雇、菇、垢、苟、贡、拱、汞、巩、弓、梗、哽、耿、羹、嗝、阁、鸽、

疙、膏、橄、秆、尬、竿、溉、钙、丐、尴、嘎、伽、袱、缚、傅、甫、蝠、辐、

俘、芙、孵、冯、吩、翡、诽、扉、绯、啡、菲、防、坊、阀、贰、饵、嗯、鳄、

呃、厄、娥、峨、俄、跺、惰、堕、踱、哆、炖、盹、蹲、吨、锻、镀、痘、蚪、

兜、盯、喋、谍、迭、叼、惦、玷、踮、癫、巅、掂、蒂、谛、邓、蹬、祷、铛、

惮、掸、怠、瘩、耷、蹉、搓、粹、瘁、悴、璀、窜、蹿、醋、囱、疵、啜、戳、

醇、淳、捶、疮、踹、蠢、础、蹰、臭、瞅、踌、畴、惆、憧、炽、侈、弛、秤、

骋、逞、惩、澈、绰、钞、怅、婵、猖、忏、阐、潺、蝉、馋、掺、姹、岔、嚓、

蹭、厕、嘈、糙、璨、惭、蚕、蔡、踩、睬、怖、簸、礴、膊、脖、舶、玻、丙、

濒、滨、彬、憋、镖、飙、辫、扁、蝙、瘪、陛、庇、甭、锛、呗、狈、雹、煲、

镑、谤、柏、掰、靶、跋、笆、捌、扒、翱、遨、敖、肮、俺、暧、隘、皑、啊

一级词语用字表

子 /14、天 /13、一 /10、星 /9、期、学 /8、上、儿、车、小 /7、们、么、电、中 /6、下、

大、这 /5、有、年、机、不、为 /4、生、起、那、明、里、课、开、间、会、话、

花、国、干、饭、的、做 /3、自、早、在、以、些、午、书、手、时、什、人、球、请、你、能、哪、可、看、姐、见、好、个、刚、店、地、打、常、本、白、字 /2、钟、真、照、站、怎、月、雨、友、医、爷、要、雪、校、夏、习、西、五、我、问、忘、晚、头、同、听、条、太、她、它、他、四、水、树、是、视、士、少、山、三、日、认、去、秋、前、汽、气、朋、女、您、鸟、奶、名、面、米、门、妹、没、吗、马、妈、六、了、老、来、块、句、酒、今、教、假、家、记、火、回、后、海、哥、高、风、分、放、房、发、二、耳、多、对、冬、东、弟、灯、到、春、床、窗、草、菜、才、病、别、表、笔、北、杯、包、爸、座 /1、坐、作、左、昨、最、足、走、桌、住、周、州、重、种、纸、只、支、正、着、长、张、咱、再、云、院、远、元、语、鱼、右、又、用、应、影、音、因、意、椅、已、宜、衣、页、业、也、样、阳、羊、眼、牙、姓、兴、信、新、心、谢、写、鞋、笑、像、想、箱、相、现、咸、先、戏、喜、洗、物、屋、文、喂、位、万、完、外、袜、推、土、图、痛、铁、甜、田、体、提、踢、疼、汤、台、所、岁、算、送、死、说、谁、双、数、叔、收、市、识、石、十、师、声、身、商、肉、热、让、取、晴、轻、钱、铅、千、齐、七、破、票、片、旁、怕、哦、牛、呢、难、南、男、拿、目、木、美、每、毛、忙、慢、卖、买、绿、乱、路、楼、留、亮、两、练、脸、礼、离、冷、累、篮、蓝、啦、拉、筷、快、哭、口、空、颗、咖、就、旧、九、净、睛、京、近、进、借、节、叫、脚、角、件、加、寄、己、几、级、活、黄、欢、坏、画、华、户、红、很、黑、河、和、喝、号、行、汉、孩、还、过、果、广、馆、关、刮、共、公、更、给、各、歌、该、夫、啡、非、飞、方、饿、朵、短、读、都、动、定、点、典、低、刀、但、带、答、错、存、从、次、词、船、穿、出、虫、迟、吃、晨、超、唱、场、差、茶、厕、材、便、变、边、比、被、宝、半、班、百、吧、把、巴、八、爱

二级词语用字表

子 /47、上 /25、大 /22、小 /21、下 /18、边 /17、一 /16、到、国 /15、不、来 /14、面 /13、花 /12、生 /11、色、老、好、车、时 /10、人、地、出、学 /9、心、山、球、家、孩、公、得、园 /8、天、水、后、过、发、动、有 /7、要、外、手、是、日、全、去、气、路、里、快、开、进、电、白、作 /6、意、样、文、头、然、

皮、年、南、乐、节、记、机、候、行、海、果、周 /5、这、雨、游、眼、笑、西、
乌、晚、玩、听、树、事、声、身、沙、清、门、楼、力、可、加、会、回、话、
风、儿、多、道、打、场、步、本、安、爱、祖 /4、走、字、直、知、只、正、运、
邮、衣、牙、新、鲜、洗、物、同、松、如、热、亲、前、女、内、闹、难、男、
那、母、美、毛、亮、空、课、紧、金、见、假、鸡、害、光、关、个、方、饭、
点、第、底、当、次、春、成、草、包、巴、左 /3、最、自、桌、中、指、整、真、
着、照、找、于、右、油、迎、英、印、以、雪、校、向、相、现、细、舞、问、
为、望、王、图、童、停、跳、题、桃、所、思、刷、试、市、食、扇、扫、轻、
青、其、票、片、跑、旁、牛、尼、目、每、忙、马、林、两、脸、了、拉、口、
看、卡、经、京、巾、结、街、交、间、急、黄、欢、画、黑、河、哈、瓜、姑、
歌、高、赶、飞、房、度、懂、东、等、蛋、袋、从、菜、表、比、北、都、半、
拜、做 /2、嘴、抓、竹、重、终、纸、之、长、怎、云、愿、院、原、语、羽、友、
用、已、姨、夜、叶、阳、颜、呀、亚、芽、鸭、需、兴、星、信、谢、写、些、
象、想、香、先、吸、味、围、网、万、弯、兔、土、偷、调、抬、送、说、睡、
鼠、书、受、首、收、室、使、失、绳、升、舍、烧、伤、闪、森、伞、入、容、
雀、泉、区、求、情、琴、且、桥、器、汽、起、坡、瓶、漂、朋、喷、胖、盘、
排、怕、爬、农、娘、脑、奶、木、命、明、民、蜜、么、绿、萝、龙、六、留、
另、凉、连、理、李、礼、蓝、苦、肯、客、刻、克、壳、考、卷、具、举、局、
救、久、镜、静、景、斤、接、教、觉、脚、件、简、剪、级、或、活、华、护、
虎、胡、猴、红、盒、呵、汉、喊、寒、还、龟、管、馆、怪、挂、股、够、跟、
干、敢、父、封、粉、分、放、法、二、而、朵、顿、对、队、肚、豆、顶、登、
的、但、单、错、刺、处、楚、虫、池、城、朝、唱、参、彩、卜、并、冰、宾、
别、便、必、币、笔、奔、贝、报、宝、办、板、班、哎、座 /1、坐、钻、祖、组、
总、紫、捉、准、追、撞、状、装、庄、转、祝、注、住、助、煮、主、烛、猪、
珠、种、钟、植、枝、吱、筝、争、震、阵、珍、针、者、折、爪、掌、张、站、
粘、寨、摘、炸、扎、澡、早、脏、咱、在、再、仔、越、约、圆、员、元、育、
玉、与、鱼、幼、由、优、勇、泳、硬、应、影、赢、鹰、樱、银、音、阴、因、
易、蚁、唉、业、野、爷、药、咬、摇、腰、痒、养、洋、羊、扬、燕、雁、艳、
演、盐、雅、鸦、压、寻、血、选、许、须、宿、休、熊、醒、形、辛、鞋、橡、
像、响、翔、箱、乡、羡、线、险、显、仙、吓、虾、系、戏、喜、惜、息、希、

雾、误、伍、午、五、无、屋、握、蜗、窝、挝、蚊、闻、猬、位、卫、尾、微、
危、往、碗、顽、完、娃、蛙、哇、挖、脱、拖、腿、团、吐、突、投、桶、通、
挺、蜓、庭、铁、贴、挑、田、体、特、套、淘、萄、逃、躺、糖、塘、堂、探、
毯、滩、泰、台、踏、它、他、笋、随、虽、酸、速、诉、四、丝、双、甩、摔、
耍、数、束、暑、熟、瘦、始、史、石、十、湿、狮、诗、师、胜、神、深、伸、
射、蛇、舌、绍、裳、晒、厦、杀、散、三、赛、撒、洒、肉、扔、认、惹、绕、
群、裙、确、却、圈、趣、取、请、晴、蜻、切、翘、巧、瞧、敲、悄、抢、墙、
强、枪、浅、千、旗、骑、奇、齐、埔、葡、铺、扑、婆、泼、革、坪、评、乒、
拼、飘、篇、屁、啤、披、批、碰、捧、盆、陪、泡、膀、乓、盼、拍、啪、趴、
暖、努、弄、捏、泥、能、嫩、耐、慕、末、蘑、摸、秒、苗、喵、缅、棉、米、
迷、咪、猛、蒙、们、莓、眉、没、帽、冒、猫、曼、满、嘛、骂、蚂、麻、妈、
律、落、鹿、流、龄、零、铃、灵、淋、邻、辆、俩、练、怜、粒、利、丽、立、
厉、历、璃、喱、梨、离、狸、冷、泪、姥、劳、浪、朗、狼、烂、篮、蜡、垃、
困、块、夸、裤、恐、孔、坑、棵、靠、烤、康、咖、巨、菊、居、舅、就、酒、
净、警、井、禁、劲、近、尽、仅、介、解、洁、较、叫、饺、蕉、骄、奖、讲、
将、江、渐、健、建、捡、柬、尖、稼、架、价、甲、夹、暨、绩、既、季、纪、
挤、圾、获、伙、火、悔、灰、换、化、滑、哗、划、互、蝴、湖、狐、忽、呼、
虹、很、荷、和、合、号、汗、韩、锅、滚、贵、广、观、拐、刮、故、鼓、谷、
古、菇、狗、共、工、更、根、给、鸽、告、搞、糕、膏、钢、感、盖、改、该、
副、福、幅、服、扶、缝、蜂、丰、奋、纷、菲、反、翻、鹅、躲、蹲、堆、断、
短、端、读、逗、洞、咚、丢、定、订、盯、叮、蝶、钓、店、甸、典、滴、瞪、
灯、德、蹈、倒、岛、刀、弹、担、戴、待、代、呆、答、达、醋、粗、丛、聪、
此、词、吹、床、窗、串、船、传、厨、除、初、充、冲、翅、齿、尺、吃、乘、
晨、炒、吵、厂、常、差、察、插、层、操、藏、灿、蚕、餐、踩、采、擦、部、
布、脖、伯、剥、玻、病、遍、变、扁、闭、鼻、蹦、笨、被、倍、背、杯、抱、
堡、饱、傍、棒、瓣、伴、搬、摆、爸、拔、傲、按、矮、唉、啊、阿

166

三级词语用字表

大 /56、不、子 /54、人 /46、一 /40、水 /30、花 /29、上 /28、心 /27、小、好 /23、点 /22、中 /21、手、头 /20、生、来、动、出、气 /19、红、车、下 /18、起、面、口、得、到、球 /17、看、光、方、电、长 /16、学、开、打、有 /15、说、年、老、家、机、地、自 /14、外、同、天、台、时、山、美、语 /13、火、于 /12、眼、无、数、实、然、前、高、风、意 /11、话、后、海、场、彩、表、半、用 /10、音、星、笑、香、物、书、身、女、力、金、法、多、对、成、走 /9、月、员、石、色、日、平、明、流、理、惊、会、过、国、公、感、服、放、发、部、白、之 /8、正、战、友、衣、西、舞、通、是、难、米、门、没、绿、路、乐、空、接、间、黄、父、夫、分、灯、餐、包、转 /7、着、早、雨、游、叶、样、雪、望、提、特、少、如、去、情、木、母、毛、马、课、客、可、及、果、观、关、各、飞、反、道、带、从、处、菜、边、笔、本、报、爱、壮 /6、住、主、珠、院、影、形、信、务、温、为、网、听、体、术、室、事、士、声、三、赛、曲、区、亲、钱、奇、期、片、牌、南、名、落、领、量、脸、了、快、具、今、节、奖、讲、建、假、回、行、馆、复、队、豆、的、单、城、沉、草、病、冰、安、作 /5、足、重、招、掌、造、园、以、夜、要、演、言、血、许、向、想、响、相、现、习、五、往、晚、太、四、思、睡、收、使、师、沙、任、全、秋、千、能、内、男、奶、魔、梦、灵、烈、料、连、利、里、浪、刻、考、景、精、近、进、教、见、价、伙、画、华、呼、黑、河、广、怪、瓜、功、歌、粉、房、而、度、东、定、等、当、村、传、便、北、宝、板、岸、做 /4、治、值、只、整、真、照、展、再、运、远、原、遇、印、烟、幸、象、箱、乡、线、先、仙、喜、卧、文、味、位、停、厅、铁、跳、梯、孙、随、算、丝、树、式、食、神、伤、软、入、热、清、青、强、棋、婆、品、朋、跑、牛、脑、命、密、迷、妈、旅、楼、凉、立、雷、劳、宽、克、卡、军、绝、决、卷、境、静、经、解、结、党、角、交、架、加、计、集、激、活、欢、化、护、乎、何、毫、古、共、工、格、告、钢、干、费、耳、儿、斗、掉、底、低、登、倒、代、答、此、词、窗、乘、常、茶、补、别、变、背、班、摆、总 /3、字、姿、准、种、至、指、止、直、知、枝、汁、争、丈、张、站、眨、增、云、圆、油、邮、由、优、应、迎、银、爷、药、摇、仰、严、亚、兴、醒、写、消、献、鲜、系、纹、围、王、汪、万、完、土、图、条、甜、疼、堂、谈、

爽、熟、受、守、视、似、世、十、盛、升、商、认、确、缺、趣、庆、轻、勤、
巧、墙、旗、其、扑、票、漂、皮、盆、炮、念、哪、拿、幕、目、默、民、绵、
么、满、轮、录、龙、零、亮、帘、丽、礼、离、泪、兰、辣、狂、款、苦、科、
举、居、就、久、竟、晶、洁、脚、降、肩、坚、季、几、即、基、灰、慌、坏、
滑、虎、荷、合、汗、鬼、鼓、个、哥、港、赶、改、富、付、福、否、疯、烦、
二、鹅、读、毒、抖、冬、雕、滴、荡、弹、胆、待、翠、脆、粗、次、春、除、
初、虫、充、冲、池、吃、橙、查、布、伯、波、饼、比、抱、保、伴、办、败、
暗、座/2、坐、尊、醉、最、祖、滋、啄、桌、状、装、专、祝、柱、皱、洲、众、
钟、终、制、址、政、证、镇、阵、针、账、炸、则、皂、赞、仔、晕、越、悦、
阅、约、愿、浴、育、玉、余、永、拥、哟、硬、英、饮、引、因、已、移、医、
液、业、野、也、羊、扬、验、岩、压、选、续、秀、羞、熊、凶、新、辛、鞋、
校、像、显、夏、霞、细、溪、息、夕、悟、武、午、屋、污、闻、未、微、玩、
弯、托、吞、退、涂、途、偷、痛、亭、调、挑、讨、桃、逃、掏、糖、叹、滩、
他、所、岁、塑、速、苏、司、顺、帅、摔、属、梳、柿、势、市、失、剩、胜、
省、什、深、烧、赏、傻、肉、容、仍、染、燃、拳、泉、请、茄、切、率、器、
妻、普、破、坡、拼、飘、骗、偏、碰、胖、派、排、拍、怕、暖、怒、农、鸟、
泥、闹、那、抹、敏、灭、秘、眯、蒙、妹、梅、冒、茂、猫、慢、码、麻、论、
乱、露、隆、笼、留、刘、令、聊、两、良、联、励、梨、类、朗、拉、阔、愧、
哭、枯、恐、捐、据、句、巨、酒、镜、敬、劲、尽、紧、仅、巾、界、姐、街、
阶、叫、跤、箭、剑、驾、既、际、急、极、级、吉、积、击、挥、换、环、怀、
户、糊、湖、胡、轰、恨、嘿、贺、盒、和、呵、号、寒、含、害、桂、贵、冠、
管、乖、骨、谷、姑、宫、攻、跟、杆、妇、负、浮、佛、锋、峰、愤、奋、份、
肥、非、芳、饭、番、恶、朵、独、叮、丁、店、递、帝、弟、凳、稻、刀、蛋、
淡、达、错、匆、纯、垂、闯、船、丑、抽、持、称、衬、吵、超、尝、产、差、
曾、舱、材、步、博、勃、菠、兵、标、编、壁、毕、鼻、蹦、爆、般、百、拔、
案、按、挨、嘴/1、钻、组、奏、踪、籽、苗、幢、庄、砖、抓、筑、著、注、助、
株、朱、周、州、舟、置、致、志、纸、植、织、肢、支、症、挣、睁、震、枕、
珍、这、者、折、遮、罩、找、爪、仗、涨、绽、占、斩、盏、沾、蚱、喳、怎、
泽、责、澡、枣、槽、脏、暂、在、载、栽、灾、砸、杂、允、跃、怨、援、元、
豫、欲、与、愚、鱼、幼、又、犹、尤、幽、忧、涌、勇、泳、赢、蝇、营、莹、

鹰、鹨、樱、婴、翼、谊、异、议、忆、艺、蚁、疑、姨、仪、依、页、耶、耀、

钥、邀、腰、妖、痒、氧、养、洋、杨、阳、央、燕、焰、宴、艳、厌、沿、炎、

咽、讶、牙、丫、迅、训、寻、削、旋、宣、需、修、雄、兄、姓、型、斜、些、

巷、项、祥、镶、厢、馅、县、险、弦、闲、虾、洗、袭、膝、嘻、稀、晰、悉、

吸、雾、误、鹉、捂、吴、呜、握、我、喔、问、稳、慰、卫、姜、委、尾、伟、

唯、忘、亡、湾、歪、哇、驼、陀、豚、腿、推、兔、突、秃、透、桶、童、铜、

彤、挺、舔、填、添、替、题、藤、腾、套、葡、陶、趟、烫、汤、毯、坦、潭、

坛、摊、泰、态、塔、锁、缩、碎、虽、酸、诉、嗽、艘、嗖、送、松、寺、死、

撕、私、瞬、霜、双、耍、刷、竖、述、束、鼠、蔬、输、舒、叔、兽、售、首、

匙、释、适、示、驶、始、史、拾、识、湿、诗、尸、绳、甚、婶、伸、射、设、

舍、勺、稍、善、扇、闪、衫、厦、啥、纱、杀、嫂、丧、嗓、散、伞、塞、若、

润、蕊、揉、柔、融、榕、绒、荣、茸、扔、忍、扰、让、嚷、群、裙、鹊、劝、

取、躯、屈、求、穷、晴、倾、琴、且、桥、乔、敲、悄、枪、歉、欠、签、铅、

泣、弃、企、乞、骑、淇、漆、欺、七、瀑、蒲、葡、铺、迫、泼、瓶、屏、凭、

翩、匹、脾、疲、批、砰、喷、配、佩、泡、抛、膀、盼、帕、偶、噢、浓、钮、

扭、拧、宁、娘、嫩、恼、奈、娜、沐、拇、牡、某、墨、漠、陌、茉、末、磨、

摩、模、摸、鸣、庙、妙、描、棉、蜜、猛、们、闷、每、霉、煤、眉、枚、玫、

貌、帽、茫、盲、忙、芒、漫、馒、卖、麦、迈、买、埋、蚂、虑、缕、骆、络、

螺、萝、罗、卵、芦、喽、漏、楼、拢、珑、咙、榴、溜、另、凌、铃、玲、淋、

临、林、猎、咧、缭、疗、辆、谅、梁、粮、梁、链、恋、炼、练、莲、莉、荔、

例、历、哩、李、厘、愣、累、姥、捞、廊、狼、烂、懒、览、蓝、栏、喇、啦、

括、困、昆、眶、矿、况、跨、夸、酷、扣、孔、哨、渴、咳、靠、烤、砍、咔、

绢、聚、距、炬、橘、菊、局、舅、救、九、警、睛、京、茎、禁、津、届、戒、

睫、捷、较、饺、狡、焦、椒、浇、郊、酱、将、江、键、溅、毽、健、简、减、

检、煎、甲、颊、继、济、迹、技、记、籍、鸡、叽、货、浑、婚、昏、毁、恢、

晃、恍、皇、猾、哗、划、葫、忽、厚、吼、喉、洪、衡、横、哼、很、痕、嗨、

禾、喝、豪、汉、哈、裹、滚、柜、瑰、归、逛、罐、灌、惯、官、拐、呱、顾、

故、够、钩、沟、勾、供、贡、根、给、嗝、隔、割、胳、咯、戈、搞、糕、缸、

刚、概、盖、丐、傅、附、腐、斧、抚、符、肤、蜂、枫、丰、纷、芬、沸、翡、

仿、泛、犯、返、罚、伐、尔、嗯、鳄、额、夺、吨、锻、断、段、端、肚、都、

栋、冻、咚、丢、顶、蝶、叠、吊、叼、殿、甸、敌、蹬、蹈、导、挡、旦、丹、袋、呆、嗒、搭、搓、寸、存、催、窜、凑、丛、葱、磁、慈、唇、吹、创、喘、穿、川、触、础、臭、愁、宠、翅、尺、迟、澄、承、诚、撑、趁、晨、陈、尘、扯、潮、嘲、钞、抄、唱、敞、厂、肠、颤、铲、缠、馋、柴、察、插、册、曹、糙、操、苍、灿、惨、惭、采、才、猜、怖、膊、播、拔、缤、憋、辫、鞭、臂、碧、闭、必、币、逼、奔、备、悲、杯、堡、薄、胞、苞、棒、榜、绑、扮、瓣、斑、拜、辫、把、叭、八、奥、袄、俺、蔼、癌、哎

四级词语用字表

不 /89、一 /61、人 /58、心 /53、大 /48、子 /46、无 /45、气 /43、手 /35、出、动 /34、天 /32、发、头 /31、车、力 /28、来、风、小 /27、上、外 /26、火、好、高、地、水 /25、生、意 /24、说、打、下 /23、面、分、日 /22、后、海、得、口 /21、体 /20、开、过、着 /19、时、平、明、家、当、成、长 /18、于、万、事、情、话、点、重 /17、名、流、老、机、工、单、有 /16、文、实、山、入、热、清、品、节、会、行、方、而、作 /15、自、中、正、用、眼、身、起、年、理、可、光、电、在 /14、星、新、通、神、美、路、号、道、比、总 /13、信、笑、想、喜、马、交、场、部、病、学 /12、性、向、相、物、落、尽、价、画、花、合、度、爱、主 /11、员、衣、位、声、千、期、目、满、列、料、冷、空、公、飞、处、除、冰、安、字 /10、转、之、真、洋、为、往、台、所、受、失、如、取、球、亲、奇、模、门、量、连、历、乐、军、精、间、级、管、感、费、放、法、二、多、步、百、语 /9、夜、形、写、线、温、视、试、三、前、器、民、立、了、苦、惊、金、结、接、计、黑、国、富、对、队、到、倒、代、此、程、保、白、指 /8、月、雨、友、影、业、要、药、血、先、西、五、问、王、随、速、收、示、少、色、容、然、去、片、排、能、难、迷、留、礼、快、客、看、警、经、近、奖、件、回、红、观、复、服、房、饭、反、定、顶、别、表、备、包、洲 /7、直、折、早、灾、远、游、音、疑、言、香、现、透、同、特、算、顺、睡、书、是、全、秋、强、钱、牌、免、忙、漫、论、科、考、酒、见、急、货、活、欢、何、果、官、古、歌、恶、带、达、春、初、冲、背、半、八、装 /6、助、智、证、争、张、源、原、元、油、硬、阴、野、摇、样、阳、演、修、型、显、舞、望、完、痛、条、思、私、

数、室、适、市、士、食、伤、扫、赛、弱、齐、票、女、怒、农、内、闹、苗、

谜、码、乱、陆、楼、龙、铃、临、亮、凉、里、剧、具、就、净、景、角、户、

乎、害、规、关、顾、故、功、格、告、废、的、胆、次、传、超、菜、布、边、

本、报、板、巴、做/5、组、准、专、住、种、终、质、至、知、整、珍、展、责、

赞、运、越、愿、邮、勇、隐、易、异、义、以、扬、烟、压、续、虚、消、乡、

细、戏、息、味、微、网、团、投、跳、题、叹、松、树、似、胜、深、忍、染、

轻、巧、破、拍、泥、南、母、妙、眠、密、毛、卖、麻、绿、柳、例、离、雷、

救、敬、劲、进、教、脚、将、减、坚、加、季、记、昏、汇、晃、化、华、胡、

和、毫、含、怪、骨、共、更、干、甘、改、负、夫、粉、尔、儿、夺、断、短、

东、灯、蛋、船、尘、朝、常、产、刹、采、播、标、便、必、笔、北、悲、暴、

拜、暗、按、座/4、祖、阻、足、注、珠、众、致、制、止、诊、者、脏、云、约、

预、忧、饮、议、依、医、验、严、醒、鞋、校、像、象、响、险、习、吸、围、

威、晚、托、土、图、突、筒、统、甜、田、提、腾、谈、贪、态、素、死、输、

售、世、石、十、师、圣、省、摄、舍、肉、柔、荣、认、求、其、七、婆、飘、

皮、盘、偶、暖、娘、脑、那、莫、摩、梦、没、埋、露、炉、溜、领、灵、林、

烈、恋、练、利、丽、泪、览、款、刻、卡、绝、卷、巨、举、镜、解、街、降、

讲、佳、极、激、基、击、获、挥、灰、唤、坏、怀、虎、糊、呼、汗、汉、柜、

归、固、孤、防、犯、繁、翻、额、弟、低、等、担、错、存、刺、磁、辞、词、

穿、持、沉、操、藏、餐、彩、波、避、壁、碧、被、哀、尊/3、租、奏、状、州、

织、枝、针、照、章、站、战、增、造、糟、遭、杂、晕、跃、怨、缘、欲、宇、

鱼、幼、由、营、迎、英、印、益、叶、也、遥、艳、沿、炎、训、雪、选、悬、

秀、羞、雄、胸、姓、兴、箱、陷、鲜、仙、洗、惜、误、胃、忘、玩、脱、拖、

退、途、调、堂、唐、太、酸、送、四、丝、双、术、首、势、氏、诗、剩、升、

伸、射、稍、善、沙、丧、绒、群、确、拳、曲、区、穷、庆、晴、青、切、欠、

启、旗、贫、拼、泡、庞、念、耐、乃、木、默、灭、米、闷、媚、每、眉、冒、

茅、慢、略、率、律、令、两、良、李、蕾、牢、劳、拉、愧、亏、矿、狂、宽、

扣、恐、孔、课、克、抗、康、均、决、聚、句、旧、久、究、晶、紧、洁、叫、

娇、键、建、检、艰、夹、寄、际、纪、集、疾、即、吉、谎、皇、慌、患、换、

幻、滑、互、候、厚、横、豪、锅、棍、贵、挂、个、糕、岗、覆、妇、父、伏、

奋、肥、非、范、凡、耳、盾、独、豆、斗、都、丢、碟、掉、店、典、滴、稻、

刀、淡、诞、待、从、纯、床、丑、抽、充、吃、城、称、趁、唱、差、层、测、

草、苍、惨、残、参、财、才、捕、补、并、兵、编、币、辈、贝、宝、饱、拌、

班、败、奥、凹、罪/2、最、嘴、走、宗、滋、资、姿、捉、追、撞、赚、筑、著、

祝、竹、钟、志、纸、职、执、只、支、症、震、罩、招、账、掌、阅、岳、院、

圆、园、浴、育、郁、玉、羽、予、余、右、犹、悠、优、拥、映、应、盈、引、

银、因、翼、忆、已、遗、养、厌、颜、延、咽、亚、崖、鸭、旬、序、许、徐、

须、袖、休、熊、幸、馨、欣、蟹、泄、孝、项、享、限、县、夏、嘻、溪、武、

午、吾、屋、污、窝、吻、纹、未、伟、危、亡、湾、弯、歪、娃、吞、吐、徒、

凸、童、挺、停、亭、听、填、讨、淘、逃、涛、淌、糖、胎、踏、塌、锁、损、

孙、碎、岁、诵、司、刷、熟、瘦、寿、式、驶、始、使、识、湿、施、狮、盛、

社、设、舌、哨、烧、尚、赏、商、闪、杀、涩、散、撒、若、软、融、任、绕、

壤、雀、缺、泉、权、屈、请、倾、勤、琴、桥、抢、签、牵、汽、普、评、骗、

脾、疲、批、赔、跑、抛、旁、畔、判、攀、欧、弄、纽、扭、凝、宁、嫩、恼、

挠、男、墓、牧、末、魔、磨、命、鸣、瞄、描、棉、绵、猛、煤、媒、貌、矛、

麦、买、妈、旅、轮、录、隆、笼、聋、浏、岭、琳、梁、链、脸、廉、联、莲、

怜、类、浪、螂、懒、篮、垃、扩、眶、控、渴、烤、砍、俊、君、惧、据、局、

居、疚、静、竞、颈、睛、禁、仅、筋、巾、借、戒、捷、觉、搅、渐、简、尖、

嫁、驾、假、继、迹、技、挤、已、几、及、鸡、圾、饥、惑、祸、或、伙、混、

婚、绘、悔、缓、环、护、狐、忽、哄、狠、痕、鹤、贺、盒、河、航、喊、哈、

裹、滚、鬼、股、谷、咕、给、隔、咯、港、敢、赶、肝、盖、腹、斧、福、幅、

浮、逢、峰、封、丰、份、纷、仿、返、番、帆、端、渡、堵、读、毒、抖、冬、

钉、丁、跌、吊、递、帝、底、笛、敌、德、盗、岛、导、弹、呆、答、村、丛、

聪、葱、匆、赐、锤、垂、创、川、触、愁、耻、迟、驰、乘、臣、炒、潮、厂、

颤、柴、查、茶、叉、搏、拔、遍、臂、毕、鼻、逼、芭、榜、伴、办、斑、摆、

吧、罢、把、拔、芭、傲、昂、岸、艾、挨/1、坐、佐、左、昨、遵、族、揍、粽、

踪、紫、桌、坠、壮、庄、砖、烛、逐、蛛、猪、诸、帚、宙、粥、周、舟、肿、

衷、忠、置、治、植、值、蜘、吱、芝、汁、挣、政、郑、蒸、筝、睁、阵、圳、

枕、哲、赵、召、找、爪、帐、杖、仗、丈、涨、蟑、湛、占、窄、宅、炸、诈、

喳、扎、贼、喷、泽、择、躁、燥、噪、灶、藻、暂、攒、再、载、哉、咋、孕、

陨、匀、曰、援、冤、豫、誉、愈、裕、喻、遇、狱、愉、渔、诱、幽、泳、咏、

永、萤、莹、鹰、樱、瘾、蚓、垠、吟、姻、茵、裔、谊、奕、佚、亦、艺、亿、

椅、倚、乙、移、姨、仪、液、页、爷、耀、舀、谣、肴、腰、妖、夭、氧、杨、

央、燕、雁、檐、蜒、阎、研、淹、焉、雅、哑、涯、芽、牙、鸦、押、丫、迅、

询、靴、炫、旋、绪、绣、汹、兄、凶、杏、薪、辛、芯、谢、泻、斜、邪、协、

歇、些、效、哮、晓、霄、硝、宵、巷、祥、详、厢、献、闲、吓、霞、峡、瞎、

系、袭、熄、淅、析、昔、希、雾、务、妩、伍、卧、我、嗡、翁、稳、蚊、闻、

喂、畏、卫、委、纬、苇、维、违、旺、枉、碗、挽、硕、丸、蜿、瓦、蛙、洼、

腿、推、涂、桶、捅、铜、霆、婷、庭、铁、眺、挑、腆、添、替、惕、屉、蹄、

啼、剔、疼、忑、套、滔、螳、膛、塘、汤、探、炭、毯、坦、忐、潭、坛、摊、

泰、汰、索、嗦、笋、隧、虽、蒜、肃、苏、撒、宋、笙、饲、寺、斯、烁、

瞬、税、爽、帅、塾、薯、鼠、属、舒、殊、叔、兽、授、守、誓、释、逝、饰、

屎、尸、慎、甚、什、勺、梢、珊、煞、厦、傻、嫂、桑、伞、塞、洒、润、辱、

乳、仍、刃、饶、让、嚷、舟、燃、裙、劝、犬、圈、趣、囚、鳅、蚯、寝、秦、

且、俏、瞧、憔、侨、敲、悄、呛、墙、腔、枪、歉、潜、谦、铅、恰、掐、砌、

弃、企、棋、祈、漆、欺、戚、谱、朴、迫、颇、凭、乒、频、瞟、偏、屁、琵、

劈、碰、捧、篷、朋、嘭、配、佩、培、胚、炮、咆、胖、螃、乓、派、怕、琶、

爬、呕、鸥、诺、挪、奴、浓、牛、泞、蹑、尿、你、拟、尼、奈、娜、拿、幕、

姆、亩、某、墨、漠、陌、沫、茉、铭、冥、渺、脑、勉、蜜、秘、孟、蒙、们、

魅、梅、么、茂、芒、蔓、瞒、蛮、脉、迈、骂、虑、铝、驴、裸、罗、啰、漉、

碌、鹿、芦、噜、漏、陋、龄、零、凌、凛、淋、拎、裂、劣、聊、炼、镰、帘、

粒、莉、隶、沥、厉、鲤、黎、漓、唠、捞、朗、琅、狼、郎、烂、榄、缆、蓝、

娄、栏、拦、兰、赖、辣、腊、阑、括、困、捆、况、筐、筷、块、跨、夸、酷、

裤、库、哭、枯、坑、恳、肯、咳、蝌、瞌、磕、靠、扛、刊、慨、骏、菌、倔、

倦、涓、拒、沮、桔、舅、九、啾、揪、纠、炯、境、竟、径、阱、鲸、京、浸、

锦、今、界、届、介、姐、截、杰、皆、较、轿、缴、焦、椒、骄、郊、酱、桨、

浆、江、箭、健、剪、俭、拣、监、奸、架、浃、籍、嫉、稽、畸、积、唧、肌、

讥、魂、浑、惠、彗、毁、辉、煌、黄、焕、划、蝴、瑚、湖、壶、弧、吼、喉、

洪、虹、宏、烘、轰、恨、禾、喝、呵、杭、憾、旱、寒、韩、孩、还、郭、跪、

轨、广、惯、冠、拐、卦、瓜、姑、估、够、购、构、狗、苟、钩、沟、供、躬、

宫、攻、弓、跟、根、各、葛、阁、割、胳、哥、杠、缸、钢、冈、橄、竿、概、

该、嘎、副、付、辅、甫、抚、蝠、奉、凤、讽、锋、枫、氛、芬、肺、芳、贩、
烦、阀、罚、伐、乏、恩、饿、呃、鹅、俄、婀、惰、躲、炖、兑、妒、肚、杜、
睹、嘟、逗、蚪、陡、兜、洞、订、鼎、叮、蝶、叠、爹、钓、雕、凋、殿、踮、
迪、嘀、堤、瞪、凳、邓、登、祷、捣、叨、党、档、挡、铛、旦、耽、丹、袋、
逮、歹、寸、翠、悴、粗、凑、慈、瓷、蠢、炊、串、喘、揣、楚、厨、仇、宠、
虫、尺、橙、惩、澈、吵、巢、绰、抄、敞、尝、肠、铲、蝉、缠、拆、察、插、
蹭、曾、侧、册、曹、舱、睬、裁、材、擦、博、舶、泊、驳、伯、丙、变、蝙、
闭、彼、甭、绷、笨、奔、呗、狈、碑、卑、杯、爆、豹、抱、胞、镑、帮、版、
搬、颁、般、霸、疤、叭、扒、熬、肮、案、矮、癌、皑、唉、阿

五级词语用字表

不/85、心/62、人/59、无/55、子/52、一/43、头/36、出/34、生/33、手/32、地、
发/30、自/28、天、气、大/27、水/26、行、成、力/25、长/24、有、意、相、事、
定、重/23、年/22、名、面、学/21、时、花、高、风、用/20、外、山、见、公、
分、身/19、前、开、而、动、作/18、主、言、文、上、平、立、会、眼/17、下、
物、体、日、明、来、解、家、后、光、理/16、口、可、交、机、回、合、海、
过、感、得、以/15、小、为、同、世、实、然、求、情、期、目、老、苦、空、
度、道、代、于/14、笑、说、失、如、强、民、落、接、化、号、工、中/13、知、
之、性、线、放、反、法、报、在/12、原、员、养、新、想、所、声、色、能、
难、路、经、加、计、急、红、干、方、对、当、常、白、字/11、质、至、止、
义、品、满、流、料、举、间、记、点、单、别、足/10、照、语、异、业、望、
退、调、思、数、书、收、是、视、伤、散、热、破、领、量、进、假、极、火、
国、关、古、导、打、传、场、变、志/9、预、游、油、应、艺、样、血、形、星、
向、现、味、卫、土、条、题、深、设、入、任、全、取、起、内、幕、美、联、
冷、乐、看、剧、就、救、精、近、金、界、节、教、活、航、服、奋、非、飞、
底、车、朝、产、保、壮/8、装、制、指、职、正、真、着、云、月、远、雨、影、
音、阴、夜、野、演、选、休、消、微、往、推、通、提、势、食、神、商、容、
轻、青、千、其、片、门、录、连、利、历、军、觉、迹、画、核、和、贵、告、
多、电、弹、带、存、次、此、处、除、冲、程、表、本、走/7、总、转、专、助、

众、支、争、者、章、遗、依、烟、幸、像、务、万、图、特、谈、缩、算、素、
俗、受、首、守、式、示、师、切、巧、念、命、密、迷、论、轮、露、灵、款、
科、静、惊、今、结、坚、价、技、黄、换、欢、好、官、观、固、复、淡、词、
春、船、沉、潮、差、草、残、材、才、暴、办、班、百、安、致 /6、直、折、责、
早、杂、运、愿、源、虚、修、信、乡、稀、息、问、闻、团、痛、索、丝、顺、
试、似、识、弱、若、忍、缺、去、区、器、牛、灭、免、乱、留、里、累、浪、
快、客、久、境、敬、胶、健、激、积、击、话、华、河、何、含、顾、歌、改、
费、房、防、恶、夺、断、段、短、独、低、倒、答、从、创、初、采、布、病、
便、笔、悲、把、暗、族 /5、资、置、智、证、张、战、占、造、赞、余、友、优、
营、英、衣、压、寻、续、型、辛、写、香、先、喜、席、习、舞、武、温、畏、
未、威、忘、田、速、送、私、石、善、三、认、群、亲、钱、恰、启、奇、迫、
票、配、女、耐、摩、脉、率、零、猎、亮、凉、脸、礼、课、刻、考、抗、据、
酒、禁、讲、建、件、肩、纪、几、悔、皇、荒、环、护、骨、格、稿、富、负、
繁、翻、斗、订、抵、灯、盗、担、待、达、充、痴、乘、称、藏、包、伴、拔、
案、爱、座 /4、醉、罪、追、住、种、钟、终、镇、珍、葬、再、越、约、院、缘、
元、欲、育、鱼、硬、引、益、议、移、仪、医、药、仰、掩、炎、严、哑、序、
许、胸、薪、欣、效、限、险、显、夏、细、戏、误、午、稳、位、尾、违、途、
投、艇、停、贴、替、腾、逃、踏、损、随、搜、司、树、属、疏、售、适、诗、
胜、省、升、社、溶、荣、仁、曲、请、窃、潜、签、弃、普、铺、扑、评、飘、
排、农、闹、纳、墓、木、谋、磨、描、貌、忙、漫、埋、马、绿、律、龙、裂、
良、恋、例、离、劳、亏、狂、库、绝、决、惧、镜、竟、劲、尽、紧、筋、截、
较、脚、降、江、季、婚、慌、幻、怀、户、呼、厚、恒、恨、果、滚、归、管、
馆、鼓、购、功、甘、否、访、犯、耳、恩、额、端、都、冬、递、等、德、到、
错、措、促、粗、愁、耻、持、吃、城、承、诚、超、查、层、策、餐、参、彩、
财、部、步、补、宾、标、辨、遍、边、闭、必、比、北、宝、版、做 /3、嘴、阻、
浊、坠、撞、注、逐、纸、执、症、蒸、征、振、诊、账、载、灾、怨、园、域、
与、愚、犹、由、映、隐、银、萌、忆、疑、宜、液、要、摇、阳、宴、延、雪、
穴、需、袖、兴、谢、闲、仙、隙、惜、西、王、亡、晚、挽、挖、徒、突、透、
庭、听、铁、帖、添、讨、桃、堂、探、态、太、台、胎、孙、酸、诉、颂、算、
死、硕、双、衰、薯、署、输、饰、士、使、摄、射、少、闪、杀、扫、赛、柔、

让、确、却、屈、穷、清、禽、谱、魄、碰、蓬、陪、盘、拍、诺、脑、秘、梦、

没、么、冒、毛、茫、盲、慢、卖、麻、略、旅、螺、鲁、炉、令、临、烈、劣、

列、疗、两、链、类、了、腊、拉、矿、况、旷、酷、扣、恐、克、堪、距、句、

局、径、警、锦、借、介、叫、角、娇、匠、奖、僵、艰、尖、架、寂、济、剂、

际、忌、集、吉、及、惑、获、伙、汇、灰、唤、坏、胡、乎、候、轰、旱、害、

鬼、规、孤、恭、攻、跟、赶、盖、妇、付、腐、浮、丰、粉、废、肥、饭、返、

烦、罚、队、读、东、钉、顶、垫、店、第、岛、荡、袋、搭、辞、纯、仇、赤、

尺、尘、偿、肠、察、茶、曾、册、苍、菜、擦、捕、搏、勃、波、并、兵、辩、

编、避、彼、奔、倍、背、碑、绑、扮、板、摆、巴、昂、哀、尊 /2、祖、纵、踪、

紫、姿、捉、准、状、竹、诸、咒、挚、植、只、挣、整、针、这、哲、遮、召、

招、帐、掌、站、展、斩、寨、炸、扎、赠、增、怎、择、则、躁、暂、跃、阅、

岳、猿、圆、寓、遇、郁、玉、予、渔、诱、幼、邮、尤、悠、幽、涌、勇、赢、

印、因、毅、易、译、役、也、遥、洋、杨、羊、扬、验、艳、厌、颜、崖、旋、

玄、絮、叙、须、锈、秀、宿、羞、雄、凶、杏、刑、猩、屑、泄、携、邪、啸、

孝、宵、肖、象、项、享、祥、箱、衔、吓、霞、暇、狭、峡、侠、夕、悟、五、

污、握、谓、委、伪、伟、维、围、危、网、瓦、唾、脱、褪、屠、凸、偷、厅、

填、甜、涕、梯、糖、碳、叹、坦、昙、塔、锁、碎、霜、束、术、抒、兽、寿、

誓、逝、室、市、始、拾、圣、牲、舌、哨、烧、尚、赏、衫、筛、傻、纱、僧、

涩、丧、桑、润、锐、辱、乳、肉、扰、燃、趣、躯、琴、侵、峭、抢、腔、欠、

牵、企、乞、旗、漆、欺、朴、婆、贫、篇、偏、疲、皮、批、澎、盆、培、炮、

跑、袍、旁、叛、盼、判、湃、牌、爬、暖、怒、奴、弄、浓、扭、凝、拟、恼、

南、拿、母、眸、默、漠、莫、沫、膜、鸣、敏、庙、米、弥、朦、萌、冈、眉、

麦、虑、侣、裸、锣、伦、碌、陆、隆、胧、柳、榴、鳞、林、谅、粮、练、莲、

怜、丽、吏、棱、泪、勒、牢、朗、郎、烂、懒、览、蓝、阔、困、葵、宽、夸、

控、恳、菌、卷、锯、俱、拒、巨、净、景、井、杰、劫、娇、绞、礁、焦、舰、

简、减、茧、兼、监、甲、颊、继、已、基、饥、货、混、浑、昏、慧、绘、互、

糊、忽、烘、横、痕、黑、浩、耗、喊、罕、寒、锅、棍、柜、罐、灌、惯、贯、

怪、故、谷、辜、估、勾、宫、耕、根、个、隔、革、搞、杠、钢、腹、赋、咐、

福、符、拂、扶、夫、缝、逢、锋、愤、粪、份、焚、坟、匪、凡、帆、顿、杜、

赌、毒、瞥、豆、洞、董、丢、碟、叠、跌、掉、淀、颠、帝、弟、敌、滴、登、

的、档、挡、胆、戴、呆、村、凑、刺、雌、慈、吹、穿、触、储、锄、丑、酬、
绸、抽、崇、斥、齿、迟、晨、陈、彻、嘲、挽、插、测、侧、操、仓、裁、猜、
哺、播、柄、冰、贬、鞭、弊、毕、鄙、笨、辈、被、备、卑、爆、饱、薄、绊、
半、斑、扳、拜、败、罢、坝、八、奥、傲、埃、左/1、钻、奏、棕、综、宗、滋、
兹、琢、灼、桌、拙、缀、桩、庄、妆、砖、搜、筑、著、祝、柱、驻、嘱、拄、
株、昼、宙、周、州、舟、肿、袁、忠、稚、滞、掷、治、帜、咫、址、值、侄、
脂、肢、汁、政、郑、怔、震、侦、蔗、兆、沼、找、胀、杖、涨、樟、辗、粘、
沾、债、窄、宅、摘、诈、乍、憎、贼、泽、燥、噪、灶、凿、脏、仔、栽、韵、
孕、援、袁、渊、冤、鸳、豫、誉、浴、狱、宇、屿、娱、淤、右、忧、蛹、俑、
泳、永、庸、拥、佣、颖、盈、荧、鹰、饮、垠、蝎、溢、裔、逸、亦、屹、亿、
椅、矣、怡、伊、页、爷、椰、耀、谣、邀、腰、吆、漾、恙、氧、鸯、燕、焰、
奄、研、沿、嫣、淹、焉、雅、芽、牙、鸦、押、逊、驯、训、循、询、巡、旬、
熏、勋、削、绚、悬、宣、婿、旭、栩、嘘、吁、嗅、朽、熊、汹、匈、兄、姓、
醒、腥、锌、芯、懈、械、泻、鞋、谐、偕、胁、些、校、晓、霄、销、萧、橡、
巷、响、详、腺、献、陷、嫌、弦、贤、鲜、掀、纤、辖、洗、熄、袭、蟋、嬉、
膝、熄、蜥、熙、锡、犀、悉、牺、吸、兮、雾、勿、侮、梧、巫、乌、沃、我、
翁、吻、蚊、纹、魏、喂、惟、唯、薇、偎、旺、腕、碗、惋、宛、顽、玩、丸、
豌、湾、弯、歪、椭、妥、驼、拖、托、吞、兔、涂、秃、筒、统、童、铜、桐、
挺、亭、廷、嚏、蹄、套、陶、滔、烫、倘、塘、唐、炭、痰、瘫、苔、榻、塌、
他、琐、嗦、梭、穗、遂、蒜、塑、酥、松、肆、饲、伺、寺、四、嘶、斯、瞬、
睡、税、涮、拴、蟀、帅、耍、刷、恕、竖、述、鼠、熟、赎、孰、舒、淑、殊、
瘦、拭、侍、氏、矢、史、蚀、十、湿、盛、绳、甥、渗、甚、肾、审、绅、伸、
申、涉、舍、蛇、梢、捎、晌、擅、扇、珊、删、霎、厦、鲨、沙、啬、臊、骚、
嗓、腮、洒、瑞、软、茹、冗、熔、蓉、韧、攘、雀、瘸、券、劝、犬、拳、泉、
权、圈、娶、渠、蛐、驱、岖、球、囚、丘、顷、晴、倾、沁、勤、秦、芹、怯、
撬、窍、瞧、橇、锹、跷、悄、蔷、墙、锵、歉、嵌、钳、谦、迁、泣、汽、迄、
岂、崎、歧、栖、柒、妻、七、瀑、脯、仆、泼、屏、凭、撇、瓢、骗、譬、匹、
脾、霹、劈、披、棚、朋、喷、佩、赔、刨、膀、庞、派、徘、怕、啪、藕、殴、
欧、糯、挪、柠、宁、蹑、尿、鸟、酿、娘、碾、腻、匿、逆、霓、泥、尼、嫩、
呢、瑙、挠、奶、娜、呐、慕、睦、牡、墨、寞、蓦、末、魔、摸、铭、悯、抿、

妙、秒、苗、勉、棉、绵、蜜、谜、猕、檬、盟、蒙、媚、昧、煤、梅、茂、茅、
矛、猫、芥、岷、蛮、迈、骂、玛、蟆、滤、屡、驴、骡、箩、罗、啰、掠、卵、
峦、鹭、虏、颅、庐、芦、漏、楼、聋、珑、遛、瘤、硫、溜、岭、龄、羚、陵、
凌、铃、玲、吝、磷、邻、咧、潦、嘹、撩、寥、辽、梁、炼、雳、粒、蛎、励、
鲤、篱、犁、愣、蕾、垒、雷、酪、烙、捞、廊、缆、栏、拦、兰、赖、辣、蜡、
喇、啦、扩、愧、魁、框、筐、跨、垮、裤、哭、枯、叩、铿、吭、渴、坷、咳、
颗、苛、靠、烤、炕、亢、康、坎、刊、楷、咔、竣、郡、俊、君、均、偏、掘、
诀、倦、鹃、涓、捐、聚、矩、居、拘、窘、旧、灸、竟、颈、鲸、睛、荆、京、
晋、谨、襟、津、斤、巾、戒、洁、街、秸、皆、阶、嚼、蕉、椒、骄、郊、酱、
桨、疆、浆、姜、践、渐、涧、剑、贱、剪、歼、奸、贾、荚、枷、佳、寄、既、
籍、辑、棘、疾、即、级、鸡、肌、叽、祸、豁、诲、卉、徽、辉、挥、诙、谎、
凰、患、缓、徊、滑、哗、划、唬、虎、瑚、湖、葫、壶、狐、猴、哄、虹、衡、
狠、鹤、褐、涸、荷、阖、喝、呵、毫、杭、焊、悍、汗、汉、骇、还、蛤、哈、
裹、轨、瑰、硅、闺、龟、广、冠、棺、乖、挂、寡、刮、呱、瓜、雇、股、咕、
垢、狗、钩、沟、供、共、拱、巩、更、羹、给、葛、割、搁、戈、糕、港、缸、
纲、冈、敢、秆、杆、溉、钙、该、袱、覆、副、赴、附、父、俯、府、抚、俘、
芙、伏、肤、佛、奉、凤、讽、冯、蜂、峰、封、氛、纷、吩、沸、仿、防、妨、
贩、范、番、伐、乏、二、饵、儿、垩、饿、娥、婀、堕、舵、躲、踱、哆、盾、
盹、兑、堆、妒、睹、痘、陡、栋、冻、懂、丁、爹、吊、雕、习、典、癫、涤、
迪、嘀、堤、稻、悼、捣、叨、党、惮、但、旦、贷、歹、嗒、挫、翠、催、蹿、
丛、聪、囱、瓷、蠢、唇、锤、捶、炊、床、窗、疮、喘、川、踹、畜、楚、瞅、
筹、稠、宠、驰、池、秤、呈、撑、衬、辰、臣、撤、扯、炒、巢、抄、唱、畅、
厂、嫦、尝、忏、掺、柴、拆、姹、刹、岔、嚓、槽、沧、惨、蔡、卜、簸、博、
伯、剥、饼、滨、彬、镖、臂、壁、碧、毙、陛、鼻、逼、迸、崩、惫、豹、抱、
堡、雹、煲、胞、磅、傍、棒、搬、颁、般、柏、靶、笆、疤、芭、叭、懊、袄、
熬、敖、盎、岸、碍、蔼、矮、挨

六级词语用字表

不 /39、然 /28、情 /26、意 /24、行、心 /23、人、无 /21、理 /20、动、转 /19、相、

生/17、流、风、分、发、自/16、力、一/15、性、体、实、重/14、事、深、交、化、
合、制/13、应、效、结、会、定、用/12、推、收、清、利、开、成、资/11、主、
致、务、通、调、天、上、大、程、作/10、长、造、约、有、业、信、想、述、
气、落、可、局、境、进、解、教、见、和、顾、感、放、得、纵/9、证、展、预、
引、议、以、思、视、失、任、全、前、念、精、简、机、改、反、法、而、地、
传、出、称、畅、别、变、保、追/8、专、治、质、知、照、悠、养、扬、销、息、
投、提、势、施、盛、声、入、如、权、取、求、强、起、论、记、集、怀、观、
关、公、繁、对、道、处、沉、产、本、助/7、指、征、运、远、益、压、选、宣、
修、兴、协、现、文、为、外、脱、条、索、所、缩、首、手、使、识、容、倾、
侵、其、判、目、来、及、构、根、高、复、范、度、导、荡、当、淡、触、标、
安、注/6、周、职、之、正、源、愈、优、抑、义、要、虚、向、托、同、探、算、
诉、书、世、时、商、色、融、勤、切、期、聘、能、纳、磨、迷、领、立、历、
乐、空、绝、具、静、敬、经、洁、接、回、厚、后、害、规、光、共、非、防、
多、端、典、促、创、诚、测、波、奔、报、足/5、子、置、政、战、蕴、韵、于、
游、映、易、演、掩、言、序、新、消、限、险、洗、慰、味、位、维、望、态、
随、肆、说、水、受、释、升、审、身、涉、散、弱、日、确、签、破、迫、评、
平、偏、配、浓、凝、明、面、略、率、乱、丽、离、劳、堪、就、景、尽、揭、
鉴、建、加、激、缓、过、归、功、格、附、独、点、打、错、充、承、常、层、
策、操、苍、补、博、备、逐/4、志、直、执、支、整、折、障、载、阅、员、遇、
郁、涌、永、隐、疑、遗、依、仰、验、严、延、雅、讯、学、旋、蓄、绪、许、
胸、型、象、享、闲、细、嬉、污、问、稳、惟、威、妥、退、图、透、听、挑、
特、讨、素、俗、顺、数、输、疏、授、逝、是、示、胜、神、设、荣、热、缺、
驱、轻、迁、品、频、批、难、模、名、密、美、露、灵、良、联、例、款、苦、
控、决、举、究、竭、检、监、坚、继、急、基、积、击、毁、荒、护、户、衡、
何、涵、故、古、革、概、赴、负、抚、浮、封、废、方、恩、断、渡、毒、抵、
档、带、从、辞、场、偿、财、班、爱、罪/3、阻、走、姿、准、装、庄、铸、诸、
骤、终、忠、殖、争、振、真、着、招、张、诈、则、躁、宰、怨、原、御、域、
育、予、与、由、幽、盈、印、疫、异、移、耀、衍、研、咽、循、寻、绚、喧、
休、雄、形、写、笑、晓、项、献、显、先、下、系、喜、席、悟、闻、委、忘、
妄、婉、拓、拖、途、徒、头、统、停、腾、陶、坦、谈、损、送、私、税、爽、

束、属、舒、抒、饰、似、式、射、社、善、桑、塞、洒、认、绕、扰、趋、屈、
请、浅、潜、恰、器、契、泣、弃、朴、凭、贫、飘、僻、碎、疲、年、闹、囊、
默、命、蔑、贸、漫、虑、履、络、零、临、烈、岁、量、恋、练、冷、朗、滥、
栏、赖、扩、酷、口、考、捐、聚、据、剧、俱、居、救、纠、惊、浸、紧、介、
觉、角、健、减、间、驾、价、家、寂、祭、极、祸、豁、浑、惠、贿、汇、辉、
换、幻、环、划、花、呼、豪、还、国、广、管、骨、股、孤、供、攻、工、耕、
隔、告、干、俯、奋、费、犯、乏、恶、递、低、悼、到、倒、诞、担、达、存、
次、春、垂、喘、储、除、斥、持、撤、彻、倡、察、查、藏、沧、彩、采、步、
布、泊、并、辨、编、弊、必、包、办、白、碍、做 /2、遵、组、踪、综、宗、滋、
状、著、瞩、嘱、种、衷、中、稚、滞、智、止、值、症、阵、针、贞、遮、兆、
召、掌、章、占、榨、增、责、遭、在、杂、匀、云、跃、悦、缘、圆、元、誉、
寓、喻、欲、语、余、诱、忧、庸、营、瘾、吟、殷、毅、逸、绎、宜、夜、野、
洋、涯、押、逊、训、血、削、悬、续、叙、秀、宿、朽、羞、汕、欣、卸、泄、
歇、萧、详、陷、线、嫌、延、鲜、纤、暇、瑕、陕、吸、物、涡、素、温、谓、
畏、卫、唯、违、微、旺、宛、完、吞、突、痛、贴、题、剔、套、涛、坛、碎、
肃、搜、斯、硕、刷、恕、树、术、熟、守、适、士、食、师、圣、慎、呻、申、
舍、奢、赏、伤、杀、瑟、骚、三、若、润、辱、韧、忍、饶、让、染、区、庆、
青、亲、且、敲、遣、牵、千、洽、岂、凄、谱、屏、臀、翩、篇、捧、喷、赔、
培、叛、排、虐、暖、弄、扭、宁、酿、腻、逆、拟、脑、喃、穆、幕、墨、莫、
抹、摩、摸、谬、铭、妙、渺、绵、眠、觅、懵、闷、昧、媒、茂、茫、满、码、
马、逻、轮、伦、路、陋、拢、令、淋、裂、列、疗、凉、炼、廉、沥、励、漓、
类、烂、斓、拉、困、狂、宽、枯、客、刻、克、抗、看、刊、慨、凯、峻、掘、
眷、倦、鞠、旧、久、竞、径、警、兢、禁、近、谨、金、界、戒、截、节、阶、
缴、焦、件、兼、假、嘉、绩、济、迹、忌、技、纪、计、己、籍、辑、即、或、
混、晖、挥、焕、华、互、候、红、横、狠、赫、贺、核、浩、耗、号、好、航、
含、海、灌、惯、贯、挂、固、勾、躬、更、亘、给、各、歌、割、搁、纲、刚、
甘、盖、富、付、辅、福、服、敷、锋、峰、纷、沸、飞、纺、访、泛、烦、耳、
讹、夺、顿、段、读、督、懂、东、订、叮、雕、莫、电、颠、底、待、贷、代、
摧、簇、凑、此、词、纯、楚、橱、筹、愁、抽、崇、驰、痴、衬、陈、尘、昌、
缠、差、诧、侧、槽、惨、残、参、裁、才、驳、播、便、贬、避、蔽、闭、笔、

暴、饱、版、霸、拔、傲、盎、昂、黯、案、尊/1、醉、嘴、攥、祖、诅、租、奏、
总、咨、孜、琢、酌、浊、卓、灼、拙、谆、缀、椎、壮、妆、撰、筑、驻、伫、
竹、咒、舟、众、钟、窒、掷、秩、挚、峙、炙、至、址、旨、织、枝、汁、拯、
镇、震、诊、斟、珍、侦、者、胀、涨、彰、蘸、站、辗、瞻、沾、债、摘、栅、
闸、轧、扎、赠、择、燥、皂、早、凿、糟、赞、暂、再、栽、熨、酝、孕、耘、
越、愿、院、渊、驭、玉、雨、羽、舆、愚、瑜、愉、竽、佑、黝、油、犹、邮、
尤、呦、踊、勇、咏、拥、硬、影、颖、萦、荧、迎、饮、银、阴、因、翼、臆、
熠、溢、谊、役、亦、忆、艺、已、姨、怡、夷、仪、漪、壹、医、靥、液、曳、
冶、咬、遥、摇、窑、邀、妖、漾、恙、样、氧、殃、厌、沿、哑、牙、迅、询、
巡、熏、雪、渲、漩、暄、煦、酗、墟、吁、嗅、绣、凶、醒、刑、腥、衅、馨、
薪、懈、谢、械、屑、泻、携、谐、邪、些、啸、哮、淆、嚣、潇、逍、肖、响、
翔、祥、镶、香、乡、衔、娴、弦、贤、掀、辖、遐、狭、戏、徙、袭、习、曦、
熄、稀、淅、悉、昔、夕、误、芜、诬、呜、卧、窝、翁、吻、纹、瘟、蔚、萎、
伪、帷、围、巍、惘、往、汪、万、玩、瓦、跎、驮、屯、蜕、颓、团、吐、土、
涂、童、廷、跳、眺、恬、田、添、嚏、替、剃、藤、桃、逃、倘、堂、叹、袒、
瘫、贪、泰、汰、蹋、塌、锁、琐、娑、邃、髓、酸、愫、塑、速、苏、讼、悚、
松、祀、伺、死、撕、司、瞬、吮、睡、霜、衰、漱、曙、署、梳、殊、售、噬、
誓、嗜、室、拭、试、侍、市、始、矢、蚀、石、尸、牲、渗、莘、伸、摄、稍、
烧、尚、擅、闪、潸、煽、删、筛、霎、砂、叁、萨、偌、睿、锐、肉、柔、饪、
荏、惹、娆、嚷、瓤、苒、燃、群、雀、却、劝、蜷、诠、圈、趣、曲、渠、穹、
穷、氢、沁、寝、噙、钦、锲、惬、窃、俏、侨、悄、呛、枪、嵌、倩、谴、虔、
谦、砌、迄、启、企、旗、祈、歧、奇、齐、栖、沏、曝、普、菩、剖、魄、婆、
萍、票、漂、骗、片、譬、媲、匹、皮、坯、膨、澎、蓬、烹、抨、佩、沛、泡、
彷、盼、盘、攀、湃、派、拍、呕、懦、怒、农、钮、咛、捏、臬、撵、捻、黏、
溺、匿、泥、嫩、内、馁、呢、恼、挠、囔、奈、拿、暮、睦、募、谋、寞、漠、
蓦、鸣、敏、民、灭、描、缅、免、谧、泌、弥、梦、猛、盟、蒙、门、寐、霉、
酶、梅、没、貌、冒、髦、毛、盲、慢、瞒、脉、卖、迈、买、霾、骂、麻、律、
屡、摞、萝、沦、抡、掠、孪、赂、录、垄、窿、隆、笼、聋、留、聆、凌、伶、
赁、凛、林、冽、咧、缭、寥、晾、靓、两、梁、脸、敛、涟、连、砺、栗、俐、
厉、里、礼、累、泪、磊、垒、雷、了、勒、涝、烙、唠、牢、浪、懒、揽、览、

澜、蓝、籁、廊、阔、括、捆、溃、馈、魁、框、况、旷、挎、夸、库、窟、恐、

恳、垦、肯、课、科、靠、慷、槛、侃、楷、隽、俊、钧、均、军、蹶、爵、崛、

抉、诀、撅、咀、掬、驹、拘、酒、玖、窖、靖、竟、憬、颈、晶、荆、晋、锦、

襟、今、借、诫、届、街、酵、叫、搅、脚、皎、嚼、胶、娇、浇、匠、奖、讲、

将、溅、践、渐、荐、碱、俭、柬、煎、艰、尖、架、寄、剂、季、脊、挤、藉、

瘠、棘、疾、级、汲、霍、获、货、伙、活、魂、婚、秒、海、讳、悔、晃、恍、

蝗、煌、惶、徨、痪、患、唤、欢、坏、话、画、哗、糊、惚、忽、乎、哄、宏、

弘、烘、轰、恒、恨、黑、瀚、憾、撼、捍、寒、函、憨、酣、骇、桂、贵、鬼、

轨、瑰、冠、官、寡、锢、姑、估、够、购、钩、汞、恭、宫、梗、哽、耿、疙、

稿、岗、赶、尴、尬、伽、覆、缚、赋、副、腐、府、斧、辐、幅、符、扶、伏、

孵、夫、奉、讽、逢、丰、愤、份、肺、诽、匪、扉、绯、仿、妨、坊、贩、翻、

贰、霾、厄、额、峨、跺、舵、兑、队、堆、短、镀、杜、堵、嘟、洞、冻、董、

鼎、喋、谍、迭、凋、习、殿、惦、淀、玷、巅、掂、蒂、谛、涤、滴、登、灯、

的、盗、捣、叨、党、挡、禅、胆、耽、丹、怠、逮、瘩、搭、奔、措、挫、蹉、

寸、粹、瘁、脆、璀、催、粗、赐、慈、瓷、疵、啜、戳、醇、淳、吹、床、窗、

船、揣、蠢、畜、蹰、初、踌、稠、酬、畴、惆、虫、憧、炽、耻、侈、齿、尺、

迟、弛、骋、逞、澄、呈、晨、辰、扯、吵、嘲、朝、怅、厂、尝、猖、阐、潺、

叉、曾、草、嘈、仓、璨、餐、材、猜、擦、部、捕、卜、礴、勃、剥、拨、病、

冰、濒、缤、宾、表、飚、鞭、边、痹、毙、庇、比、迸、绷、崩、锛、惫、辈、

背、碑、卑、爆、堡、薄、胞、磅、谤、榜、绑、半、颁、班、摆、把、跋、捌、

懊、翱、熬、遨、暗、岸、暖、隘